U0529134

贵州财经大学经济学研究文库

动态寡头博弈及其动力学研究
——兼论非线性经济学

易其国 / 著

中国社会科学出版社

图书在版编目（CIP）数据

动态寡头博弈及其动力学研究：兼论非线性经济学/易其国著．—北京：中国社会科学出版社，2017.12

ISBN 978 - 7 - 5203 - 1566 - 1

Ⅰ.①动… Ⅱ.①易… Ⅲ.①混沌理论—应用—经济分析—研究 Ⅳ.①F224.12

中国版本图书馆 CIP 数据核字（2017）第 288473 号

出 版 人	赵剑英
责任编辑	卢小生
责任校对	周晓东
责任印制	王 超

出　　版	中国社会科学出版社
社　　址	北京鼓楼西大街甲 158 号
邮　　编	100720
网　　址	http://www.csspw.cn
发 行 部	010 - 84083685
门 市 部	010 - 84029450
经　　销	新华书店及其他书店
印　　刷	北京明恒达印务有限公司
装　　订	廊坊市广阳区广增装订厂
版　　次	2017 年 12 月第 1 版
印　　次	2017 年 12 月第 1 次印刷
开　　本	710×1000　1/16
印　　张	18
插　　页	2
字　　数	268 千字
定　　价	98.00 元

凡购买中国社会科学出版社图书，如有质量问题请与本社营销中心联系调换
电话：010 - 84083683
版权所有　侵权必究

目　　录

第一章　导论 …………………………………………………………… 1
　　第一节　选题背景 ………………………………………………… 2
　　第二节　研究目的及意义 ………………………………………… 11
　　第三节　研究内容与方法 ………………………………………… 12

第二章　文献综述 ……………………………………………………… 16
　　第一节　博弈论的发展及其在经济学中的应用 ………………… 16
　　第二节　演化博弈研究现状 ……………………………………… 18
　　第三节　混沌理论的发展及其在经济学中的应用 ……………… 25
　　第四节　混沌理论在寡头博弈中的应用 ………………………… 29
　　第五节　微分博弈在寡头博弈中的应用 ………………………… 37

第三章　相关理论与概念 ……………………………………………… 43
　　第一节　混沌理论及应用 ………………………………………… 43
　　第二节　混沌理论和分形理论的哲学意义 ……………………… 56
　　第三节　经济系统混沌的判定与混沌控制 ……………………… 76
　　第四节　博弈理论 ………………………………………………… 86
　　第五节　寡头博弈 ………………………………………………… 98

第四章　寡头市场产量博弈模型及其动力学分析 …………………… 118
　　第一节　双寡头产量博弈的复杂动力学分析与混沌控制 ……… 119
　　第二节　多寡头产量博弈的复杂动力学分析与混沌控制 ……… 152

第三节　考虑排污权交易的双寡头博弈模型复杂性分析 …… 158

第五章　寡头市场价格博弈模型及其动力学分析 …………… 168

第一节　双寡头价格博弈的复杂动力学分析与混沌控制 …… 168
第二节　多寡头价格博弈的复杂动力学分析与混沌控制 …… 186
第三节　古诺—伯特兰模型的复杂动力学分析与
　　　　混沌控制 ……………………………………………… 191

第六章　演化博弈 ………………………………………………… 195

第一节　演化博弈基本动态理论 ………………………………… 197
第二节　演化博弈的应用 ………………………………………… 212

第七章　微分博弈 ………………………………………………… 235

第一节　微分博弈基础 …………………………………………… 235
第二节　动态合作博弈 …………………………………………… 239
第三节　寡头电信企业价格决策微分博弈模型 ………………… 248

第八章　混沌理论在金融投资中的应用 ………………………… 251

第一节　有效市场假说 …………………………………………… 254
第二节　分形市场假说 …………………………………………… 257

附录　离散方程组的稳定性 ……………………………………… 262

参考文献 …………………………………………………………… 265

后　记 ……………………………………………………………… 285

第一章 导论

有人说:"20世纪的科学家只有三件事将被记住:相对论、量子力学和混沌。"他们主张,混沌是20世纪物理学中的第三次大革命。就像前两次革命一样,混沌割断了牛顿物理学的基本原则。如同一位物理学家所说:"相对论排除了对绝对空间和时间的牛顿迷梦;混沌则排除了拉普拉斯决定论的可预见性的狂想。"在这三次大革命中,混沌革命适用于我们看得见、摸得到的世界,适用于和人同一尺度的对象。

19世纪,物理学中对独立于时间的可逆过程和依赖于时间的不可逆过程的区分,是对牛顿理论的第一次挑战,是人类重新发现时间本质这一认识过程中的重要一步。不可逆对自组织起的建设性作用,导致认识世界复杂性图景的新方法——相对论的产生。热力学和统计物理的发展促使人们研究问题必须从整体出发,考虑粒子间的相互作用,这时,线性方程难以胜任,对非线性的研究必须认真对待。40年代,普里高津创立了耗散结构理论,随后在短短的几十年内便相继出现了协同学、超循环等非线性学科。卡姆定理(KAM定理)和洛仑子吸引子的发现,微分动力学、分形分维以及自组织理论的发展使21世纪物理学上又一重要科学——混沌学的研究取得了突破性进展。混沌理论在哲学上具有重要意义,它"粉碎了拉普拉斯关于决定论预测的空想"(J. 格莱克语),深化了我们对不确定性和复杂性的认识。在方法论上,自然科学长期存在两种不相容的描述体系即确定论的描述和概率论的描述,混沌理论"消除两种描述体系的人为对立"。

相应地,在经济学领域,20世纪50年代之后,人们认识到建立在"经济人"假说之上的完全理性决策理论只是一种理想模式,不可能指导实际中的决策。赫伯特·西蒙（Herbert Simon）提出了满意标准和有限理性标准，用"社会人"取代"经济人"，大大拓展了决策理论的研究领域，产生了新的理论——有限理性决策理论。有限理性模型又称西蒙模型或西蒙最满意模型。这是一个比较现实的模型，该模型认为，人的理性是处于完全理性和完全非理性之间的一种有限理性。有限理性是在为了抓住问题的本质而简化决策变量的条件下表现出来的理性行为。

第一节 选题背景

有限理性决策理论的重要数学工具是微分方程或差分方程，包括演化博弈、微分博弈等相关模型，也涉及非线性科学中的混沌理论、分形理论（非线性经济学）。后文主要从这几方面介绍有限理性（非线性建模）的相关背景。

一 有限理性

这里主要介绍杨小凯关于有限理性的相关论述。有限理性的概念最初是由阿罗提出的。他认为，有限理性是指人的行为"是有意识的理性的，但这种理性又是有限的"。一是环境是复杂的。在非个人交换形式中，人们面临的是一个复杂的、不确定的世界，而且交易越多，不确定性就越大，信息也就越不完全。二是人对环境的计算能力和认识能力是有限的，人不可能无所不知。

诺贝尔经济学奖获得者赫伯特·西蒙是"有限理性"概念的主要提倡者。他认为，"人在主观上追求理性，但只能在有限的程度上做到这一点"。他指出，"有限理性是那种把决策者在认识方面的局限性考虑在内的合理选择——包括知识和计算机两方面的局限性"，他非常关心实际决策过程怎样最终影响决策。西蒙还认为，有限理性的理论是"考虑限制决策者信息处理能力的约束的理论"，他提议，将不完全信息、处理信息的费用和一些非传统的决策者目标函数引入经济分析。换言之，行为决策者并非像古典及新古典模型描述的那样，在已知的效用函数或偏好序列条件下追求最大化。这是因为，人脑只有极其有限的计算能力，只能进行有限的、实际的和内植于环境的推理。

20世纪40年代，西蒙详尽而深刻地指出了新古典经济学理论的不现实之处，分析了它的两个致命弱点：（1）假定目前状况与未来变化具有必然的一致性；（2）假定全部可供选择的"备选方案"和"策略"的可能结果都是已知的。事实上，这些都是不可能的。西蒙的分析结论使整个新古典经济学理论和管理学理论失去了存在的基础。西蒙指出，传统经济理论假定了一种"经济人"。他们具有"经济"特征，具备所处环境的知识即使不是绝对完备，至少也相当丰富和透彻；他们还具有一个很有条理的、稳定的偏好体系，并拥有很强的计算能力，靠此能计算出在他们的备选行动方案中，哪个可以达到尺寸上的最高点。西蒙认为，人们在决定过程中寻找的并非是"最大"或"最优"的标准，而只是"满意"的标准。

以稻草堆中寻针为例，西蒙提出，以有限理性的管理人代替完全理性的经济人。两者的差别在于：经济人企求找到最锋利的针，即寻求最优，从可供他所用的一切备选方案当中，择其最优者。经济人的堂弟——管理人找到足可以缝衣服的针就满足了，即寻求满意，寻求一个令人满意的或足够好的行动程序。西蒙的有限理性和满意准则两个命题纠正了传统的理性选择理论的偏激，拉近了理性选择的预设条件与现实生活的距离。

有限理性模型又称西蒙模型或西蒙最满意模型。这是一个比较现实的模型，该模型认为，人的理性是处于完全理性和完全非理性之间的一种有限理性。有限理性模型的主要观点如下：

（1）手段—目标链的内涵有一定矛盾，简单的手段—目标链分析会导致不准确的结论。西蒙认为，手段—目标链的次序系统很少是一个系统的、全面联系的链，组织活动和基本目的之间的联系常常是模糊不清的，这些基本目的也是一个不完全系统，这些基本目的内部和达到这些目的所选择的各种手段内部，也存在着冲突和矛盾。

（2）决策者追求理性，但又不是最大限度地追求理性，他只要求有限理性。因为人的知识有限，决策者既不可能掌握全部信息，也无法认识决策的详尽规律。比如说，人的计算能力有限，即使借助计算机，也没有办法处理数量巨大的变量方程组；人的想象力和设计能力有限，不可能把所有备选方案全部列出；人的价值取向并非一成不变，目的时常改变；人的目的往往是多元的，而且互相抵触，没有统一的标准。因此，作为决策者的个体，其有限理性限制他做出完全理性的决策，他只能尽力追求在他的能力范围内的有限理性。

（3）决策者在决策中追求"满意"标准，而非最优标准。在决策过程中，决策者定下一个最基本的要求，然后考察现有的备选方案。如果有一个备选方案能较好地满足定下的最基本要求，决策者就实现了满意标准，他就不愿意再去研究或寻找更好的备选方案。

这是因为，一方面，人们往往不愿发挥继续研究的积极性，仅满足于已有的备选方案；另一方面，由于种种条件的约束，决策者本身也缺乏这方面的能力。在现实生活中，往往可以得到较满意的方案，而非最优的方案。

根据以上几点，决策者承认自己感觉到的世界只是纷繁复杂的真实世界的极端简化，他们满意的标准不是最大值，所以不必去确定所有可能的备选方案。由于感到真实世界是无法把握的，所以，他们往往满足于用简单的方法，凭经验、习惯和惯例去办事。因此，导致的决策结果也各有不同。

二 混沌经济学

非线性科学的兴起对经济学产生了巨大的影响，经济学中采用了非线性科学，出现了经济控制论、信息经济学等。特别是20世纪70年代以来，混沌学的兴起对经济学的影响更为深远；80年代，陈平第一次发现经济中的吸引子；1987年纽约股市暴跌后，用混沌分析股市取得了成功；90年代，出版了一大批混沌经济学的著作。混沌学对经济最主要的影响是在方法论上，这可以从以下三个方面看出。[①]

（一）非线性建模法

由于传统经济学家采用牛顿力学分析法，使他们不得不面对这样

---

① 杨立雄、王雨田：《物理学的进化与非线性经济学的崛起》，《自然辩证法研究》1997年第10期。

一个事实：个体无法过渡到整体。非线性经济学强调对经济现象的整体把握，一开始就把经济系统看成一个不可分割的整体，注重在整体规律约束下的个体行为，认为"人类行为只能借助于对其整体结构的考察而得以揭示"。社会经济系统内部存在复杂的非线性相互作用，经济系统由数以百万计的个体和组织的相互作用所决定，而每一个个体和组织又涉及数以千计的商品和数以万计的生产过程。因此，在建模中引入非线性项。

20世纪70年代，美国经济学家奥利维尔·琼·布兰查德和斯坦利·费尔希分析了具有货币的世代叠交（OLG）模型，认为在具有稳定货币均衡的动态情形中，像这类稳定均衡，甚至在没有货币的模型中也能得到。格朗蒙研究证明，这种情况如果有两周期，则必有三周期，有三周期则意味着所有周期的存在，它也可以有非周期的（或混沌的）轨道，虽然是确定性的，但不显示任何周期性，而似乎类似于随机过程。后来，经济学家又在凯恩斯—卡尔多模型、古典竞争模型、增长模型中发现了对初值的敏感依赖性、奇怪吸引子、极限环、混沌等一系列的"奇特"行为。

现已确认经济系统中的非线性机制是一种普遍现象，由于经济系统中的时间不可逆、多重因果反馈环及不确定性的存在使经济系统本身处于一个不均匀的时空中，具有极为复杂的非线性特性。非对称的供给和需求、非对称的信息、货币的对称性破缺等正是非线性特征的表现。在建模中，强调非线性分析，使用非线性差分方程和非线性微分方程，是非线性经济学的主要特征之一。正是基于这种特征和整体主义，非线性经济学才得出了一系列结论，比如，经济波动源于经济系统的内生机制而非随机震荡、非均衡是经济系统的常态、杂乱无章的经济现象背后隐藏着良好的结构而非随机状态等。

（二）动态、非均衡方法

经典科学本质上是关于存在的科学而不是演化的科学，所以，强调世界的确定性和稳定性，反映到经济学中便是传统经济学的静态、均衡论。但是，"现代工业化常常展示出反均衡，在劳动市场中甚或显现出顽固的反均衡"。资本主义经济系统内部的非平衡状态甚至远离平衡态，使均衡成为偶然现象，所以，"在科学上等于零"。

非线性经济学与传统经济学的一个区别在于它运用动态、非均衡方法分析经济现象。在这个问题上，凯恩斯首先迈出了谨慎的一小步，提出了小于充分就业的均衡。在社会主义阵营中，亚诺什·科尔内独立地从计划经济中得出了一种"非瓦尔拉均衡"理论，即一种不断恢复平衡的近平衡区不平衡状态。

非线性经济学的"非均衡"包含的内容比以前的理论丰富得多，它在强调不确定性因素和"通过涨落达到有序"的时候，就已经明确表达了不平衡即不均衡才是经济系统中的常态。对非均衡的追求，非线性经济学得到了比新古典理论丰富得多的成果。

20世纪60年代，自组织理论的发展，使经济学家重新注意到时间和不确定性因素的重要性。凯恩斯也注意到了经济系统的不可逆性问题，凯恩斯通过分析时间偏好和灵活偏好的相互作用，把不可逆性引入经济学，时间显得特别重要。自组织理论的发展使经济学家可以重新审视传统经济学的基础结构和概念体系，有人成功地用自组织理论解释了经济周期理论。70年代，经济学家研究经济系统的宏观不可逆性，得出了"非再生能源时代的结束，注定工业时代也要结束，当非再生能源储存告罄，以其为基础的全部经济上层结构便开始分期瓦解"的结论。经济系统的不可逆过程如创新扩散、比例失调、信息耗散、利息与债务增长、通货膨胀等是经济系统自发的趋势，使系统远离平衡态，经济现象具有自组织性。自组织理论表明，即使从一个均匀的初始状态出发，仅仅是偶然的因素就足以产生对称性破缺，出现经济活动高度集中的地带，并产生累进的竞争优势。自组织理论对产业演化问题的研究也是强有力的，从而科学地说明了新兴产业与传统产业的交替过程。这一切说明，"时间这个要素是每一个经济学问题中的主要核心问题"。对时间的考察促进了经济学的动态分析以及由此导致对传统均衡理论的责难和批评。

（三）经济现象中的决定论和非决定论

哲学上对偶然性和必然性的关系历来存在两种争论：形而上学的机械决定论和唯心主义形而上学的非决定论。在经济学中，也存在这样两种争论,即决定论和非决定论,哪个在经济中起决定作用?纵观经济史,对第一种的回答是经济史上的主要线索,从"自然秩序"和"看不见的手"到"自然界没有飞跃"再到"理性预期",无一不体现着决定论的思想。

非线性经济学在方法论上的一个革命性观点在于它在强调经济规律的同时也不忽视外部偶然因素以及内在随机性的决定性作用。不可否认,经济现象有其内在的规律性,但是,经济现象同样也受偶然因素的支配。在特殊情况下,外部或内部的不确定性因素支配了经济发展。非线性经济学正是考虑到这种因素,才解释了许多传统经济学不能解释的现象。如股市的暴跌,过去一直得不到很好的解释,非线性经济学认为,股市存在复杂的非线性机制,在特殊情况下,股市被推至临界点,这时一个小小的扰动就会把股市推过临界点,使股市走向混沌即崩溃,这就是"蝴蝶效应"。传统经济学在解释经济周期波动的原因时,将经济周期波动的原因或视为自然力量,或视为心理因素,或归因于创新的兴起。虽然卡尔多利用非线性关系分析了经济周期的原因,但是,他忽视了内在随机性的作用。所有这些经济周期理论都存在片面性,或过分强调内因,或过分强调外因。非线性经济学认为,经济周期变动主要(不完全是)由内因引起,同时也受外部干扰因素的影响。事实上,世代叠交模型、凯恩斯—卡尔多模型、古典竞争模型和增强模型都考虑了系统的非线性机制,才使系统有可能在达到临界点后,外部一个小小的扰动即参量的微小变化就会造成系统失稳。传统经济学认为,在不确定的情况下,经济学的推理没有任何价值;非线性经济学却认为,只有在不确定的情况下,才能揭示经济现象中丰富多彩的性质。

混沌经济学,也称为非线性经济学,是20世纪80年代兴起的一门新兴的学科,是指应用非线性混沌理论解释现实经济现象,在经济建模中,充分考虑经济活动的非线性相互作用,在模型的分析上充分利用非线性动力学的分叉、分形和混沌等理论与方法,分析经济系统的动态行为,以期产生新的经济概念、新的经济思想、新的经济分析方法,得到新的经济规律的一门新兴交叉科学。传统经济学自亚当·

斯密1776年《国民财富的性质和原因的研究》问世以来，已逐步在西方经济学中确立了其统治地位。"完全竞争"市场的自动调节机制在瓦尔拉斯一般均衡理论和马歇尔的"均衡价格论"体系上取得规范的形式，并在经典科学的基础上建立了一整套分析方法。实际上，传统经济学所构建的经济分析框架，是牛顿力学的绝对时空观（均衡流逝的绝对时间和恒等且不动的绝对空间）和拉普拉斯决定的可预测宇宙观（一个单一的公式可以解释所有的现象并结束不确定性）在经济领域的重现。从现状经济角度看，由于种种意外因素的存在和人类所面临的不确定性，不确定性是现实经济运行过程中最主要的特征之一。很自然，混沌学作为一种科学范式，也就成为经济学家研究经济系统的复杂性、不确定性和非线性的有力工具，成为社会、经济、技术预测的有力工具。混沌经济学（或非线性经济学）已经成为当代经济学研究的前沿领域，并得到迅速进展。

在文献中正式使用"混沌"一词的是李天岩和约克（Yorke），他们在1975年发表的题为"周期三蕴涵混沌"的文章中对最简单的数学模型，即只有一个变量的模型，证明了一个重要定理，开启了近代混沌现象研究的先河。下面我们对用 f 表示只有一个变量的函数略加说明。系统（f）可能是周期的，同时周期现象有一个周期长短的问题。这个定理的第一部分说明，如果这样的系统有一个3周期点，即存在初始值 x，使 x、$f(x)$、$f^2(x)$ 两两之间不等，但 $x = f^3(x)$① 存在以任意整数为周期的周期点。周期现象重要，但非周期现象更重要。为此，我们引入一个术语。对任意初始值或点 x，x 在 f 的迭代作用下的轨道，是一个点列。如果这个点列收敛到一个固定的点，即系统向一个固定的目标运行。如果系统不向一个固定的目标运行，情况就变得复杂了。定理的第二部分说明，存在由不可数无穷多个点或初始值组成的 I 的子集合 S，其中任意不同的两点在同步迭代作用下的轨道时而聚拢，时而分离。这个现象说明，如果系统的初始值选在 S 内的

---

① $f^2(x) = f(f(x))$，$f^3(x) = f(f(f(x)))$；若 $x_0 = f(x_0)$，则 $x = x_0$ 称为函数 $f(x)$ 的不动点。

点上,那么系统的运行将是复杂多变的、不可预测的。也就是说,出现了混沌现象。1982年6月和1983年5月,美国经济学家戴(R. Day)发表的"非规则增长周期""经典增长中显现的混沌"实现了混沌经济学理论上、实验上的突破,以1987年"黑色星期一"为契机,混沌经济学形成了一股不小的研究热潮,使混沌经济学开始步入主流经济学的领地。

三 演化博弈

在假定博弈主体具有有限理性的前提下,演化博弈理论分析博弈者的资源配置行为以及对所处的博弈进行策略选择,因此,它分析的是有限理性博弈者的博弈均衡问题。所谓有限理性,是指博弈者具备一定的统计分析能力和对不同策略下得益的事后判断能力。由于有限理性的影响,博弈者不会马上就能通过最优化计算找到最优策略,而是通过"试错"来寻找到理想的策略。也就是说,演化博弈下的均衡不是一次性选择的结果,而是需要通过博弈者不断地进行动态调整和改进才能实现,而且即使达到了均衡,也有可能再次发生偏离。

按其所考察的群体数目,可分为单群体模型和多群体模型。单群体模型源于学者对生态学的研究,生态学家经常把同一个生态环境中的所有种群看作一个大群体,因而整个群体就相当于一个选择不同纯策略的个体。从群体中随机抽取的个体每两者之间进行的博弈都属于对称博弈,这类模型被称为对称模型。严格地讲,单群体中个体进行的博弈并不是真正意义上的博弈,博弈是在个体与群体分别代表的虚拟博弈者之间进行的。多群体模型是由泽尔滕(Selten)1980年首次提出并进行研究的,他在单群体生态进化模型的基础上,通过引入角色限制行为,把对称模型变为非对称模型。在非对称博弈中,个体之间存在角色上的区分,大群体可以被分为许多不同的小群体,而且群体在规模上存在差异。与单群体中个体进行的博弈相反,群体中随机抽取的个体之间进行真正意义上的两两配对重复;或者小群体源于不同的其他大群体,而且这些小群体之间存在较大的差异,是非对称的,因此又被称为非对称模型。按照群体在演化中受到的影响因素属于确定性还是随机性,可以将演化博弈模型分为确定性动态模型和随机性动态模型。一般来说，确定性动态模型比较简单，并且能够较好地描述系统的演化趋势；随机性动态模型需要考虑诸多随机因素对动态系统的影响，因而比较复杂，但能够更加准确地描述动态系统的真实行为。

演化博弈理论能够在各个不同的领域得到极大的发展应归功于梅纳德与普瑞斯提出的演化博弈理论中的基本概念——演化稳定策略，他们将研究视角从博弈论的理性陷阱中解脱出来，为博弈理论的研究寻找到了新的突破口。演化稳定策略及复制者动态的提出，也使演化博弈理论开始被广泛地应用于经济学、生物学、社会学等领域，两者一起构成了演化博弈理论最核心的一对基本概念。

演化稳定策略源于生物进化论中的自然选择原理，它在生物中意味着凡是影响到群体中个体生存和繁殖的遗传差异都要受到自然的选择。假设存在一个由全部选择某一特定策略的大群体和选择不同策略的突变小群体构成的系统，突变小群体进入到大群体后形成一个混合系统，如果突变小群体在混合系统中博弈所获得的收益大于原群体中个体在混合系统中博弈所获取的收益，那么突变小群体就能够侵入到大群体；相反，这种小群体就会在演化过程中消失。[①] 如果一个系统能够抵制任何小突变群体的侵入，那么就称该系统达到了一种演化稳定状态，此时该群体所选择的策略就是演化稳定策略。因此，简单来说，演化稳定策略是指如果群体中所有的成员都采取这种策略，那么，在自然选择的影响下，将没有突变策略来侵犯这个群体。也就是说，在重复博弈中，仅仅具备有限信息的个体根据其现有利益不断地对其策略进行调整以追求自身利益的改善，最终达到一种动态平衡状态。在这种平衡状态中，任何一个个体都不再愿意单方面改变其策略，我们称这种平衡状态下的策略为演化稳定策略，而选择演化稳定策略时所处的状态就是演化稳定状态，此时的动态均衡就是演化稳定均衡。

---

① 苑志勇：《演化博弈论在电力市场中的应用》，硕士学位论文，华中科技大学，2005年。

一般来说，演化博弈模型主要是基于选择机制和突变机制两个方面建立起来的。选择机制是指本期能够获得较高收益的策略在下一期将被后代或竞争对手通过学习与模仿等方式而采用；突变是指群体中的某些个体以随机的方式选择策略，因此，突变策略可能获得较高的收益，也可能获得较低的收益，而那些获得更高收益的变异策略经过选择后将变得更加盛行，那些获得更低收益的变异策略则会在演化的过程中自然消亡。因此，演化博弈理论需要解决的关键问题就是如何描述群体行为的这种选择机制和突变机制。模仿者动态模型是一种典型的基于选择机制的确定性和非线性演化博弈模型，它能较好地描绘出有限理性个体的群体行为变化趋势，在此模型基础上加入个体的策略随机变动行为，就构成了一个包含选择机制和变异机制的综合演化博弈模型，由此得出的结论能够比较准确地预测个体的群体行为。所谓模仿者动态，是指使用某一策略人数的增长率等于使用该策略时所获得的收益与平均收益之差。

第二节 研究目的及意义

传统经济理论把经济系统的不确定性解释为外在的随机扰动，但即使是完全确定的系统也能产生类似于随机现象的不确定性行为即混沌现象。传统经济学研究中，系统被假定为稳定的，稳定行为才持久。然而，对系统演化静态均衡分析必然要丧失大量宝贵的信息，只有在动态中，才能观测到系统演化的实质。我们应该去探索"模糊、混乱及偶然性"，从而探讨混沌的出现对市场的影响，并为企业在混沌市场中生存发展提供理论参考。

十几年前，混沌经济学（非线性经济学）的研究还只是处于初创阶段，源于自然科学的混沌理论尚未能很好地"经济学化"，理论、方法比较零散，缺乏系统化。研究双寡头竞争的文献国内外非常多，但它们基本上都是建立在完全理性基础之上的，文献的重点都是讨论静态均衡。对寡头博弈特别是鲍利模型主要是讨论各种情形下的均衡解，而很少探讨产量竞争的差别化产品的鲍利模型的混沌动力学，讨论价格竞争的寡头博弈模型的混沌动力学则几乎没有。

通常，完全理性博弈基于两个假设：

（1）每个企业在决定其最优生产决策时，都预先知道其竞争对手的生产决策；

（2）每个企业都有利润函数的完全信息。

在这两个条件下，如果纳什均衡存在，那么竞争双方博弈一次就可直接达到纳什均衡。这个结果是不依赖于市场的初始状态，所以，不需要进行任何的动态调整过程。但是，在现实的市场经济中，竞争双方不太可能立即协调到这种均衡状态。实际上，企业都没有那么理性，他们在决策过程中往往只是采用更为简单的"规则"，他们都需要一个动态的调整过程。据此，本书对传统的寡占模型加以改进，从现实经济系统运作的实际情况出发，建立更准确、科学，更能反映经济现实的非线性非均衡寡占模型，并重点探讨所建立模型的混沌动力学以及混沌的出现对企业生存发展的指导意义。

第三节 研究内容与方法

本书基于有限理性理论，以微分方程（或差分方程）为数学工具研究相关博弈模型（主要包括演化博弈、微分博弈模型），结合非线性科学中的混沌理论、分形理论，采用比较研究、推理论证和计算机模拟等方法，重点分析了不同预期条件下的有限理性产量及价格博弈模型的混沌动力学及其参数控制，并总结评述了相关研究成果，包括演化博弈与微分博弈理论及其应用。本书是对现有理论研究文献的补充总结，其内容以有限理性建模问题为中心，重点探讨基于有限理性的动态寡头博弈动力学及混沌控制。此外，讨论了演化博弈、微分博弈理论在寡头博弈方面的应用，总结介绍了混沌在经济学中的应用（混沌经济学或非线性经济学）及发展。具体研究思路和方法介绍如下。

研究寡头竞争的文献国内外非常多，但前期研究基本上都是建立在完全理性基础之上的，文献的重点都是讨论静态均衡。近年来，主要讨论古诺模型各种情形下的均衡解，很少讨论产品差异性的鲍利模型的非均衡解及其混沌动力学。非均衡理论突破了古典均衡理论，认为在不同经济体制下，偏离均衡动态过程是不同的，因而实现均衡的相互作用也是不同的，这就使非均衡理论着眼于经济运行现实，探讨实际存在的各种均衡轨迹的表现形式及均衡实现方式。

不同企业的预期成因不同，他们的决策规则也会不同，由不同决策规则的企业所构成的系统会比由相同或相似的决策结构的企业构成的市场表现出更为复杂的演化性态。本书考虑了朴素预期、适应性预期和有限理性预期等预期的不同情形，分别讨论了寡头市场基于产量博弈和基于价格博弈问题，研究不同预期的双寡头鲍利模型的混沌动力学演化性态，探讨滞后效应、溢出效应和产品差异性对鲍利模型动态演化的影响、参数控制及其对企业市场行为的指导意义；探讨伯特兰（Bertrand）模型的混沌动力学演化机制、参数控制及其对企业市场行为的指导意义。

对于有限理性双寡头鲍利模型，滞后效应将增加博弈达到纳什均衡的可能性，溢出效应使市场形成了新的混沌吸引子，并使市场朝着可控的方向发展。在其他参数值固定不变时，产品的差异性程度越大，纳什均衡的坐标值越小，纳什均衡的局部稳定区域就越大，产品的差异性使市场表现出更为复杂的演化性态。此外，本书研究了具有非线性成本的有限理性模型的动力学，分析了此非线性系统均衡的存在与稳定性问题。通过数值模拟，观察到了这些模型的分岔、混沌行为等复杂现象，并对混沌现象的影响及控制做了有益的探讨。最后，对于不同预期的两强竞争市场，采用适应性预期的企业在竞争中较为有利，运用不同的混沌控制方法，有效地改善了系统的性态，并通过数值模拟验证。

总的来说，在研究对象和研究方法上，混沌经济学与传统经济学都是提出假设，利用数学工具，通过规范推演和实证检验来揭示社会经济现象的客观规律；但是，由于客观地认识到经济系统的非均衡、非线性、非理性、时间不可逆、多重解和复杂性等特点，混沌经济学在研究和解决问题的具体思维方式与假设条件上以及确切的方法论上，与传统经济学存在显著差异。

混沌经济学假设关系是非线性的，认为经济系统所呈现的短期不规则涨落并非外部随机冲击的结果，而是由系统内部的机制所引起的。经济系统中时间不可逆、多重因果反馈环及不确定性的存在使经济系统本身处于一个不均匀的时空中，具有极为复杂的非线性特征。非对称的供给需求、非对称的经济周期波动（现已证明：经济周期波动呈泊松分布而非正态分布）、非对称的信息、货币的对称破缺（符号经济与实物经济非一一对应）、经济变量迭代过程中的时滞、人的行为的"有限理性"等正是这种非线性特征的表现。

混沌经济学的方法论是集体（整体）主义，即"理论必须根植于不可再分的个人集团的行为"。在混沌经济学看来，经济系统由数以百万计的个体和组织的相互作用所决定，而每一个个体和组织又涉及数以千计的商品和数以万计的生产过程，因此，个体行为并非是一种孤立的存在，仅仅完备地认识个体的行为并不能使我们掌握整个经济系统的演化状态。运用整体主义的方法论，混沌经济学在经济增长、经济波动、股市涨落、企业行为、汇率浮动等领域进行探索，得出了经济波动源于经济系统的内生机制而非随机震荡、非均衡是经济系统的常态、杂乱无章的经济现象背后隐藏着良好的结构而非随机状态等一系列在新古典个人主义方法论下所无法得到的、更符合现实的结果。

混沌经济学的时间概念是时间具有不可逆性。认为系统的演化具有累进特征（积累效应），时间之矢是永远向上的。随着时间的演进，系统总是不断地具有新的性态，绝不重复，原因与结果之间的联系并非唯一确定的，而是一种循环因果关系。因此，混沌经济学的一个核心命题是"对初始条件的敏感依赖性（蝴蝶效应）"。用通俗的语言来说，混沌系统像一个放大装置，可以将初始条件带进的差异迅速放大，最终将真实状态掩盖，从而实质上导致长期演变轨道的不可预测性。

混沌经济学更注重对递增报酬的研究，认为经济系统在一定条件下（指系统结构演化的各种临界值），小效果的影响力不但不会衰减，而且还倾向于扩大。而这种小效果的扩大趋势正是由非线性动力系统内的本质特征所决定的。混沌经济学并不排除理性因素，只是认为那种完全理性的假设是不现实的，只有将理性因素和非理性因素综合起来考虑，才更符合现实。它认为，混沌这种表面上看起来是随机的现象后面隐藏着一定的规律性和秩序，如奇异吸引子、分支、窗口等。混沌学研究的内容就是找出其中存在的规律和秩序，并将事物发展的必然性和偶然性、概率描述和决定论描述统一起来，最后再将研究结果作为工具去解决实践中困扰我们的复杂性难题。

受到众多自然、富有创建性思想体系综合启发的混沌经济学，其思想根基比传统经济学触及更广的自然科学领域，因而也就开阔了它的经济研究视野。目前，国内外的混沌经济学已涉及经济周期、货币、财政、股市、企业供求、储蓄、跨代经济等几乎所有经济领域。

第二章 文献综述

第一节 博弈论的发展及其在经济学中的应用

"博弈论"译自英文"Game Theory",1944年由美国学者冯·诺依曼(von Neumann)和摩尔根斯坦(Morgenstern)在《博弈论和经济行为》中首次提出。博弈论是用来分析战略行为的一种方法,所谓战略行为是考虑到预期的其他人的行为并相互承认彼此之间的关联性之后再采取行动的行为方式。20世纪50年代初是博弈论产生和发展历史上的重要时期。美国学者约翰·霍布斯·纳什(John Forbes Nash)于1950年提出的均衡点,也就是我们所说的"纳什均衡"概念,是古诺(Cournot)模型和伯特兰模型中均衡概念的自然一般化,现在已成为现代经济分析的出发点和关键分析概念。纳什均衡和证明纳什均衡存在性的纳什定理,将博弈论扩展到非零的博弈,成为非合作博弈理论的奠基石,对博弈论乃至经济学的发展都起到重要的推动作用。纳什同一时期提出的关于两人讨价还价的纳什解法,是合作博弈理论最重要的解概念之一,对合作博弈理论的发展也有着非同寻常的意义。塔克(Tucker)于1950年定义了"囚徒困境"。纳什与塔克两个人的著作基本上是现代非合作博弈论的理论基石。

泽尔滕于1965年提出用"子博弈完美纳什均衡"对纳什均衡作完美化精练的思想,对于动态博弈理论具有非常重要的意义。海萨尼(Harsanyi)于1967年将不完全信息引入到博弈论的研究中,并提出了"贝叶斯纳什均衡"的概念。到了20世纪八九十年代,博弈论的发展逐步走向成熟。博弈论在经济学中的应用领域越来越广泛。其中，最重要的理论进展是克雷普斯（David M. Kreps）和威尔逊（Robert Wilson）1982 年合作发表的关于动态不完全信息博弈的文章。1991 年，弗登伯格（D. Fudenberg）和蒂诺尔（J. Tirole）首先提出了"完美贝叶斯均衡"的概念。莫里斯（Jame A. Mirrlees）和维克里（William Vickrey）研究在不对称信息条件下激励机制问题，这种激励问题实际上就是一种不完全信息的博弈问题，更进一步强化了博弈论的发展趋势。现代博弈论已经形成了一个相当庞大的体系，包含宏观博弈理论、微观博弈理论、金融博弈理论等。博弈论已经被广泛地应用于军事、外交、政治、经济等领域的研究中，必然会推动博弈理论的进一步发展。博弈论进入经济领域，改变了以企业独立决策为基础的经济学研究方法，而侧重于多个企业的行为产生交互作用的分析。博弈论的广泛应用能够使经济分析更好地反映真实经济系统的本质，国内外学者在这一领域已取得了相当多的研究成果。

N. Nagarajan 等分析了合作博弈在供应链管理中的利润分配和稳定性两个应用，成功地将合作博弈应用到寡头垄断的供应链管理中。T. Koidea 和 H. Sandohb 建立基于斯塔克尔伯格（Stackelberg）博弈模型的基本框架，从消费者和生产者视角，对 n 元并联冗余系统进行了经济学分析，阐明了在何种情况下生产者可以获得更多利润。杰罗恩（S. Jeroen）等建立了具有随机支付功能的非寿险合作博弈模型，确定了保险公司和被保险人共同面对的风险帕累托最优化配置。柯林斯（Collins）等得出，三个企业的霍特林（Hotelling）模型没有均衡解是因为假定消费者总是光顾距离最近的企业，但事实上消费者并不总是这样。当企业只能以概率分布考虑消费者的购买时，那么会出现两种均衡，三个企业都在同一点上或者呈对称分布。

区毅勇研究寡头之间的竞争合作战略，可以使企业之间的市场占有率保持相对平衡，从而有效地减轻竞争强度，维持行业的稳定与发展。彭运芳研究了信息不对称情况下寡头市场决策的动态博弈，探讨了寡头垄断市场的特点，分析该市场古诺模型和斯塔克尔伯格模型的博弈，证明了信息较多者不一定得益较多。曾武用双寡头动态博弈的均衡方法研究企业创新能力对企业进行产品创新和工艺创新的影响，引入产品创新成本系数的概念，建立企业的创新能力、竞争激烈程度以及企业的产品质量和技术创新种类的关系。易永锡等从企业污染治理技术创新信息外溢视角，以创新信息的外溢度作为模型的内生变量，以降低污染治理的成本作为企业污染治理技术投资动力，应用两阶段动态博弈方法分析了寡头垄断企业在不合作和合作进行污染治理的技术创新情况下的最优创新投入以及最优产出和最大利润问题。巩永华等根据内生地考虑三寡头市场垄断力的不同情形，基于萨洛普（Salop）环形城市模型，研究不同博弈结构下基于单一价格策略的差异化策略，接着分析企业对歧视定价策略的选择。袁梁以演化博弈论为主要工具，研究了考虑产品替代性情形下的双寡头博弈问题。考虑市场存在同时生产高质量和低质量产品的两个企业的博弈，讨论具有不同产品质量的企业在市场中进行质量与价格的竞争并通过一个数值算例说明对企业决策的影响。龚利等假定项目的投资与经营成本不对称，提出了更具现实意义的可退出的不对称双寡头投资博弈模型，给出了不同情况下两投资商的进入与退出最优转换策略。

第二节　演化博弈研究现状

长期以来，博弈论被认为是经济学研究的一个分支。然而，作为一种方法论，博弈论在管理学研究中逐渐显示出其重要地位。演化博弈论是博弈论中的一个新领域，是在博弈论基础上发展起来的一种理论。近年来，国内外对演化博弈论的关注上升，演化博弈论成为一个新的热点。传统的博弈论强调参与者必须是理性的，且博弈的整个过程中博弈方不允许犯错误。每个决策阶段都是完全理性的，这种严格理性的要求限制了博弈论在实际研究中的应用范围。其原因是许多决策问题中，人不是完全理性的，更不可能在每个决策阶段都保持理性。演化理论是一种生命科学理论，该理论以达尔文的生物进化论和拉马克的遗传基因理论为思想基础。演化理论与博弈论结合产生的演化博弈论摒弃了博弈论完全理性的假设，不仅能够成功地解释生物进化过程中的某些现象，同时它比传统博弈论能更好地分析和解决管理学问题。

生物学的进化论类似于社会科学家所使用的博弈论。演化博弈是在由基因事先决定的不同行为表现型之间而不是理性选择的策略之间进行的。在演化博弈中，具有较强适应性的表现型生存下来，在与其他表现型的重复性互动中不断繁殖，并在种群中增加它们的比例。一个由一种或者多种表现型以一定比例组成的种群被称为演化稳定，如果它不能被其他变异表现型成功入侵，或者如果它是更具适应性的表现型繁殖动态过程的极限结果的话。倘若一种表现型在面临一种变异表现型的侵入时，仍能保持自己的主导性，我们就称这种表现型是演化稳定策略，而且称为单独由它所组成的种群表现单态型。如果两种或更多种表现型共同存在于一个演化稳定的种群，它就被称为种类表现多态型。

当把演化博弈理论更一般地应用于非生物博弈时，单个参与者所遵循的策略就被理解为经验法则，而不是由基因决定的。繁殖过程代表着更一般的传播方式，包括社会化、教育以及模仿；变异代表着新策略的尝试。

演化博弈中，囚徒困境和懦夫博弈的每一种情形里，演化稳定策略折射出来的或者是由理性决策参与者所进行的同样结构的博弈的纯策略纳什均衡，或者是在这样一个博弈中的混合。

在囚徒困境中，"总是背叛"是演化稳定的；在懦夫博弈中，稀有的类型更具适应性，故存在着一种多态型均衡；在安全博弈中，稀有的类型适应性较差，故多态型结构是不稳定的，且均衡位于极端的位置。当博弈在两种不同物种的每一种中的两个不同类型成员之间进行时，可运用更为复杂但类似的结构分析去求解均衡。

鹰—鸽博弈是经典的生物学例子。对此博弈的分析，与对演化博弈的囚徒困境及懦夫博弈版本的分析相似；演化稳定策略依赖于支付结构的特征。当有两种以上类型相互作用时或在非常一般的情况下，也能够进行分析。该理论表明，演化稳定的要求产生出一种均衡策略,它等价于理性决策参与者所得到的纳什均衡。

一 国外演化博弈论研究的现状

马歇尔(Marshall,1948)指出,演化的概念比静态分析的概念更复杂。阿尔钦(Alchian,1950)主张,在经济分析中用自然选择的概念代替利润最大化的概念。他认为,适度的竞争可以作为决定各种制度形式存在的动态选择机制。在这种选择机制下,来自社会的演化压力促使每个行为主体采取适合自身生存的行为,得到的演化均衡为纳什均衡。阿尔钦的这种演化观为演化博弈论的发展提供了思路。纳什(Nash,1950)的"群体行为解释"被认为是最早的演化博弈思想理论成果。他认为,不需要假设参加者有关于总体博弈结构的充分知识,也不要求参加者有进行任何复杂推理的愿望和能力,只需要假定参加者能够积累关于各种纯策略被采用时的相对优势的信息,纳什均衡就可达到。演化博弈论能够在各个不同的领域得到极大的发展,应归功于梅纳德·史密斯(1973)和普雷斯(1974),他们提出了演化博弈论中的基本概念即演化稳定策略。梅纳德·史密斯和普雷斯的贡献是把人们的注意力从博弈论的理性陷阱中解脱出来。从有限理性角度为博弈理论的研究寻找到可能的突破口。可以说,梅纳德·史密斯和普雷斯的演化稳定策略的提出是演化博弈论理论发展的一个里程碑。从此以后,演化博弈论迅速发展起来。20世纪80年代,随着对演化博弈论研究的深入,许多经济学家把演化博弈论引入经济学领域,用于分析社会制度变迁、产业演化以及股票市场等,同时对演化博弈论的研究也开始由对称博弈向非对称博弈深入,并取得了一定的成果(Selten,1980;1983)。20世纪90年代以来,演化博弈论的发展进入了一个新的阶段。温布尔(Weibull,1995)系统、完整地总结了演化博弈论。

21世纪以来,演化博弈的发展出现了一些新的思路,其中之一是关于演化稳定策略(ESS)的分歧问题(L. A. Bach,T. Helvikc,F. B. Christiansen,2006)。有些学者关注在一方模仿情况下的合作演化博弈问题(David K. Levine,Wolfgan Pesendorfer,2007)。Josef Hoibauera和William H. Sandholmb(2007)讨论了具有随机扰动得益情形的演化博弈问题。这些文献在理论上都对演化博弈论做了进一步研究。其贡献是使演化博弈论体系更加丰富并日趋完善。

自20世纪90年代以来，国外演化博弈论的应用研究发展迅速。巴苏（Basu，1995）研究了城市居民的规范与演化之间的关系，认为规范的长期存活依赖于演化过程和自然选择。弗里德曼和福恩格（Friedman and Fung，1996）选取日本和美国的企业组织模式，应用演化博弈论，分析了在无贸易情况下的企业组织模式演化规律。贝斯特和古斯（Bester and Guth，1998）应用演化博弈论研究人在经济活动中利他行为的存在性及其演化稳定性。杜弗登伯格和古斯（Dufwenberg and Guth，1999）在双寡头垄断竞争市场结构下比较了间接演化方法和策略代理方法，并研究了在怎样的市场环境中这两种方法会导致相似的市场结果。戈特曼（Guttman，2000）应用演化博弈论，研究了互惠主义在有机会主义存在的群体中是否能够存在的问题。哈姆夫和普拉萨德（Hamvv and Prasad，2001）运用演化博弈方法，研究在具有网络外部性的条件下免费软件的最优价格和质量的确定。科斯菲尔德（Kosfeld，2002）建立了时间反常情况下德国超市购物的演化博弈模型。奈伯格和里格（Nyborg and Rege，2003）运用演化博弈论，研究了个体在顾及其他个体感受的情况下个体吸烟行为的社会规范的形成。贾斯米纳和约翰（Jasmina and John，2004）研究了不同的学习规则在公共物品博弈中仿制人类行为时哪种规则表现得最好的问题。丹尼尔、阿里和托德（Daniel，Aree and Todd，2005）研究了四种不同类型的囚徒困境博弈，得到了这四种囚徒困境的局中人合作所需要的演化和信息要求。

从国外学者对演化博弈论的应用研究情况来看，他们关注的主要是人的行为学、社会规范以及企业运作管理等方面的应用。另外，国外学者不是单纯地做演化博弈应用研究，他们针对一些社会和经济及人类行为等问题，从多角度（如认知论）研究管理学所要解决的问题；他们在用演化博弈研究经济问题的时候，注重其蕴含的制度因素的研究；更进一步地说，有相当一部分学者是在理论研究的基础上做应用研究。他们不仅仅应用该理论，同时也注重在理论研究上的创新。

二 国内演化博弈论研究的现状

相对来说，国内学者对演化博弈论方面的研究较少，20世纪90年代末21世纪初，谢识予（2001）等学者开始论述演化博弈论的一些基本概念和相关知识。短短几年的时间里，国内不少学者应用演化博弈论解决管理学中的问题，丰富了管理学解决问题的方法论。孙庆文等（2003）对不完全信息条件下演化博弈均衡的稳定性进行了分析。吴昊、杨梅英等（2004）对合作竞争博弈中的复杂性与演化均衡的稳定性进行了探讨。易余胤等（2005）分析了演化博弈论在经济学研究中的作用。崔浩等（2004）用演化博弈论方法分析了有限理性的利益相关者在共同治理结构下参与企业所有权配置并达到纳什均衡的演化博弈过程。胡支军和黄登仕（2004）给出证券组合选择的一个演化博弈方法。杨广青等（2006）研究了不确定环境下企业债务融资对产品差异化策略和定价策略的影响，并与不存在债务策略下的均衡结果进行了比较。敬嵩和雷良海（2006）基于事物本源的哲学理念，分别从企业管理模式历史起源的角度、新现实环境角度和自然演化规律的角度分析了企业管理模式的演进规律。胡明礼等（2006）构建了企业集群的演化博弈链模型，并对进入效用为负值的情形下企业集群演化博弈演进过程进行系统仿真，揭示了企业集群演化的内在机理和动态过程。高洁和盛昭瀚（2004）研究了发电侧电力市场竞价的演化稳定策略。周峰和徐翔（2005）运用演化博弈论探讨了农村税费改革问题。刘振彪和陈晓红（2005）创建了从单阶段创新投资决策到多阶段创新投资决策的演化博弈均衡模型，研究企业家创新投资决策问题。石岿然和肖条军（2005）在一个三阶段霍特林博弈模型基础上，研究双寡头零售市场价格策略的演化稳定性问题。石岿然和肖条军（2004）研究了基于一个具有非线性需求函数的纵向产品差异化模型，研究双寡头市场的演化稳定策略。易余胤等（2003，2004，2005）运用演化博弈方法研究了信贷市场、双寡头市场、自主创新行为、合作研发中的机会主义行为等一系列问题。张良桥（2001）论述了经典博弈理论与演化博弈理论之间的关系。杨玉红和陈忠（2006）使用两个演化博弈模型描述了中介企业之间的竞争与合作关系。费智和杜建国以动态古诺模型为基础，在需求函数是非线性、成本函数是线性的情况下，分析了企业的量本利动态演化博弈模型，对离散动态系统的纳什均衡的稳定性进行了分析。赵晗萍和冯允成等（2006）在借鉴古诺竞争模型和报童问题模型的基础上，建立了市场无法出清条件下供应链的市场进入博弈模型，从理论上分析并求解了两级供应链的可行结构和均衡结构。任玉珑等（2006）针对不完全信息、垄断电力市场下发电企业在博弈中需要准确预测对手信息，提出了一种基于多主体平台的两阶段演化博弈模型。盛昭瀚等（2007）建立产业动态演化模型，分析由不同企业组成并有新企业持续随机进入的产业竞争动态。

从国内学者对演化博弈论的应用研究情况来看，演化博弈论在管理学领域的应用研究发展迅速。和国外学者相比，国内学者主要关注演化博弈论解决管理学中的实际问题的研究。应该肯定的是，国内学者在演化博弈论的研究方面取得了一些重要的研究成果。然而，国内的研究成果仍然存在一些问题，主要表现在两个方面：一是对演化博弈论理论内涵和外延研究不够。演化博弈并不是演化的观点和博弈的思想简单相加，而是包含更丰富的内容，同时具有动态演化特征的博弈模型也不一定就是演化博弈模型。二是运用演化博弈论解释某些问题像是单纯套用演化博弈论做习题，缺乏理论深度和较好的应用效果。

三　演化博弈论研究当前面临的挑战与展望

（一）演化博弈论研究面临的挑战

泰勒和荣克（Taylor and Jonker，1978）提出的复制者动态方程是在演化博弈论中运用最为广泛的选择机制动态方程。在复制者动态方程中，纯策略的增长率与相对支付或适应度（纯策略所获得的支付与群体的平均支付之差）成正比。复制者动态方程在经济和管理领域的应用广泛，学者运用复制者动态方程对社会习俗、制度、行为规范等一系列社会经济问题进行了成功的研究。然而，演化稳定策略与选择机制动态方程如何联系起来以及通过选择机制所获得的均衡的精练是否演化稳定策略还是尚未解决的问题。稳定性的定义针对的是动态系统，而不是博弈的支付或适应度函数，并且演化稳定策略只能描述系统的局部动态性质，它不能表现均衡与动态的选择过程之间的关系。因此，演化稳定策略与选择机制动态方程所达到的动态均衡并不一定是同一个概念。Hirshleifer（1982）提出了演化均衡概念。他认为，若从动态系统的某个平衡点的任意小邻域内出发的轨线最终都演化趋向于该平衡点，则称该平衡点是局部渐近稳定的，这样的动态稳定平衡点就是演化均衡。我们知道，演化稳定策略是纳什均衡的精练。那么，演化均衡与演化稳定策略是什么关系呢？谢识予（2001）认为，演化稳定策略是纳什均衡的一个精练概念，演化稳定策略必然对应完全理性博弈中的纳什均衡，包括纯策略纳什均衡和混合策略纳什均衡，但完全理性博弈的纳什均衡在演化博弈中并不一定是演化稳定策略。弗里德曼（Friedman，1998）指出：（1）纳什均衡是一个动态系统的平衡点；（2）演化均衡一定是纳什均衡；（3）演化稳定策略不一定是演化均衡。复制者动态方程可以保证演化稳定策略为演化均衡。但对一般的动态方程来说，演化稳定策略不是演化均衡的条件。演化博弈论中最有用、运用最广泛的均衡概念并不是演化稳定策略，而是演化均衡。这是因为，人的行为按照某种动态随时间变化的假设是合乎情理的。那么演化均衡的充要条件是什么？对一般的动态系统来说，演化均衡是否一定能得到？遗憾的是，直到今天，这些问题尚未有满意的答案。因此，演化博弈论的理论体系尚不完善，深入研究尚存在分歧，而且其应用研究还有不少空白，需要进一步界定演化均衡、演化稳定策略等概念及其关系。

（二）演化博弈论研究展望

尽管当前对演化博弈论的研究取得了一些成果，但国内多数文献为应用研究，注重应用演化博弈论解决某一类问题；国外的多数研究虽然关注演化博弈论在理论研究上的创新，但对当前的研究挑战尚未给出满意的答案。以下四个方面值得进一步研究：（1）进一步完善演化博弈论的理论体系，探索演化均衡存在的充分必要条件。（2）将演化博弈论与动态系统的研究结合起来，寻找一般动态系统与演化均衡的关系。（3）进一步扩大演化博弈论在管理学中的应用研究范围，将现有的理论成果更好地应用到企业的运作管理、供应链的组织管理、供应链的运作管理、产业结构的研究中，其中，产业结构演化规律的研究就是一个很有意义的方向。(4)借鉴国外的研究思路，进一步加强演化博弈论的理论探索，不能仅停留在应用研究中。

第三节　混沌理论的发展及其在经济学中的应用

混沌理论最早可以追溯到 20 世纪初期。1903 年，法国数学家庞加莱（Poincare）在研究三体问题时，发现系统在某类不稳定平衡点附近无法求出精确解，从而三体问题的解在一定范围内是随机的，因此，庞加莱成为最早发现混沌现象的科学家。

1963 年，美国气象局数学家洛伦兹（Lorenz）在研究由气象预报抽象出的伯纳德对流问题时，第一次在确定性的动力系统中发现了随机性现象，揭示出混沌现象具有不可预测性和对初始条件的极端敏感依赖性（蝴蝶效应）两个基本特点；同时他还发现，表面上看起来杂乱无章的混沌，仍然具有某种条理性。这一发现成为混沌理论的里程碑，洛伦兹系统也成为研究混沌行为特征的经典系统。1971 年，法国物理学家茹厄勒（Ruelle）和荷兰数学家塔肯斯（Takens）在研究湍流现象时，从数学观点解释了纳维—斯托克司方程出现湍流解的机制，揭示了准周期进入湍流的道路。首次提出了"混沌吸引子"这一概念，把湍流现象与混沌运动联系起来，后来，这一概念被广泛地应用在耗散系统的混沌研究中。

1975 年，美国数学家约克（Yorke）与华人数学家李天岩（Tien – Yien Li）在论文《周期 3 意味着混沌》中首先引入了"混沌"这个名称。1976 年，美国生物学家梅（May）在对季节性繁殖的昆虫年虫口的模拟研究中首次揭示了通过倍周期分岔达到混沌这一途径。1978 年，美国物理学家费根鲍姆（Feigenbaum）重新对梅的虫口模型进行计算机数值实验时，发现了称为"费根鲍姆常数"的两个常数。

这引起了数学和物理界的广泛关注。与此同时，曼德尔布罗特（Mandelbrot）用分形几何描述了一大类复杂无规则的几何对象，使奇异吸引子具有分数维，推进了混沌理论的研究。

1981年，塔肯斯在惠特尼（Whitney）的拓扑嵌入定理基础上，给出了判定奇异吸引子的实验方法。1983年，中国著名科学家郝柏林院士首次在国内全面地介绍了非线性动力学的相关理论。1990年，美国海军实验室的佩利拉和卡罗尔（Pecora and Carroll）提出了混沌同步的思想，并且进行了利用混沌同步进行保密通信的实验。20世纪70年代后期，科学家陆续在许多确定性系统中发现混沌现象。

最近十多年来，计算机技术的发展，为处理复杂的非线性方程提供了工具，使研究者可以更好地揭示混沌现象的内部机理。混沌与其他学科相互渗透、相互促进，特别是在经济领域得到了广泛应用。

美国传统工业组织之父乔·贝恩（Joe Bain，1951）研究了从竞争到寡占或垄断和产业结构的转变，他的研究表明，在任何产业内存在定性区分竞争和寡占之间集中度的临界水平，后者可能有共谋行为。企业管理者关心的是从哪知道他们的竞争者是谁并能预期彼此的行为，何时又不能如此，看不见的手控制着市场。罗瑟（Rosser，2000）用一个由伍德科克和戴维斯（Woodcock and Davis，1978）提议的大灾难理论模型，以由欧佩克控制的世界石油市场的突然损益为例讨论过这个问题。更一般地，布雷德布尔德和奥弗（Bradburd and Over，1982）通过一大批美国工业对贝恩的原先建议提供了经验支持。

1980年，美国经济学家斯图策（Stutzer）发表的第一篇经济混沌文章对哈维尔莫（Haavelmo）的增长模型作离散处理，得到混沌的增长模型，该模型表示的系统在不同参数下展示出了稳定态、规则波动和混沌态三种状态。1981年，美国经济学家本哈比布和戴（J. Benhabib and R. H. Day）发表了论文"合理选择与不规则行为"，首次将混沌理论应用于研究效用函数的长期形态中，并于1992年在经济均衡模型中找到了呈现周期性和混沌行为的条件。Yoshida和Asada针对动态经济系统，分析了影响政府政策稳定性的因素，特别是政策的滞后对宏观经济稳定性的影响。Saiki 等通过对国家凯恩斯—古德温（Keynes – Goodwin）型经济周期模型的分析，发现了动态经济系统的间歇性行为，数值模拟显示，经济系统在从弱混沌演化到强混沌过程中会保持转变前的记忆性。Kaizoji 研究了异质主体金融市场的价格动力学，通过考察交易者数量的增加对资产价格波动的影响，得出当参与交易的参与者总数增加时，系统有一条新奇的通往混沌的路径，特别是观察到了价格波动的阵发性混沌。

国外的混沌经济学已涉及经济周期、货币、财政、股市、企业供求、储蓄、生态经济等几乎所有经济领域。鲍莫尔和沃尔夫等从微观经济角度研究了混沌经济问题，1983 年，他们在考虑企业的研发（R&D）支出水平与企业生产增长率之间关系时发现，在研发支出水平占企业销售收入的比例达到一定范围时，企业的生产增长率就会呈现出周期性或混沌态。1985 年，鲍莫尔和夸得特发表了论文《混沌模型及可预测性》，研究了利润与广告的关系模型，研究表明，这种关系模型经过一段时间后，就会出现大幅度振荡，甚至出现混沌。戴（R. H. Day，1982，1983）研究了包括人口净自然出生率、生产函数和平均工资收入的古典经济增长模型，在最大人口数量时的收入若低于维持最低生活水平所需的收入时，人口的变化将会出现混沌状态。他和本哈比还研究了不同消费倾向将会产生不同的消费者行为：穷人的消费选择很可能是相当稳定的，而富人的消费行为则可能是周期波动的，甚至是混沌的。博尔丁（Boldin，1988）的研究表明，经济现象的小规则波动是受到市场力、技术变革和消费倾向三者共同作用下经济系统内生决定的结果。鲁塞等以东欧集团国家的经济变革做了实证说明。中央计划的社会主义经济既会出现周期性波动，也会出现混沌，而进入混沌的条件，往往也是将要发生经济制度变革之时。1992 年年底，考斯持和米切尔研究了货币动力系统混沌问题。布罗克（Brock，1988）、沙因克曼和莱巴伦（Le Baron，1986）等提出了用关联性、搅拌、残差等方法诊断经济时间序列的混沌性。索耶斯巴雷特和弗兰克（Frank）等也都在股票证券、外汇交易、期货等市场产生高频经济数据的经济活动中找到了低维混沌吸引子。这意味着只需要少数几个经济变量就足以描述这类复杂的经济现象。

在我国，非线性混沌理论在经济学中的研究和应用则是从 20 世纪 90 年代开始的，发展较为缓慢。1987 年，旅美经济学学者陈平用实际数据，计算了分维，从宏观货币指数中发现了维数为 1.5 左右的奇怪吸引子。自他将混沌经济学研究引入中国后，1992 年，杨培才等在论文《经济混沌的实例及可预报性》中，用伦敦外汇市场发布的英镑对美元周平均汇率的时间序列作为原始数据，研究了外汇系统中的奇怪吸引子，推出了汇价变动的规律性及近期的可预报性。1993 年，王军等在《标准普尔 500 家指数（S&P500）的混沌吸引子》一文中指出了 S&P500 有一个混沌吸引子，其维数为 2.33，并论述了该吸引子对资本市场运动的意义。

混沌理论对传统经济学的冲击和对宏观经济管理的重要性启示，受到包括中国经济学家李京文、张守一、傅琳、黄登仕等专家学者的关注和研究。黄小原（1990）研究了一般动态经济增长方程在单边受限和双边受限条件下产生混沌的条件。1991 年，李京文、罗喜龙和张昕竹等发表了《混沌理论与经济学》，我国留美学者邹刚和高峰发表了《经济学研究与混沌理论》。这两篇文章较早在国内介绍了国外混沌经济学研究的一些情况，对我国学者学习和进行混沌经济学研究起到了很好的启动作用。1992 年，黄沛等做了 1985—1987 年北京市蔬菜月销售量时序市场波动分析，只不过样本太小，只有 36 个。同年，傅琳以 Logistic 方程为例，介绍了分岔与混沌的演化机制。1993 年，刘洪研究了道格拉斯（Douglass）生产函数产生混沌的条件。1994 年，黄登仕、李后强在《非线性经济学的理论与方法》一书中对经济系统中的分形特征做了较深入研究。他们首次使用非线性经济学的一些统计方法、预测方法（BDS 统计、R/S 分析）对香港黄金价格、深圳股市价格等进行了预测和实证研究。

1994 年，孙广振、王劲松采用了统计中的最小二乘法，研究了深圳股市值的混沌现象。王烷尘（1994，1995）研究了工作行为演化模型中的混沌现象，说明了人的工作行为在不同的条件下会产生不同的业绩，也会出现混沌行为，而这可以采用批评和表扬交替结合的旋进原理加以控制。2001年，王春峰等以1995年第一季度到1999年第二季度作为时间区间，利用混沌经济学和向量自回归（VAR）方法，建立了我国宏观经济的供求波动模型，并用混沌经济学理论分析了我国近几年宏观经济状况，证实了我国宏观经济系统出现了混沌。

现在国内已有越来越多的学者从事混沌经济的研究工作。庄新田（2002）等运用混沌经济学的方法，对股票市场的流动性及交易群体数量变动问题进行分析，探讨如何实现市场的流动性和均衡状态。沈华嵩等根据中国国民经济的数据，提出确认经济混沌的理论模型。何孝星等研究得出混沌理论能够揭示隐匿在貌似随机的经济现象背后的有序结构和规律性。他从混沌理论的主要应用领域入手，分析了混沌理论在两大领域的实证证据和理论发展，并指出了混沌理论在经济学中的未来发展方向。张永东将临近返回检验和 BDS 检验相结合，检验了上证综合指数收益率的非线性和混沌的存在性。徐争辉等实验发现，该系统出现混沌现象的最低阶次为 2.55，同时采用一种可靠性极高的二进制方法，判断混沌吸引子在分数阶经济系统中的存在情况。张金良等针对原油现货价格的非线性和时变性特征，提出了一种小波变换结合埃尔曼（Elman）神经网络和广义自回归条件异方差（GARCH）模型的混沌预测方法。高英慧等针对杜芬模型描述地方政府债务风险预警系统的运行机理，提出地方政府债务风险预警管理的混沌控制对策。李庆等根据系统科学原理，把财政收入和支出视为一个经济系统，运用混沌动力系统原理研究希腊、西班牙、意大利、爱尔兰、葡萄牙五国债务危机以及中国财政收支系统的稳定性。

第四节　混沌理论在寡头博弈中的应用

1838 年，古诺初期的工作是寡占理论的基石之一。这是因为，对他提出的具体模型，已有大量它产生复杂的动力学的可能性研究，以及它对博弈论的启示作用。众所周知，古诺均衡是纳什均衡（1951）的一个特例，更一般的陈述被研究寡占理论方面的现代产业组织经济学家所使用，它甚至有时被称为古诺—纳什均衡。虽然大多数复杂的寡占动力学模型使用具体的古诺模型，但很多使用更一般的博弈理论的陈述。在这里，我们仅仅注意到古诺是第一个使用微积分解决经济优化问题以及最先引入供求曲线的人，尽管是以"Walrasiam"形式将价格标在横轴上。

另一个是多重寡占均衡的思想。瓦尔拉斯和马歇尔（Walras and Marshall）都注意到竞争性市场多重平衡的可能性，但冯·曼戈尔特（Von Mangoldt, 1863）显然是最先观察到这种情况的。在完全垄断情况下，琼·罗伯逊（Joan Robinson, 1933）首先提出，由于大量分离市场的边际收益曲线向上可能导致出现多重均衡。当边际收益向上倾斜时，瓦尔德（Wald, 1936）也提出可能出现多重寡占均衡。

Puu（1995）最终证明若寡占者遵循牛顿算法搜索过程，罗宾逊（Robinson）多重均衡寡占情形将出现混沌动力学。通过分析临界线、舌状分岔和筛吸引域，Puu（2000）进一步提出了这种情形下包括共存吸引子的多种其他复杂的动力学。更早些时候，伯南诺（Bonanno, 1987）用光滑移动需求曲线和固定成本曲线，检验灾变理论中的罗宾逊重均衡寡占情形。

富有预见的情形是帕兰德（Palander）的研究。很明显，帕兰德不知道这样的一个例子可能包含我们现在所知道的混沌动力学，但他探讨了在一绞纽需求曲线古诺模型非均衡情形下存在三周期的可能性。在这方面帕兰德、斯特罗茨、麦卡努尔蒂和奈尼斯（Palander, Strotz, MacAnulty and Naines, 1953）的研究有一些类似，他们首先指出了经济学模型中的混沌动力学，认为这种动态模式本质上是"不规则"的，却没从数学上去解释。由于滞后效应和学习机制引起的充分非线性，单个均衡模型有可能观察到复杂动力学，但在大多数情形下，多重均衡寡占模型更容易出现复杂动力学。

在经济学方面，开创性地使用微积分，古诺无疑是第一个有意识建立能产生混沌动力学模型的人。随后，戴维·兰德（David Rand,

1978）做了进一步的工作，假设企业反应函数非线性非单调，系统出现多重均衡。梅（May，1976）早先提出 Logistic 映射在多种经济模型中能产生混沌动力学，而没有进一步做实际研究。

兰德认识到连续模型将产生更简单的力学，但三寡头与双寡头会得出相似的结果。Chiarella 和 Khomin（1996）研究了连续寡占动力学的更一般情况，以及非线性成本或收益函数和各种不稳定均衡分布的滞后情形，最复杂的动力学将是有限周期的。

兰德的后继者不断改进他的结果。沙弗（Shaffer，1984）随后证明双寡头市场混沌动力学的出现与否取决于"复杂"的反应函数，即非单调函数，只要企业认为这种现象是由企业间外在因素造成的，不稳定蛛网循环也能导致这种现象。沙弗提议，如果企业采用"一贯的推测"，企业以一个更"高"的复杂形式对彼此的反应函数做出反应，市场会迅速收敛于纳什均衡，不会产生混沌或者蛛网。

Dana 和 Momtrucchio（1986）通过马尔可夫（Markov）完美均衡（MPE）将模型推广到无限博弈模型。给定足够小的贴现率，任何光滑的反应函数都可能得到一些博弈的马尔可夫完美均衡，但通常难以推出在推广的兰德模型条件下完美均衡存在的一般条件。当贴现率接近零时，各种马尔可夫完美均衡收敛于类似兰德研究的一次博弈最优复制动力学。Dana 和 Momtrucchio 证明：代理人不能区分外在随机性和内生混沌，导致系统出现古诺—兰德动力学，而非收敛于长期最优行为。Bischi、Mammana 和 Gardini（2000）研究了在混沌以外出现复杂动力学的马尔可夫完美均衡模型。

Dana 和 Momtrucchio 总结了兰德模型的缺点，即它意味着双寡头中一个企业的产量为零，另一个企业的产量也为零，因此，垄断者将生产零产品，通过正产出的假定确保得到常见结论，Van Witteloostuijn 和 Van Lier（1990）更正了这个结论。注意到：当一名新竞争者出现时，企业如何采取策略行为提高产出来阻止进入者，他们在布洛、吉纳科普利斯和克莱普勒（Bulow，Geanakoplis and Klemperer，1985）结论的基础上，将非单调的企业反应函数合理化。后者注意到：如果有恒定的需求弹性，则每个企业的边际收益函数随着另一个企业产量的增加而增加。

　　Puu（1991）通过一个古诺双寡头动力学的离散模型做了相关工作，如果有一条等弹性市场需求曲线，价格是两个企业产量和的逆函数，企业的边际成本为常数，很容易出现周期和混沌动力学，甚至即使反应函数是单峰的，仅仅一次交叉也会如此。在这样的情况下，垄断和无限的价格也意味着零产量。

　　Puu（1996，1998）把他的模型推广到三寡头的情况，并考虑一个企业通过考虑其他企业的反应函数成为领导者的问题。研究了众所周知的情形，即如果没有达成关于哪个企业是领导者的共识，标准双寡头市场是不稳定的。通过引入一种随机要素，在混沌动力学以外找到多种复杂的动力学。Puu（1997，2000）在对垄断情况的分析后，对双寡头以及三家寡头的情况进行了更详细的分析。由于这些情况涉及多维系统，他使用临界曲线（或者流形）和全局分岔的方法得出了大量复杂动力学，包括共存吸引子的双稳定性和吸引域的分形边界。这些将在下面讨论。

　　该方法源自 Mira 和 Gumowski（1980）的研究，科佩尔（Kopel，1996）、Bischi 和 Stefanini（1998）是把这些方法用于寡占理论的第一人，Gardini、Abraham、Record 和 Fournier - Prunaret（1994）对 Logistic 情形做了进一步研究。这些方法由 Mira、Gardini、Barugola 和 Cathala 做了大量的相关推广，是影响复杂寡占动力学新近发展的主要因素。

　　临界流形或临界集（Gumowski and Mira，1980）方法是在线性动态系统临界点概念的多维推广，因为边界曲线是二维的，经常在本书研究的双寡头情形中使用。临界流形的方法特别涉及临界流形或临界集原像和像特性的分析。科佩尔（1996）和 Bischi、Stefanini 和 Gardnini（1998）首先将这种方法应用于复杂寡占动力学的研究中，继 Mira、Gardini、Barugola 和 Cathala（1996）之后，通过分析那些更高秩图像直至出现闭域，观察到吸引域。

　　在科佩尔（1996）研究的模型里，成本的外在性导致双寡头的古诺反应函数产生一个耦合的 Logistic 系统，两个控制参数是确定企业行为和调整参数速度之间耦合的决定因素。当这些参数通过一定组合值时，相切或全局分岔发生。Agiza（1999）给出了科佩尔模型混沌控制方法。

在有多个共存的吸引域双稳定状态，它们的边界和渗透的特性变得有趣。共存的吸引子可以具有非常不同的类型，例如周期和混沌。通过分析科佩尔（1996）的耦合 Logistic 双寡头博弈，Bischi、Mammana 和 Gardini（2000）指出，能出现多共存的矩形吸引子，即分形图形。

在研究双寡头同步行为的过程中观察到有趣的现象。Bischi、Stefanini 和 Gardnini（1998）指出，间断的可能性起因于切分岔。同步行为与振荡行为交替发生。Bischi、Gallegati 和 Naimzada（1999）研究了同步或者更确切的是拟同步情况。这个分析直接引导米尔诺（Milnor，1985）将吸引子概念进行了推广。

最后，Bischi、Stefanini 和 Gardnini（1998）观察到：在双寡头博弈中，当一个有限吸引子与无限域相连时，分岔发生并彻底破坏吸引子。这个现象首先由阿布雷汉姆（Abraham，1972，1985）发现并被称为不保险的灾变或者蓝色百吉圈灾变。

近年来，更多的研究将重点放在具有更大调整幅度的模型上。假设企业为适应性预期的模型已被研究。Puu（1998，2000）首先在适应性预期古诺双寡头情形里发现大量复杂动力学，包括分形吸引子的出现。Ahmed 和 Agiza（1998）、Agiza（1998）、Agiza、Bischi 和科佩尔（1999），Ahmed、Agiza 和 Hassan（2000），Agliari、Gardini 和 Puu（2000），以及 Huang（2001）研究了更多企业的情形，并对模型进行了其他改进。

Cox、Walker（1998），Rasssenti、Reynolds、Smith 和 Szidarovsky（2000）的学习模型依赖实验结果，Bischi 和 Kopei 利用该学习模型继续研究，他们研究以调整和耦合参数为特征的科佩尔模型。通过假设企业预期相同，他们导出参数区域和初始值，得到从收敛于纳什均衡到含矩形吸引域的共存吸引子的不同情形。而且，使用类似于上面讨论的那些方法，他们确定了全局分岔，即域分离。然后，他们考虑企业不同预期的情况并且发现，这将导致种种不对称和更进一步的复杂性。不过，考虑到一致预期均衡，即简单的自回归学习规则能模拟基础的混沌动力学的可能性（Grandmont，1998；Hommes，1998；Hommes and Sorger，1998），他们不能在自己的模型里发现这种现象。

从 Vega-Redondo（1997）提出的学习进化博弈观点，Tuinstra（2001）进一步考虑了不同预期的古诺双寡头动力学问题。基于 Anderson、De Palma 和 Thisse 的离散选择模型，他们得到复制动力学（Binmore and Samuelson，1997）。后来表明，这遵循布罗克和霍姆斯（Hommes，1997）提出的结论，该结论基于同宿分岔理论（Palis and Takers，1993），它预示多种复杂动力学的出现。

进化是群体遵循某些策略基于过去经验的学习。改变策略的意愿是这种机制的一个决定性控制参数。虽然布罗克和霍姆斯模型假定有多个代理人，但混合策略的博弈理论中，Tuinstra（2001）的群体选择反映出两家企业将以一定的概率选择既定策略。特别地，对比策略是一个需要较少信息但较不稳定，另一个需要更多的信息但稳定。他验证了最优复制与完美预期以及最优复制与模仿者动力学的具体情况。

我们注意到所有这些可能的复杂动力学出现在单值纳什均衡模型中。但是，这仅仅被 Bischi 和科佩尔（2001）的观察所印证，在进化博弈动力学模型中存在初始条件和参数值的一个区域，系统不收敛于单值均衡，大多数这些非收敛轨道沿着特定不规则路径运行。

正如在上面注意到的那样，Bischi 和科佩尔（2001）在他们研究耦合 Logistic 模型中不能发现这样一种结果。这似乎正如格兰德蒙特（Grandmont，1998）、霍姆斯（1998）以及霍姆斯和索格（Sorger，1998）的最初分段线性帐篷映射相关的模型所预期的，而耦合 Logistic 系统不是分段线性的。但是，霍姆斯和罗瑟（2001）已经指出，这样的结果能用光滑的不可逆映射得到。因此，在古诺双寡头模型中，可能有其他描述学习的反应函数得到这种结果。他们可能也发现有关学习针对混沌（Sorger，1998），即如果企业最初不用他们的自回归经验法则中的系数，他们能学会调整系数，从而准确地模拟基础的混沌动力学。

又一种可能的途径是结合 Tuinstra（2001）与 Bischi 和科佩尔（2001）的方法。因此，可能有一个耦合 Logistic 系统，它在布罗克和霍姆斯均值域动力学学习的框架下运行，相互作用代理人以一定概率选择策略。Shibata 和 Kaneko（1998）研究了这样一种系统并且在混沌区域内的周期窗口发现舌状伴随大幅集中波动现象。

近年来，关于有限理性条件下寡头博弈的研究工作引起了越来越多的经济学者的兴趣。然而，迄今为止，这方面的研究工作尚不多见。Bischi 和 Naimzada 研究了一个具有线性成本的有限理性双寡头博弈模型，观察到了动态演化的复杂现象。Ahmed、Agiza 以及 Hassan 把 Puu 的模型修改成有限理性条件下的双寡头博弈模型，并研究了其中的复杂现象。Agiza 等研究了具有非线性成本的有限理性多寡头博弈模型和不同行为规则的寡头非线性博弈混沌动力学，观察到了分岔、混沌行为等复杂现象。Yassen 和 Agiza 研究了一个具有滞后效应的有限理性双寡头博弈模型，并发现滞后效应能够增加使博弈达到均衡的可能性。

Puu 首先发现了双寡头古诺模型会出现具有分形维数的奇异吸引子，并简单地讨论了三寡头博弈竞争的情形。1996 年 Puu 发表《三寡头的复杂动力学》的文章，他在文中假设寡头具有等弹性需求函数和不变边际成本，研究了三个古诺寡头的产量调整过程，发现在相同的假设条件下系统更容易出现混沌行为，而且比双寡头博弈具有更多样的分岔现象出现。Agiza 则将有限理性因素引入双寡头博弈模型中，对双寡头博弈过程进行建模，并分析其在竞争过程中的稳定性，发现了倍周期分岔、混沌等一系列复杂的非线性动力学行为。Agiza 等又对三寡头、四寡头以及 N 寡头博弈模型进行了更深层的研究，同时，对其稳定性区域进行了研究和分析。

1999 年，Ahmed 等在 Puu 关于双寡头古诺模型研究的基础上建立了双寡头广告竞争模型，发现在双寡头的广告参数接近的情况下系统会发生混沌现象；2000 年又在 Puu 的研究基础上将寡头博弈拓展到有限理性、差异商品等更贴近现实的情况。2000 年，Bischi 等研究了基于有限理性预期且具有线性成本的双寡头动态古诺博弈模型,并讨论了其稳定性和周期吸引子。后续研究者研究了寡头垄断市场中具有不同理性、不同成本函数的双寡头之间的博弈复杂性,同时将混沌理论和博弈理论相结合进行研究,并在不同领域进行了广泛应用。随着研究的一步步深入,一些研究者开始关注博弈寡头延迟策略对系统复杂动力学行为的影响。Agiza 和 Elsadany 分别研究了垄断寡头选择延迟有限理性产量决策的非线性古诺双寡头博弈动力行为,分析了离散动力系统纳什均衡点的稳定条件等问题,得出了采用延迟有限理性策略的寡头有更多的机会处于纳什稳定。

在这些研究的基础上,易余胤、盛昭瀚、肖条军研究了具有溢出效应的有限理性双寡头博弈的动态演化,试图从演化的观点分析当有限理性双寡头进行博弈时产量在动态调整过程中是怎样达到均衡的。指出寡头的理性决定寡头重复博弈是否能达到纳什均衡,溢出效应将增加博弈达到纳什均衡的可能性。他们用数字模拟方法观测到了这一现象,并对混沌现象的出现及其对市场、企业的影响做了有益的探索。他们利用不同行为规则下的古诺竞争的演化博弈模型,分析了把企业产量动态调整机制和企业行为规则选择机制结合在一起构成一个非线性的演化博弈动态系统,并分析了双寡头竞争的产量均衡和企业对行为规则的选择概率的动态演化。李煌、盛昭瀚、陈国华的研究表明,建立在对历史信息充分考量基础上的企业决策能够提高系统的稳定性。黄登仕研究了古诺双头垄断模型的密度周期性及其混沌机制;陈国华、李湿、盛昭瀚讨论了基于不同决策规则的产出系统的混沌与控制;杜建国、盛昭瀚、姚洪兴研究了一类混沌经济模型的阈值控制法。马军海等则将溢出效应、延迟决策、不同理性、非线性成本等引入寡头垄断博弈模型,并且将其应用到电力市场、电信业务市场、广告市场、钢铁市场、保险市场等寡头垄断领域,对国内该领域的研究提供了理论依据和实践借鉴。

第五节　微分博弈在寡头博弈中的应用

微分博弈论的起源可以追溯于 20 世纪 50 年代。半个多世纪以来，众多优秀学者投身到微分博弈理论的研究中，并取得了许多重大的成就，使微分博弈成为博弈理论中一个丰富而又具有实用价值的分支。从微分博弈论诞生早期集中于对控制理论的拓展研究，到发展成为较为完备的理论体系分支；从局限于军事领域的研究，到研究范围涵盖经济学、管理学、社会学及生物学等众多领域，全世界的微分博弈论学者都做出了巨大贡献。

一　非合作微分博弈

卢夫斯·伊萨克为公认的微分博弈论之父。有关微分博弈论的一篇文献，是由伊萨克在兰德公司发表的。兰德公司全名为"研究及新发展"公司，并成为美国的智囊团，在国家政策和科技发展上都起过举足轻重的作用。1951 年 11 月，伊萨克发表了微分博弈论的第一篇文献，当中所记载的是由一位追捕者和一位逃避者所组成的零和微分博弈及其解法。在这个博弈中，追捕者的目标是最大化逮捕逃避者的机会，而逃避者的目标是最大化逃脱追捕者的机会，而追捕者和逃避者的策略则分别是各自在每时每刻的追捕和逃避路线。由于追捕者的正支付或报酬是逃避者的负支付；反之亦然。故称为零和博弈，伊萨克对微分博弈论的早期贡献，也是在兰德公司的非正式研讨会中讨论并以兰德报告的方式发表，其中提及了微分博弈论的基础原则——变迁宗旨。1965 年，伊萨克写成《微分博弈》这部经典之作，并与贝尔曼的《动态规划》和庞特里亚金等的《最优过程的数学理论》为确定性微分博弈奠定了良好的基础。

国外学者在非合作微分博弈论的理论方面做了大量基础性及创新性工作。微分博弈论的早期研究集中于对控制理论问题的扩展。Santiago J. Rubio 应用微分博弈方法，研究得出反馈纳什均衡与反馈斯塔克伯格均衡是重合的。研究了微分博弈的斯塔克伯格均衡概念的适用范围，结果显示，对于一类状态相互依赖的微分方程，其平稳反馈斯塔克伯格均衡与平稳纳什均衡重合。

国外学者在非合作微分博弈论的经济应用方面，也做了大量的研究工作。微分博弈应用于管理科学和经济学领域，取得了丰硕成果。诸如宏观经济学、微观经济学、产业组织理论、垄断理论、资源和环境经济学、劳动经济学、市场营销、生产和运营管理、金融、创新与研发等。

恩格尔伯特·J. 多克纳和史蒂芬·乔根森（Engelbert J. Dockner and Steffen Jorgensen，1984）研究了投资与产品定价中的合作与非合作微分博弈方法。分别研究了非合作情况下（纳什和斯塔克尔伯格）及合作情况（帕累托）的均衡决定问题，并得到闭合形式的解法。拉姆拉·贾勒（Ramla Jarrar，1994）研究马尔可夫完美均衡广告策略，应用兰彻斯特（Lanchester）双寡头垄断模型，得出平稳马尔可夫完美纳什均衡。学者通过微分博弈模型研究了以下问题：产量设计上的双寡头竞争问题、动态寡占定价策略、动态产品差异化寡占市场竞争；通过引入斯塔克伯格微分博弈模型研究了可再生资源交易问题。恩格尔伯特·J. 多克纳等（2000）介绍了非合作微分博弈理论的应用领域，涵盖资本积累、产业组织、垄断、市场营销、自然资源和环境经济学等。

埃里克森（G. M. Erickson，2003）专门论述了广告竞争，推导了当时最重要的微分博弈模型、兰彻斯特双寡头垄断模型、维达尔·沃尔夫（Vidale - Wolfe）扩散模型；研究了动态广告竞争寡占模型，主要应用斯塔克尔伯格微分博弈模型分析对称和非对称情况下的广告竞争（2006）。Ashutosh Prasad 和 Suresh P. Sethi（2003）应用随机微分博弈方法，分析不确定性广告竞争，应用动态最优化和微分博弈方法研究广告寡占模型。M. Breton、R. Jarrar、G. Zaccour（2006）研究广告竞争模型，并分析了其反馈序贯均衡，即斯塔克尔伯格均衡，主要使用经验分析方法。J. J. Wu（2006）通过建立斯塔克尔伯格微分博弈模型，研究了不确定性双寡市场中的产量占先问题。X. L. He（2006）等研究了在随机供应链中的合作广告营销及定价问题，建立随机斯塔克伯格微分博弈模型,在反馈斯塔克尔伯格策略下,研究制造商与零售商的供应链,分析广告投入的分配及定价问题;X. L. He 等(2007)回顾了使用斯塔克尔伯格微分博弈模型在供应链及营销渠道上的应用。S. P. Sethi、A. Prasad 和 X. L. He(2007)通过微分博弈模型研究最优广告策略及新产品定价。A. N. Prasad 等应用微分博弈理论研究在动态寡占市场中的品牌认知度构建问题,并得出闭环纳什均衡。A. Krishnamoorthya 等通过建立无限水平的微分博弈模型,研究耐用品寡占市场中的最优定价策略和最优广告策略。

X. W. Xu 和 W. J. Hopp(2006)研究了垄断与寡占市场结构下的随机收益流管理模型,主要分析具有动态价格的一次性存货补给问题,并假设消费者到达率遵循几何布朗运动,通过建立随机微分博弈模型,研究得到一个具有闭合形式的最优定价策略轨迹,并在寡占情况下建立一个弱完美贝叶斯均衡。

F. Ruiz – Aliseda(2006)研究在寡头垄断市场中的进入和退出问题,主要考虑了执行策略与灵活性问题,内容涉及实物期权博弈。认为具有较高沉没成本的参与者会更可信地选择市场竞争。在某种条件下,抢先执行期权的威胁将被弱化。K. Kim 和 E. Tse 通过求解一个开环微分博弈模型,研究了网络知识分享平台的动态竞争策略。

与国外相比,我国的微分博弈理论研究起步较晚,微分博弈也被称为微分对策。我国学者早期对于微分博弈的研究主要限于对国外微分博弈理论的学习和吸收,较多应用于航空、船舶和军事等非经济领域,随着近三十年的不断探索和研究,我国学者逐步将微分博弈理论拓展至各个领域,尤其是在经济领域的应用较为普遍。但从总体上看,国内关于微分博弈理论的研究文献相对较少,而涉及合作微分博弈的文献则更少。

张荣、刘星(2006)利用斯塔克尔伯格微分博弈模型,然后利用最大值原理及倒向微分方程,分析当政府考虑到企业潜在的理性反应时,如何制定出最优的税率,给出不同均衡解的经济含义以及模型可能的扩展。张庶萍、张世英(2006)利用微分博弈构建动态模型,分别研究在合作和非合作条件下的广告策略,运用动态规划原理,分别得出静态反馈纳什均衡和反馈斯塔克尔伯格均衡，并将两种均衡策略加以比较。洪江涛、陈俊芳（2006）建立了对称信息条件下双寡头企业竞争战略选择的微分博弈模型，然后通过对模型的求解和纳什均衡的讨论，分析了两家企业在博弈均衡状态下的战略选择。傅强、曾顺秋（2006）运用微分博弈方法，分别考察了动态架构中纳什非合作博弈、斯塔克尔伯格主从博弈和协同合作博弈情形下制造商与零售商的最优广告策略，并对这三种博弈结构下的反馈均衡结果进行了比较分析。蔡希杰、陈德棉（2006）在详细阐述微分博弈框架下的广告竞争研究的基础上，介绍了微分博弈理论的基本框架和常见的三种微分博弈模型以及寡头竞争条件下的三种扩展形式，并对这些模型的实证研究进行了回顾总结与展望。

二 合作微分博弈

国外博弈理论界关于微分合作方面的文献大多是在理论分析基础上对特定问题进行应用。具体包括合作微分博弈的帕累托最优准则（1972）、合作微分博弈的首选子联盟问题、随机微分博弈问题、在线性状态微分博弈中的个体理性问题、随机分叉微分博弈中的动态平稳合作解法、具有联盟结构的动态博弈等问题。

诺根（H. L. Logan，1974）考虑 N 人正和微分博弈，使用两人和三人讨价还价问题的算法，分析原博弈闭环策略和反馈策略。P. T. Liu（1976）主要讨论罢工期间劳资双方的讨价还价，具体以随机合作微分博弈的形式描述之，并得到一个帕累托最优策略偶。N. T. Tynyanskii 和 V. I. Zhukovskii（1979）将非零和微分博弈作为合作博弈的一种变异进行研究，对当时的合作微分博弈理论进行回顾和总结，并提出了合作微分博弈理论的发展方向和可能的研究主题。J. Filar 和 Leon A. Petrosjan（2000）研究特征方程形式的动态合作博弈，其特征方程须受制于一个差分方程或微分方程，这种解法可以是合作博弈理论中任何一种现存的解法概念，笔者将重点放在核和沙普利值两个解法概念上，分别就离散和连续两种情况，介绍了满足时间一致性的新的解法概念。

史蒂芬·乔根森等（2003）认为，研究微分博弈的早期文献都假设，协调解法为一个有约束力的协议。一种使参与者不偏离合作协议的方法是令协议被一个均衡所支持，这可以通过使用触发策略得到。使用触发策略方法可以建立可持续性充分条件。L. A. Petrosjan 和 D. W. K. Yeung（2004，2005，2006）设计了一种针对可转移支付的分配程序，且由此程序给出的解法符合子博弈一致性。首次给出了易于处理且满足子博弈一致性的随机合作微分博弈解法。接着又研究了随机分叉微分博弈中的动态平稳合作解法。L. A. Petrosjan 和 S. Mamkina（2006）研究得出，在任意顶点的条件性联盟分割都是由一个决定的，且这个随机过程在下一个顶点重复冲击前都保持不变，并以完美无记忆状态向量形式给出此类博弈的新价值。恩格沃达（J. Engwerda，2007）给出了合作微分博弈帕累托最优存在性充分条件和必要条件，并将所得结果应用于研究非凸的无限水平线性二次微分博弈。最后给出数值方法，求得所有帕累托有效解法。

国内研究方面，寇光兴等（2006）引入多人微分博弈最优均衡值和最优均衡解概念，李颂志（2007）对作为尖端博弈理论的随机动态合作理论，即随机合作微分博弈，进行了系统介绍。董保民等（2008）系统地研究了合作博弈均衡解法及合作博弈成本分摊问题，并讨论了合作博弈非合作方法。班允浩（2009）从时间连续性和策略无限性双重角度定义了微分博弈。接着引入带有"瞬时平衡得偿"的"支付分发机制"，并将其作为确保合作最优准则持续被遵循，合作计划自始至终有效持续的保障机制，由此机制给出的合作微分博弈分配解法满足时间一致性。最后构建了技术联盟合作微分博弈模型，设计能够实现时间一致性分配的支付分发机制，并通过模拟验证了结论的合理性。

综上所述，从发展进程来看，微分博弈理论研究遵循着从方法论构建为开端，以对博弈结构关注为过程，以微分博弈专门课题研究为深入，到向相关学科交叉与延伸的发展历程。随着微分博弈理论的发展，其在经济领域的应用越来越广泛。如宏观经济学、微观经济学、产业组织理论、垄断理论、资源和环境经济学、劳动经济学、市场营销、生产与运营管理、金融、创新与研发等，范围几乎涵盖整个经济学范畴。但是，某些关于微分博弈在经济领域的应用还存在有待商榷之处。

出于简化研究的目的，较多文献在就具体经济现象建立微分博弈模型分析问题时，多采用开环策略或闭环策略，但是，由于开环均衡解取决于初始状态、状态变量的初始值，因此，其并非时间一致的，即开环均衡并不构成在不同时间点开始的子博弈的均衡解。此逻辑同样适用于受状态变量初始值影响的闭环均衡情况。微分博弈均衡解法的一个关键要求就是满足子博弈完美或时间一致性，因此，不满足时间一致性的解法，在时间维度上并不是均衡的。同时，开环策略的一个重要缺点，就是它一经确定就无法改变。开环策略不能根据现实条件，对策略进行修改。由于微分博弈模型属于连续型、无限策略的动态博弈模型，其在对市场某些现实数据的选取上还存在一定的难度。当然，这些可以通过离散化处理，进行实证分析。目前，大多数关于市场竞争的应用限定于双寡头市场结构，对于多寡头垄断竞争市场、竞争垄断市场等问题的研究略显不足。大部分微分博弈的经济应用，偏重于非合作模式，对于合作微分博弈的应用还相对较少，这是微分博弈理论在经济应用中的局限之一。

第三章 相关理论与概念

本章介绍混沌理论的相关概念及其各领域的应用，分析混沌和分形理论的哲学意义，介绍经济系统混沌的判定与混沌控制，用博弈论分析评述寡占模型，重点介绍经典的产量和价格寡头博弈模型以及产品差别化的代表性需求模型，为后面的展开讨论打下基础。

第一节 混沌理论及应用

一 混沌的定义及相关概念

很多现代经济理论，都隐含地把作为分析对象的经济系统理解为可以用线性微分、差分方程（组）表示的、具有线性可加性的线性系统。线性系统假设正是局部均衡分析的可行性及一般均衡分析解的存在性、唯一性和稳定性。但是，20世纪70年代以来，系统科学、分形和混沌经济学等非线性科学理论的迅速发展，使人们意识到经济分析的线性范式可能存在严重问题，线性分析范式可能正是导致现代经济分析和预测在关键情况下普遍失效的根本原因。由系统科学、非线性科学的发展引起的这种理论挑战，从根本上动摇了现代主流经济学的理论基础，对现代主流经济学的发展形成了非常严峻的挑战。与线性科学相比，非线性科学体系的不同主要体现在以下三个方面：①非线性科学体系认为，客观事物是复杂的，而非线性是这种复杂性的根源，这与线性科学中的简单论不同。②非线性科学体系认为，随机决定论才更深刻、更辩证地反映了事物的本质。③非线性科学体系主要研究开放的、具有能动性的系统。复杂性科学打破了线性、均衡、简单还原的传统范式，而致力于研究非线性、非均衡和复杂系统带来的各种新问题。普遍认为，非线性是产生复杂性的必要条件，没有非线性就没有复杂性。复杂系统都是非线性动态系统。混沌是非线性系统中存在的一种普遍现象，它也是非线性系统所特有的一种复杂状态。正因为如此，混沌所讨论的对象必然是非线性系统，或者更确切地说，是非线性动力系统。而且混沌学派还认为，复杂系统就是混沌系统，它具有混沌所特有的特征，如初始敏感性、奇怪吸引子等。本书所研究的复杂系统主要是混沌系统，因此下面主要介绍混沌理论。

（一）混沌理论

混沌是指确定的宏观非线性系统在一定条件下所呈现的不确定的或不可预测的随机现象；是确定性与不确定性或规则性与非规则性或有序性与无序性融为一体的现象；其不可确定性或无序随机性不是来源于外部干扰，而是来源于内部的"非线性交叉耦合作用机制"，这种"非线性交叉耦合作用"的数学表达式是动力学方程中的非线性项，正是由于这种"交叉"作用，非线性系统在一定的临界性条件下才表现出混沌现象，才导致其对初值的敏感性，才导致其内在的不稳定性的综合效果。

一个系统或一个方程的解的性态取决于一些外在因素，这些外在因素在模型中称为参数。不同的参数值将决定系统不同的性态、性质等。一个动态系统通常解的情况有以下四种：

（1）稳定区域：当参数落入这一区域时，系统是稳定的。从任何一个初始位置出发，系统最后总会收敛到某一点，或者只要初始位置充分接近，系统运动的轨迹就会充分接近。

（2）规则波动或称偶周期区域：当参数落入这一区域时，系统呈现周期变化。从任一初始点出发，最后总会进入一个偶数阶周期的循环。

（3）混沌或称奇周期区域：当参数落入这一区域时，系统的变化是混乱的。从任一初始点出发，最后有可能落入任意多个不同值之间的循环，初始点稍有偏离，轨迹可能偏离很大。

（4）分岔现象：分岔现象是指参数在一定的范围内连续变化时，系统从稳定状态，分裂进入周期状态，再依次进入更高阶的周期，最后进入混沌状态。

当一个系统处于混沌状态，可以通俗地解释为：

（1）该系统对初始条件具有强烈的敏感性，所以它们是不可预测的；

（2）该系统具有拓扑传递性，所以它们是不可预测的；

（3）该系统具有规律性，存在稠密的周期点。

（二）几个经典的混沌模型及其吸引子

1. 逻辑斯蒂克映射

生物学中的虫口模型，亦称逻辑斯蒂克（Logistic）映射，是周期倍化分岔比较常见的模型。这是一种昆虫数量变化的模型，假设某一种类的昆虫具有较强的生殖能力，繁衍的后代出生，亲代数目可以忽略，用 X_n 表示第 n 年的昆虫数，则可用差分方程表示为：

$$X_{n+1} = uX_n(1 - X_n), X_n \in [0, 1], u \in [2, 4]$$

这是普林斯顿大学著名的生物学教授梅最早在《自然》（*Nature*）杂志上发表的一篇论文中提到的，也是周期倍化分岔的经典模型，倍周期分岔是走向混沌的一种最普遍的方式。周期倍化分岔也称倍周期分岔，是一种从 1 周期、2 周期……n 周期后逐渐走向混沌的路径。在初值既定时，系统进行多次迭代后，不动点逐渐以指数分岔为 2 周期点、4 周期点……2n 周期点（n 为周期数），此时系统仍然可预测。当 n 为某一周期时，系统状态发生质变，进入混沌状态，此时系统在长期内都是不可预测的。费根鲍姆后来经证明得到倍周期分岔最终通向混沌的结论。一维逻辑斯蒂克映射具有逆瀑布、周期窗口和 U 序列的性质。

对于逻辑斯蒂克映射，随着 u 值的增大，依次呈现出不动点、分岔（周期2、周期4……）、阵发混沌带、混沌态从简单到复杂的变化性态。

（1）当 u 较小时（当 $0 < u < 1$ 时），所决定的动力系统的动力学形态十分简单，除不动点 $X_0 = 0$ 外，此时，$X_1 = 1 - 1/u < 0$，两个

解都不在（0，1）区间内，因而不具现实意义。

（2）当 1 < u < 3 时，不动点 0 和 1 - 1/u 为仅有的两个周期点，且 0 是排斥不动点，1 - 1/u 为吸引不动点，X_n 为只能趋向定常状态，演化轨迹收敛于一个均衡点。

（3）当 3 < u < u_∞ 时，系统的动力学形态十分复杂，系统由倍周期通向混沌。其中，逻辑斯蒂克映射迭代时间序列终态经历了 2 分岔、4 分岔，随着参数 u 的增加，迭代时间序列相继出现 8、16 等分岔，即倍周期分岔过程，该过程反映在图 3 - 1 中。

（4）当 u_∞ < u < 4 时，迭代时间序列表现为极为复杂的运动状态和过程，其中，出现 3、5、7 等奇数周期分岔和新的倍周期分岔。从图 3 - 1 中可以看出，混沌区域中有一些空白地带，这些空白地带由若干段曲线构成，说明对于相应的 u，迭代出现周期循环，也就是并非对所有大于 u_∞ 的映射迭代都出现混沌，这些"空白地带"称为混沌区域中的周期窗口，这种情况在分岔图中可以清晰地看到。

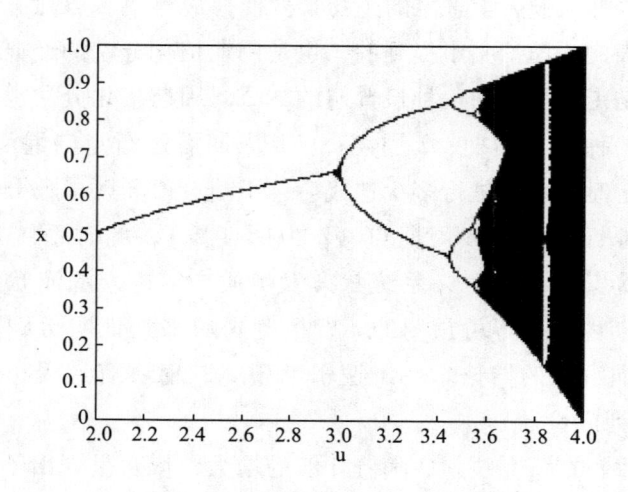

图 3 - 1 逻辑斯蒂克映射的倍周期分岔

1985 年，鲍莫尔和夸得特发表了论文《混沌模型及可预测性》，研究了利润与广告的关系模型：$P_t = aY_t(1 - Y_t)$，式中，P_t 为 t 时的总利润；Y_t 为 t 时的广告支出。他们假定企业按本期利润的一个固定比例 b 用于下期广告支出，即 $Y_{t+1} = bP_t$，可得到 $Y_{t+1} = cY_t(1 - Y_t)$，这种关系模型即 Logistic 映射，其中，$c = ab$。

2. 埃侬二维映射

埃侬（Henon）给出了带奇异吸引子的埃侬二维混沌映射。具体如下：

$$\begin{cases} x(t+1) = a + by(t) - x^2(t) \\ y(t+1) = px(t) \end{cases}$$

1991 年，本内迪克斯和卡尔森（M. Benedicks and L. Carleson）发表了长达 100 页的著名论文，在文中，他们仔细分析了埃侬系统在特定参数下吸引子的复杂性质。由本内迪克斯和维亚纳（M. Benedicks and M. Viana）给出的定理从统计角度研究了吸引子及吸引域内埃侬系统的统计规律，如图 3-2 所示。图 3-3 刻画了埃侬系统分岔图，与上述逻辑斯蒂克模型相似，从图中我们可以发现，x 随参数变化所经历的不动点、2 周期分岔、4 周期分岔、混沌等从简单到复杂的变化性态。

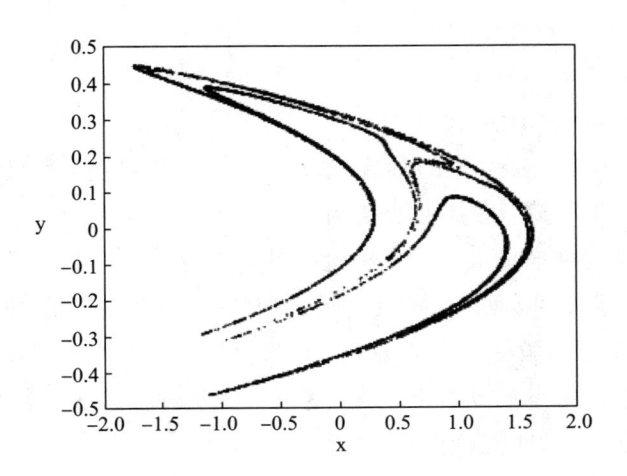

图 3-2 埃侬吸引子（a = 1，b = 2）

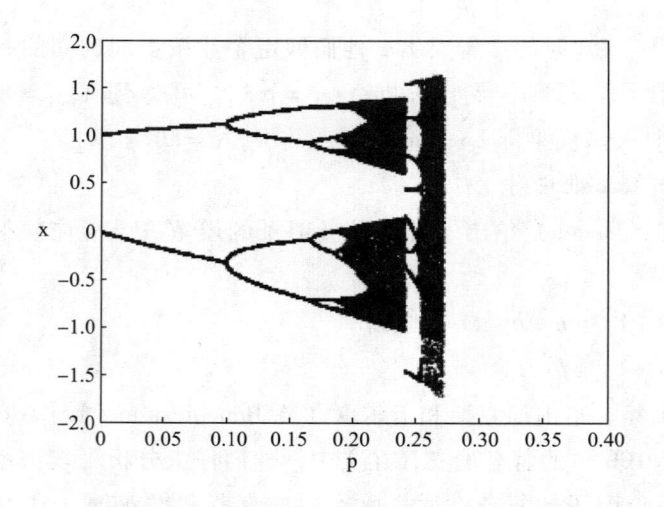

图 3-3 埃侬分岔图（a=1, b=2）

3. 洛伦兹模型

洛伦兹（Lorenz）模型是对一类简单大气模型，但它的真正意义并不只应用于气象预报上，它对数学、机械、经济等领域都产生了巨大的影响。其具体形式如下：

$$\begin{cases} dx/dt = -\sigma(x-y) \\ dy/dt = rx - y - xz \\ dz/dt = xy - bz \end{cases}$$

其中，σ、r、b 是正的参数，这是一个自治三阶方程组。1963 年洛伦兹研究时，3 个参数的取值为：$\sigma = 10$，$b = 8/3$，$r = 28$，这组参数值通常称为标准情形。当年洛伦兹就是在这一组参数值下，采用计算机数值计算，发现了奇异吸引子，如图 3-4 所示。混沌吸引子已成为混沌理论的徽标，代表着复杂性新科学。对于洛伦兹方程的研究，一般是固定参数 σ 和 b，单独考察 r 变化时，系统行为的变化。

二 混沌理论的应用

混沌现象在现实世界随处可见，但直到 20 世纪混沌现象才被人们发现。20 世纪 80 年代以前，人们对混沌现象的研究主要集中在计算机实验［如洛伦兹、逻辑斯蒂克和布鲁斯洛（Brusselor）系统等］和

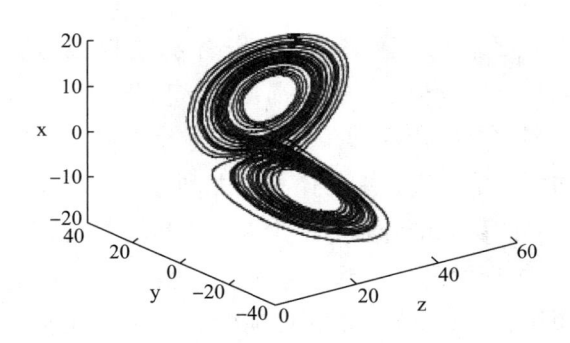

图 3-4　洛伦兹吸引子

物理实验［如达芬（Duffing）振动、浅水波的强迫振动、非线性电路中的混沌等］上，模拟、观测、再现混沌行为。而所借助分析的数学是分岔理论和突变理论。20世纪80年代以来，人们着重研究混沌的结构，而所借助的数学是多标度分形理论和符号动力学。分形这一概念之所以能在各个领域内得到应用，首先，它反映了与几何相关的一类新的动力学标度模型；其次，它还揭示了一些看起来是毫不相关的自然现象中的某种相同构造原则，然而，分数维除标志着该结构的自相似构造规律外，并不能完全揭示出产生相应结构的动力学特征。为此，格拉斯伯格、亨茨彻尔和普罗卡西亚（Grassberger, Hentschel and Procaccia）提出了重构动力学系统的理论和方法，使混沌问题的研究跳出了理论模型研究的局限，大大缩短了混沌理论与实际应用之间的距离，使混沌理论开始步入一个实际应用阶段。计算机的出现和计算机技术的发展为研究混沌创造了有利条件。到了21世纪，混沌研究已取得很大发展，非线性问题涉及所有领域，自然科学、人文科学、数学和哲学，几乎无所不在，现代不同学科的相互综合渗透、交叉发展的特征深刻地反映在非线性科学的发展上，各种学科的非线性问题的处理在近20多年间，已经成为学科发展的主要生长点。

混沌学是20世纪20年代以来发展起来的一门新兴学科。自1961年美国气象学家洛伦兹发现"蝴蝶效应"以来，不同国籍、不同领域的科学家从不同角度对混沌系统进行了艰苦的探索和努力，在理论、实验和数学分析上都做出了许多令人称奇的发现和证明，为混沌学成为一门科学奠定了基础。著名的混沌学家有费根鲍姆、曼德尔布罗特、洛伦兹、约克、斯梅尔、梅、茹厄勒·塔肯斯、兰福德、巴恩斯利、哈勃德、埃侬、斯特森·肖、法默、佛朗西斯·基尼、利布沙伯及其始祖庞加莱、威尔逊、卡丹诺夫、尤利亚、费希尔等。混沌学使人们对客观世界的认识上升到一个全新的高度,是继相对论和量子力学以来 20 世纪物理学的第三次大革命,其覆盖自然科学与社会科学的几乎各个领域。最近 20 年来,混沌学迅速走进化学、生物学、医学、智能科学以及社会科学的广阔天地,成为探索非线性疑难复杂问题的有效工具,其理论与方法不仅在科学上有着特殊的意义和价值,在哲学上也引申出许多惊世骇俗的结论。怪不得人们认为,认识了混沌之后,就不再会用老眼光去看世界了。在科学日渐远离日常经验和真实的现实世界的今天,不少科学家都把混沌看作一条出路。

20 年来,非线性问题的研究产生了许多分支,如混沌、分形、耗散结构、协同学、负熵论、突变论、元胞自动学等,其中混沌理论与分形理论是具有全局性影响的。对国际上 1257 种重要学术期刊 1980 年后期以来发表的论文统计,与混沌沌理和分形理论有关的占 37.5%,涉及的领域包括哲学、数学、物理、化学、材料科学、电子科学、表面科学、计算机科学、生物学、医学、农学、天文学、气象学、地震学、地质学、城市规划学、经济学、历史学、人口学、情报学、商品学、电影美术、思维、音乐、艺术、人文科学(包括政治学),无所不及。可见,各门学科的研究都十分重视这一理论的影响,并且已经应用到许多领域。

1. 工程科学

混沌工程学是一门利用混沌实践及其理论基础的工程非线性科学。混沌在工程上的应用从 20 世纪 90 年代开始兴起,1989 年,汤姆·卡罗尔(Tom Carroll)创造了第一个同步混沌电子电路,在这两个混沌电路中混沌电压和电流信号总是保持一致。随后发展非常迅猛,几乎覆盖了国民经济建设的各个领域,如地质、能源、震动控制、电路稳定、化学反应、激光、流场、航空航天、车辆工程、抗震、海洋工程、地球物理学、神经网络以及模态识别等。混沌在这方面也涌现出一批优秀科研成果。日本松下电器产业株式会社在20世纪90年代中期申请了一系列利用混沌技术的专利，大多是家用电器上相关技术的改进。1993年，金星（Goldstar）公司宣布，他们生产了世界上第一个革命性的混沌产品——基于混沌原理设计的混沌洗衣机。这款新式洗衣机的推出，让人们惊奇地发现，与常规洗衣机相比，混沌洗衣机能把衣服洗得更干净，而且普通洗衣机会把衣服洗皱的问题在混沌洗衣机中也得到了很大程度的解决。随着这款混沌洗衣机的成功推出，混沌应用研究在许多领域中变得异常活跃，新的应用成果不断涌现，之后不久混沌洗碗机、混沌空调等产品也相继问世，到最近混沌应用进入社会领域。英国阿伯丁大学的学者研究发现，疲劳裂纹的增长也会引发混沌现象，逐渐增长的疲劳裂纹的张开、合拢会使构件的刚度不断产生变化，研究结果表明，疲劳裂纹的出现会使系统的动态响应产生混沌现象。中国农业大学龙运佳教授发明了混沌激振器，在偏心套中安装偏心转盘以产生混沌振动，与常规激振器相比，它节省能源、效率高。1995年，他还申请了混沌振动台的技术专利。1998年，浙江大学王林翔等发明了将流体进行混合的混沌混合器。

2. 地理学

混沌在基础科学研究方面也取得了很大的进步，地理学中的混沌研究范围很广，早在20世纪60年代，理查森（L. F. Richardson）早就提出了"大不列颠海岸线有多长的问题"，通过对海岸线长的计算人们发现：对海岸线的长度求得越精细，海岸线的结构则会出现自组织混沌现象。到了如今，混沌在降雨量、河流流量、温度、风压、日照长短以及树的年轮等诸多地理学方面的研究也取得了很大进展。如边坡位移及其失稳是自然边坡和人工边坡经常遇到的现象，特别是人工边坡，如人们在建筑水库特别是大型水库的大坝时就要考虑到大坝的边坡位移及其失稳的现象。对边坡何时位移及其失稳进行预测，可以对边坡工程整治和避免滑坡灾害具有重要意义。在人工边坡和大坝的安全监测上，人们通常应用向量机监测，在监测过程中，通过引入混沌优化方法，充分利用混沌的遍历性特点，有效地解决了人为选择向量机参数的随机性和盲目性，提高了向量机预测的精度。并且向量机的预测精度明显高于统计回归方法和 BP 神经网络方法。

3. 气象学

在气象学科中的应用大家最熟悉的就是"蝴蝶效应"。"蝴蝶效应"比较明显的就是"厄尔尼诺"现象。"厄尔尼诺"现象的起因是"沃克环流"的变化。"沃克环流"是 1969 年英国人沃克最初发现的，它源于西太平洋赤道地区，陆地部分主要经过印度尼西亚和马来西亚等国。大气环流是支配大气活动的主要动力之一，其变化也是大气变化的主要原因之一。美国气象科学家洛伦兹根据大气对流找到了吸引子，即空间每一条轨道的运动最终必须结束在一个中心点，据此提出，在混沌背景下，天有不测风云，长期天气预报注定要失败，世界上最好的长于两三天的天气预报仅仅是推测，超过 6 天或 7 天的预测则毫无价值。

4. 计算机通信

计算机通信领域的混沌应用主要软件设计、网络信息交换、信息加密以及机器人控制、信息压缩、信息储存、信息网络设计与管理等方面。进入 20 世纪 90 年代以后，特别是佩科拉和卡罗尔关于混沌系统自同步理论的提出以后，在这一领域的混沌研究迅速发展起来。奥彭海姆（Oppenheim）等提出，混沌保密通信的方法要求收发两端的模拟混沌电路完全匹配，通常的处理方法很难做到这一点。为克服以上缺点，一些新的方法相继被提出，比如利用数字滤波器的拟混沌特性实现数字保密通信、采用非自治的混沌系统实现模拟保密通信等。纪飚等提出了一种基于混沌参数调制的数学通讯方式。即一个由非线性映射所产生的混沌序列作为载波，再经过简单的信号处理运算，恢复出原来的有用信号。

5. 生物医学

生物医学是目前混沌应用的热点之一，非线性系统研究专家正致力于用混沌理论揭示人体心脑及免疫系统的工作机理。严格来说，人体的心率、脑电波等都是混沌的，真正周期的心率或者脑电波则是致病因素。人们从对混沌系统对初始条件扰动的敏感性使系统最终呈现不稳定性和不可预测性中知道，在心脏系统中，这就可能在一定的条件下造成"致命的混沌"。另外，也正是混沌系统对初始扰动的敏感性，可以在心脏系统偏离正常状态的初期，只用微小的扰动去控制心脏的混沌状态，就能使偏离正常状态的心脏系统及时地从有害的无节奏状态恢复到正常状态。1982—1984年，克拉斯（Class）等对胚胎中的雏鸡心脏在电脉冲激励下的响应进行了实验研究，发现实验得到的许多心律与人体心电图在临床中看到的异常心律一模一样，从而证实了心电图中的心律不齐可以用人体心脏数学模型中产生的混沌振动加以力学上的解释，为人工心脏起搏器的研制提供了理论依据。另外，印第安纳波利斯普杜大学物理学家拉玛·拉特及神经外科医生罗伯特·沃思应用混沌理论模拟了癫痫发作前大脑内的变化。依据他们应用混沌理论在这方面的研究表明，癫痫的治疗可能不再需要做手术就能治愈。

6. 交通

实际的交通流存在混沌，那么任何交通流理论模型都应该真实地反映这一客观现象，因此，是否反映了交通流混沌现象可以作为评估交通流理论模型合理性的一个准则。在这个基础上，应用混沌理论可以从崭新的角度揭示各种交通现象的形成与转化。为完善和提高交通流理论提供了新的手段和途径，从而建立一套能够验证、解释、判别和利用交通流混沌现象的理论方法。混沌理论在交通中的应用主要有四个方面：

（1）混沌理论在交通系统中建立模型的应用。系统模型是现实系统的抽象或模仿集中体现了系统本质特征，要对交通系统进行有效的分析研究，必须建立相应的模型，然后借助模型对系统进行定量与定性的分析，并据此引入一些新的技术来完善交通系统。

（2）混沌理论在交通系统预测中的应用。交通预测是交通规划和交通控制的基础，交通规划需要的是宏观的、粗略的数据，而交通控制是需要5分钟以下的短时间交通流，能否对下一段时间的交通流预测，为交通控制提供依据，对交通系统的通行能力大小有着重大的影响。而交通流短时间预测的好坏取决于预测模型方法的正确性。基于混沌短时间的预测序列分析技术则是最好的，能预测时序微小的起伏波动等精细结构，可以极大地扩展解析交通流数学模型方法的适用性。

（3）混沌理论在交通控制的应用。道路交通管理的目的是希望交通流尽可能处于持续的有效畅通状态，交通流总是出现"简单有序—混沌—无序"交替出现的运动形式，如果我们能及时判别出交通流出现混沌，就可以及时采取交通流控制措施，按照混沌控制原理，使交通流实施从混沌到简单有序运动转化。

（4）混沌理论在智能交通系统中的应用。智能交通系统是应用先进的信息、通信、控制等技术，对传统交通技术改造而形成的，智能化信息处理是核心部分。交通系统中存在大量不确定性信息，对这些信息的处理方法对交通能力有很大的影响。而混沌理论与神经网络、模糊计算等正是智能信息处理的基本理论和方法。

7. 社会经济

随着混沌应用研究的兴起，混沌研究现在已经进入经济和社会领域，目前，在这一领域的混沌应用主要包括经济预测、经济结构调整、市场预测及干预等。混沌研究进入经济领域以后，形成了经济学的一个分支（混沌经济学）。目前，国内外在这一领域做了很多研究，也出现了很多研究成果。戈登（Gordon）早在20世纪80年代就指出，混沌与分形将会成为预测研究的新工具。英国皇家科学学会曾于1994年3月专门举行了"混沌与预测"研讨会，来自不同领域的与会科学家在总结混沌理论应用于预测研究所取得的成果后指出，与自然科学相比较，混沌理论应用于社会经济系统的预测研究远远不够，前景非常广阔。刘豹把社会经济系统中的事件按其预测难易程度分为三类，分析了经济事件的可预测性，并提出提高整体系统预测准确性的基于主体（Agent）的预测支持系统；贺新时等讨论了应用相空间重构技术来重新构造一维时间序列的条件和用于经济预测的原理；盛昭翰和马海军研究了经济时序动力系统混沌时间序列的相空间重构技术，分析了相空间嵌入维数与拟合模型阶数之间的关系。

8. 混沌的应用前景

混沌应用可分为混沌综合和混沌分析。前者利用人工产生的混沌从混沌动力学系统中获得可能的功能，如人工神经网络的联想记忆等；后者分析由复杂的人工和自然系统中获得的混沌信号并寻找隐藏的确定性规则，如时间序列数据的非线性确定性预测等。混沌具体的潜在应用可概括如下：

（1）优化：利用混沌运动的随机性、遍历性和规律性寻找最优点，可用于系统辨识、最优参数设计等众多方面。

（2）神经网络：将混沌与神经网络相融合，使神经网络由最初的混沌状态逐渐退化到一般的神经网络，利用中间过程混沌状态的动力学特性使神经网络逃离局部极小点，从而保证全局最优，可用于联想记忆、机器人的路径规划等。

（3）图像数据压缩：把复杂的图像数据用一组能产生混沌吸引子的简单动力学方程代替，这样，只需记忆存储这一组动力学方程组的参数，其数据量比原始图像数据大大减少，从而实现了图像数据压缩。

（4）高速检索：利用混沌的遍历性可以进行检索，即在改变初值的同时，将要检索的数据和刚进入混沌状态的值相比较，检索出接近于待检索数据的状态。这种方法比随机检索或遗传算法具有更高的检索速度。

（5）非线性时间序列的预测：任何一个时间序列都可以看成是一个由非线性机制确定的输入输出系统，如果不规则的运动现象是一种混沌现象，则通过利用混沌现象的决策论非线性技术就能高精度地进行短期预测。

（6）模式识别：利用混沌轨迹对初始条件的敏感性，有可能使系统识别出只有微小区别的不同模式。

（7）故障诊断：根据由时间序列再构成的吸引子的集合特征和采样时间序列数据相比较，可以进行故障诊断。

第二节　混沌理论和分形理论的哲学意义

　　长期以来，我们生活在一个非常复杂的世界里，从破碎的浪花到喧闹的生活，从千姿百态的云彩到变幻莫测的市场行情，凡此种种，都是客观世界特别丰富的现象。但是，科学对复杂性的认识极为缓慢。混沌学的问世，代表着探索复杂性的一场革命。借助混沌学，人们在那些令人望而生畏的复杂现象中，发现了许多出乎意料的规律性。分形理论则提供了一种发现秩序和结构的新方法。事物在空间和时间中的汇集方式，无不暗示着某种规律性，并都可以用数学来表述它们的特征。混沌和分形不仅标志着人类历史上又一次重大的科学进步，而且正在大大地改变人们观察和认识客观世界的思维方式。因此，探讨混沌学和分形理论的哲学启示是非常有意义的。[①]

　　混沌学是研究混沌系统的，混沌系统是指世界上那种不规则、不连续和不稳定的介于无序和有序之间复杂的不能完全确定的非线性系统。

　　客观世界中存在三类现象，即确定性现象、随机性现象和混沌现象，与此相对应，也有三类系统，即确定性系统、随机性系统和混沌系统。混沌系统是介于确定性系统和随机性系统之间的一种系统。能用牛顿力学描述的现象系统是典型的确定性系统，宏观现象系统都可以用确定性理论加以近似描述；随机性现象出现在一定的宏观条件下，同时又受一些无法控制的随机因素作用，因此，无法确定其每一次的结果，只能断言其出现某种结果的概率，这样的系统是随机性系统，微观世界的现象系统常用随机性理论加以描述，如量子力学等；混沌系统表现出来的现象则显得捉摸不定，因其内部蕴含着非线性因素，对初始条件具有极其敏感的依赖性，只要初始条件有微小的不同，便可导致种种大相径庭的结果，因此，即使是一些看似简单的数

[①] 李后强、黄登仕、方曙：《社会现象中的混沌》，东北师范大学出版社1999年版。

学方程，也可能得出复杂的结果，这对复杂现象必然来自复杂系统的传统观念提出了挑战，如简单的三体系统的长时间行为、做了极大简化的太阳系是否稳定以及极其简化的气象系统的未来行为等混沌系统的复杂行为，都无法求出其确定的精确解。

混沌学把对世界的决定论与概率论对立的两大描述系统统一起来，用有限、整体、过程演化、相似、创生、分维、分形等观点看待世界上那些曲折的形态、参差的边界、湍流、相变等复杂的非线性问题，与奇特的东方哲学有异曲同工之妙，充实、发展了西方辩证哲学的内涵和思想。世界虽然其元素永恒不变，但却永远在进行自我重组、自我进化，所以，永远新鲜、永远不同、永远生动、永远无穷。简单中可产生出复杂，复杂中可表现为简单，有限可以包含无限，无序中存在有序，稳定与不稳定可以共存，等等，科学的辩证法思想在混沌学中异常丰富多彩，混沌学堪称有待开发的辩证法宝库。以下主要就混沌学中的几对基本辩证科学范畴——确定与随机、吸引与排斥、有序与无序、简单与复杂、整体与部分、线性与非线性等的内涵、意义和关系等进行分析，并探索其中所包含的思想、方法对辩证哲学发展所具有的意义和价值，旨在推进对混沌学的哲学概括和研究。

一 确定与随机

混沌学的最大成就之一就是将确定性和随机性统一起来了。一般来说，确定性和随机性是世界上完全对立的两种现象，似乎没有任何交叉的可能。确定性可以使我们准确地算出日、月食出现的时间、卫星发射后的准确运行轨道等；随机性则不能使我们准确地确定事物的未来结果，如掷骰子一般，只能肯定其每面朝上的可能性都是 $1/6$。混沌系统中则同时出现了上述两种现象，即既不是纯粹的确定性，也不是纯粹的随机性，而是两者兼而有之。"上帝同宇宙掷骰子，但它们是灌了铅的骰子"。确定性和随机性统一在混沌现象中，这是对辩证法中对立的双方互相包含着对方自身而统一的绝好证明，正如太极图中"阴中有阳，阳中有阴，阴阳互根，道在其中"一样。最典型的例子要数气象变化系统中的洛伦兹"吸引子"，它是一种"决定性的非周期流"。气象变化是一种非常不确定的现象，正所谓"五月天，孩儿脸",说变就变,风云雷雨之事难测。尽管如此,世界上许多国家还是斥巨资进行气象预报,并能在一两天之内做出较好的预报结果,仅仅只是某一点上、某一时刻偶尔出点差错,仅仅只是长期预报不可能。洛伦兹将气象变化的数据绘制到相空间图上,结果,非常混沌的无规则变化的数据点形成一个不完全自我重复、轨迹永不相交但却是永不停止转动的猫头鹰或蝴蝶形象的双螺旋线,从而说明了不确定的数据流中所具有的确定性特征,这个结论是非常深刻的。还有埃依"吸引子"、木星大红斑、曼德尔布罗特集等,都说明了这一点。相对论和量子力学尽管给染上牛顿热的人泼了一盆冷水,但混沌学更让人们清醒地看到世界并不是完全杂乱无章的随机偶然过程。混沌学的产生尽管终止了经典科学,完全割断了牛顿物理学的基本原则,排除了拉普拉斯决定论的可预见性的狂想,但却并未将确定性完全淹没在随机性的不知所措的黑暗中而不见一点把握世界的星光。在混沌系统中,确定性与随机性是共存一体的,互相包容,在一定条件下还可以相互转化。无论是气象还是湍流、相变,每个微观质点的运动在宏观上是随机的,但在长时间序列观察中则表现出一定的确定性。自由落体运动似乎确定,如比重轻的物体像羽毛在理想真空中下落表现出确定性,但在回旋的空气流影响下,其下落的轨迹是无法确定的。所以,混沌是确定与随机的统一。

决定论与非决定论,或者说必然性与偶然性的关系问题是科学和哲学长期争论不休的难题。决定论的思想自牛顿以来就根深蒂固。牛顿经典力学的建立,一方面推倒了天与地之间的壁垒,实现了自然科学的第一次大综合;另一方面它也建立了机械决定论的一统天下。拉普拉斯设计了一个全能智者,它能够将宇宙最庞大的物体的运动以及最微小的原子的运动都归并为一个单一的因式。其结果自然成了一个僵死的、被动的世界,一切都按部就班,任何"自然发生"或"自动发展"都不见了。热力学通过涨落的发生而引入了一种新的决定论,即统计决定论。涨落是对系统平均值的偏离,它总是无法完全排除的。应该说,从决定性的牛顿力学发展到非决定性的统计力学,是一次重要的科学进步。特别是量子力学的创立和发展,一种新的统计规律为人们所认识，薛定谔波函数的统计解释，抛弃了传统的轨道概念，清楚地反映了微观粒子运动规律的统计性质。但是，在混沌理论问世之前，物理学中确定论和概率论两套基本描述形成了各自为政的局面：单个事件服从决定性的牛顿定律，大量事件则服从统计性的大数定律。当波耳兹曼企图跨越这道鸿沟、从动力学"推导"出热力学过程的不可逆性时，受到来自泽梅罗、洛斯密脱等的强烈反对：决定性的牛顿定律怎么会导出非决定性的分子运动论？波耳兹曼全力以赴地答辩，以捍卫自己的理论，但是，按照当时公众可接受的标准（主要是机械论），他失败了。这表明，确定论和概率论、必然性和偶然性的对立是难以克服的，量子力学也不例外。爱因斯坦是量子论的创始人之一。对于物质的统计理论，特别是对涨落的理论，谁也没有爱因斯坦的贡献大，但他却坚决不相信有投骰子的上帝。爱因斯坦与以玻尔为代表的哥本哈根学派进行了一场长达40年之久的大论战。前者把统计的必要性归结于自由度和方程数目太多，不可能完全列举初始条件，模型中不能计入一切次要因素等外在的和技术上的原因；后者则强调统计规律性是复杂系统所特有的，绝不能把它还原为力学规律。测不准关系指出，粒子的位置和速度的测量精度存在一个限制。这说明偶然性的存在是事物本身所使然，绝不是因为我们无知的结果。

混沌的奇特之处在于，它把表现的无序和内在的决定论机制巧妙地融为一体。所以，钱学森指出，决定性和非决定性的矛盾直到20世纪60年代后兴起的混沌理论才得到解决。1963年，洛伦兹首先发现，只有区区三个因素的简单决定性系统也会产生随机性行为，这种随机性不是起因于任何外界因素，而是从决定性系统内部产生的。"混沌"就是这种内在的随机性的代名词。

"决定性混沌"说明决定性和随机性之间存在着由此及彼的桥梁，这大大丰富了我们对偶然性和必然性这对基本范畴的认识。

首先，混沌现象又一次揭示，偶然性并非只是表面上的。在经典统计力学的描述中，由于没有"蝴蝶效应"，大数系统的涨落一般对系统的宏观面貌不起多大作用。而现在我们发现，由于拉伸和折叠的反复进行，混沌吸引子起着一种"泵"的作用，把微小的涨落迅速提高到宏观尺度上表现出来。这种误差按指数特性增长的现象是使拉普拉斯决定论不能成立的又一个原因。于是，混沌意味着我们的预测能力受到了某种新的根本限制。

其次，既然混沌是由某些本身丝毫不是随机因素的固定规则所产生的，因而许多随机现象实际上比过去所想象的更容易预测。例如，费根鲍姆发现：对截然不同的函数进行迭代（一维单蜂函数），在迭代过程转向混沌时，它们竟然遵循着同样的规律，受同一个数字的支配，这个数就是 $\delta = 4.669201609\cdots\cdots$ "倍周期分叉"现象说明通往混沌的道路不是任意的，而有某种惊人的规律性。对于预测来讲，混沌构成了新的限制，但它也在前人未曾料想到的因果关系上指明了新的机制。

二 吸引与排斥

混沌作为探索复杂性的新学科，不仅修正了经典科学只有必然性没有偶然性的观念，而且修正了经典科学只有运动没有发展的观念。一般而言，人们认为，牛顿的"没有时间箭头"的概念在经典科学框架内已经由力学解决了，这就是熵增定律：耗散系统在趋向平衡态的演变中，具有对初始条件的遗忘机制，无论初始条件是什么，我们都应该把不可逆的变化看成是趋向于某个最可能状态的演变。但是，20世纪主张发展而到热力学中寻找科学根据的论者很快遇到了一个难题。如果系统都要趋于一个完全可以由一般定律推出的终态，即热力学平衡态，那么发展在本质上就是暂时的、转瞬即逝的。一旦系统进入到平衡态，发展即宣告结束。因此，系统的演化必定是趋于吸引子又不能止于吸引子的过程。在趋于稳定的过程中，新的不稳定性如何获得，以使系统在适当的时候进到一个更高的层次上，就成了我们面临的又一个重要的科学与哲学问题。

混沌是把偶然性和必然性集于一身的东西，它通过吸引与排斥的对立统一，说明了不稳定性的起源、放大以及和稳定性相互协调的机制，进而揭示了事物自己运动的原因。"吸引子"是研究复杂系统后来发展起来的一个极其重要的概念，复杂系统由很多自由度所组成，可能出现的动力学态不胜枚举。系统演化历经许多态，这些态稍纵即逝，无从把握，所以，研究复杂性一直困难重重。现在不同了，我们可以把系统变化规律的研究首先归结为寻找吸引子，找到吸引子即掌握了系统发展变化的趋势。

较之其他吸引子，混沌吸引子是一种奇异吸引子，它不仅有被吸引的一面，还有被排斥的一面。系统的运动在吸引子之外的状态都向吸引子靠拢，这是吸引作用，反映系统运动保持"稳定"的一面；而一旦到达吸引子内，其运动又是相互排斥的，这对应着"不稳定"的方面。

贝塔朗菲认为，要认清系统演化的条件与机理，我们既要研究运用自我纠正的负反馈手段达到自我保持的过程，又要研究运用自我放大的正反馈手段达到自我创新的过程。在这里，"涨落"和"耗散"两个概念是掌握吸引和排斥这对矛盾的关键。

摩擦是人人皆知的一种耗散形式。其重要性早在经典力学公式化以前就被人们所认识。亚里士多德认为，地球上的物体都具有静止的普遍趋势。他在提出这个假说时，事实上就表达了某种"摩擦"使运动减慢的思想。牛顿则采用了忽略摩擦的理想化做法而得到经典惯性定律。但事实上，无论机械装置如何精巧，惯性定律的实验是做不出来的。在物理科学中，使用"理想状态"这一概念，如无摩擦、完全弹性碰撞、绝对零度等，提出这样一些条件，是为了使问题大大简化。在地球上，要实现这样的理想状态是不可能的。在真实系统中，时间一长，摩擦毋宁说起着支配作用。

按照伽利略"描述地上的运动的法则同天上的运动法则是相同的"结论，支配天体运动的法则，连同地球上落体运动的定律，都可以由牛顿所推导的方程式普遍地表达出来，它构成了近代科学的主体。但在这一背景中，存在"只有天上的运动才是完美的，而地上的运动则是这种理想状态的不完全反映"这样一种潜在观念。经典力学排除了摩擦，也就排除了由摩擦产生的"热"的存在。这里被排除的不仅仅是热，还有时间的不可逆性。其实，它排除了事物的发展，这才是问题的症结所在。到了热力学，寻求演化判据导致的结果是使人们认识到耗散的重要性。"耗散使得相体积不断收缩（而不是刘维定理所保证的相体积不变）……各种各样的运动模式在演化中逐渐衰亡，最后只剩下少数自由度决定系统的长时间行为。"耗散过去总是被人们看作妨碍效率、消耗能量的有害而无益的东西，但热力学的证据表明，对于研究复杂性，耗散使系统运动速度减慢，自动趋向平衡。于是"吸引"的一面，也就是运用负反馈手段达到自我保持的过程得到了说明。要说明"排斥"的一面，离不开"涨落"概念。涨落是由系统内部产生出来的与外因无关的不稳定，它与耗散一样，总是无法完全排除的。但问题是，涨落究竟能不能对系统产生重大影响？大数定律证明，微观上的涨落总是衰减的，在宏观上意义不大，这个结论曾影响了人们对涨落的重视。

揭示涨落放大的机制，这是现代非线性动力学最重要的成就之一，而混沌是非线性现象的核心问题。非线性的实质是系统各要素之间相互作用、相互影响、相互联系，这也是辩证唯物主义的一个基本观点，而经典科学几乎是线性律一统天下，因此，在那里没有运用自我放大的正反馈手段达到自我创新的过程；在混沌理论中，涨落放大的机制是"对初始条件的敏感性"。

彭加勒早就意识到这一点，他说："初始条件的微小差别在最后的现象中产生了极大的差别，前者的微小误差促成了后者的巨大误差。预言变得不可能，我们有的是偶然发生的现象。"洛伦兹还用"蝴蝶效应"来加以形象描绘，意思是说，尽管我们可以用一个完全确定的模型来描述大气运动，但只要一进入混沌态，一只蝴蝶翅膀所造成的影响，都足以使一个地区的整个天气为之改观。"对初始条件的敏感性"丰富了我们对非线性作用的认识，它"是各种大小尺度的运动互相纠缠所不能逃避的结果"。

综上所述，耗散和涨落存在于任何系统之中，又作用在同一系统之上，两者缺一，系统演化的条件就不充分了。耗散是系统自我保持的主导因素，涨落是系统自我创新的主导因素。如果只有涨落，没有耗散，系统就会失去任何稳定性；而如果只有耗散，没有涨落，系统就不会发生新旧结构的转换，演化在到达某一"终态"后即告结束。

涨落是以耗散为背景的，守恒系统中没有涨落；耗散是以涨落为前提的，没有涨落，耗散系统的响应就无从谈起。没有涨落的耗散和没有耗散的涨落，都是不可能存在的。耗散和涨落又是对立的，它们分别对系统起着吸引和排斥的两种作用。系统自己的运动是涨落和耗散两种因素相互竞争的结果。当耗散起主导作用时，系统呈稳定状态，演化循序渐进，具有决定论性质；当涨落起主导作用时，系统状态失稳渐进为跃变所中断。最后的状态取决于哪个涨落先发展起来，在这个意义上，演化变成了一个随机过程。经过环境选择，体系将最终到达三个与微小涨落无关的稳定态，并成为演化的新起点，从稳定到不稳定又到新的稳定，系统的演化就是在耗散和涨落的联合作用下无限地展开。

三 有序与无序

有序与无序是一对关系到物质进化、生命起源、社会发展的哲学范畴。在这里，关键是事物从低级向高级发展问题。系统自己走向有序结构，对物理学来说，是一个破天荒的发展。许多人认为，较之耗散结构理论、协同学、超循环理论这些自组织理论，混沌在这方面的哲学意义似乎要小得多。但事实上，混沌与自组织的关系，就像熵与信息的关系一样，是一枚钱币的两面。

首先，混沌有助于解决复杂性的起源问题。对于自组织来说，复杂性的起源很重要，因为如果终态是唯一的，就没有选择；没有选择，也就没有进化。在混沌动力学中，相空间对系统有吸引力的态不止一个。既然系统的吸引子不止一个，演化就成了一个由可能性转变为现实性的过程。可能性有多种，现实性只有一个如何解决这个多与一的矛盾呢？选择，多中选一。系统自组织所遵循的原则，如果从外部看，就成了最适合组织复杂客体的控制论方法。于是，就可以解决如何把"多中选一"变成"多中选优"这个合目的控制的核心问题。

其次，混沌有助于解决突变的问题。根据超循环理论，除突变之外，系统是不产生新信息的。自组织理论感兴趣的是质的变化，即从一个状态到另一个状态的跃变，通过这个跃变，新信息被创造出来。在哲学认识中，一连串的事件中有一个能牵一发而动全身的临界点，混沌意味着这种临界点无处不在。对于物质进化，人们最感棘手的是那些光滑变化和突然变化的过渡。例如，在生物进行过程中，物种与物种之间更替，常常留有一个化石记录的空白。大多数人弄不懂，怎么竟能在"一瞬间"形成新物种呢？现在，混沌理论的"蝴蝶效应"揭示了宏观结构形成的机制和触发过程，这是非常重要的。

最后，混沌有助于解决有序和无序对立统一的问题。比起前两点来讲，这具有更大的哲学意义。过去，在人们的认识中，混沌和有序是对立的、绝对排斥的，混沌为无序和无组织的代名词。现在，混沌理论使我们看到了热平衡理论和非平衡湍流混沌的划分，只有前者才是"渺渺蒙蒙不分上下，昏昏沉沉不辨内外"，而后者却在宏观无序之中包藏着十分惊人的秩序性。混沌把有序和无序集于一身，不仅在静态关系上说明有序和无序的对立统一，而且在动态关系上有助于阐明事物发展"呈螺旋式上升"的否定之否定规律。

中国自古以来就把盘古开天辟地说成是混沌初开。阴阳五行说认为，混沌生阴阳，阴阳生五行，五行生万物。古希腊先哲也有这样的观点，正如恩格斯所说："在希腊哲学家看来，世界在本质上是某种从混沌中产生出来的东西，某种逐渐生成的东西。"① 根据现代宇宙演化理论，我们认为，混沌在我们这个宇审中是物质进行的始点。

但是，事物的发展不是直线地、无限地趋于复杂和有序化。当代科学对混沌的研究表明，有序来自混沌，又可以产生混沌；混沌来自有序，又可以产生有序，事物发展充满着辩证转化。具体可表述为：……混沌态<1>→有序态<1>→混沌态<2>→有序态<2>→……

值得注意的是，混沌态<2>较之混沌态<1>，不是简单的复归。在混沌态<2>之中保留着有序态<1>之中的信息，又包含着有序态<2>的"胚胎"。这就是说，系统在自组织地形成结构后，在混沌中生成的有序有可能复归混沌。但这不是简单的复归，因为混沌中包藏着秩序，而且这很可能类似于宏观能量向微观能量转移那样，是一种宏观序向微观序的转移。而这种转移正是产生高一级有序结构的

---

① [德] 恩格斯：《自然辩证法》，人民出版社1971年版，第10页。

前提和基础。

现在能比较完整地剖析无序与有序的转化关系了。我们看到，自然界物质的运动充满着矛盾，存在着转折点。物质演化必定是既组织自身又破坏自身的组织。但是，由于混沌有内部结构，混沌态是分层次的，与历史有关，这样，从有序到无序，再从无序到新的有序，事物从低级走向高级，这和否定之否定规律比较接近。

有序与无序也是混沌系统中两种可以共存的对立结构现象。在混沌学中，这对范畴是同确定性与随机性相对应的一对范畴。有序与确定性相对应，无序与随机性相对应。如果确定性和随机性是从人类可控角度描述现象的话，那么，有序和无序则是从现象的时空结构客观表征上加以考察研究的。普利高津的耗散结构论对"从混沌到有序"的过程做了富有开拓性的研究，而混沌学则对有序和无序的统一做了详尽的证明。斯特森·肖、拉夫洛克等从信息论、热力学第二定律的熵角度研究了信息流和熵流的变化，梅研究了生物种群的涨落，斯文尼研究了相变，利布沙伯从液氦实验中观察了震荡的周期分岔频谱，郭勒观察了旋转圆柱中的湍流，施文克研究了自然界的流和形等。他们的研究表明，自然界的有序结构是从无序中创生出来的，与此同时，有序也可以走向无序，有序和无序可以共存于一体。混沌就是有序与无序的混合体，正如中国古人所说："气似质具，而未相离，谓之混沌。"有序沉在无序中，有序往往拌成随机。如梅在研究生物种群涨落的逻辑斯蒂克方程 $x_{n+1} = rx_n(1-x_n)$ 中发现，代表非线性参量的增长率 r 操纵着生物种群的涨落，随着 r 的增长，种群数 x_n 会出现 2、4、8 等的倍周期分岔，在 r>3 时，开始出现混沌。即：一个永不落入定态的涨落，以后会突然出现一个像 3 或 7 的奇数有序周期，分岔更快进行，然后，再次中断，进入混沌。在湍流和相变中也可同时观察到有序和无序，并可看到无序出现或消失的临界状态的混沌"景观"，也能找到其控制的数学条件点。而且，曼德尔布罗特、肖尔茨、施文克、汤普森等更从无序的数学图像或自然形态中看到了有序的流和形以及生长与形态的美丽形象。这些都充分说明，有序和无序两种对立的结构形象可以在混沌中得到统一，而且在一定条件下可以相互转化。在有序与无序的混沌形象中，辩证法在自然的混沌系统中得到了充分鲜明的反映，对立的两极鲜活、自然、现实、完美地统一在一起。

四 简单与复杂

客观世界既是简单的，又是复杂的。客观存在的任何事物，都是简单和复杂的对立统一。人类对事物的认识也经历了由简单到复杂的发展历程。17世纪以来，近代自然科学的发展，强调在实验的基础上分析和解剖，把复杂的要素简化后进行研究，取得了极大的成功。久而久之也导致了简单化的思潮。在经典科学中，复杂性仅仅是简单性的面纱。牛顿有句名言代表了经典科学的这个基本观点："自然界喜欢简单化，而不爱用什么多余的原因来夸耀自己。"

进入21世纪以来，人们对自然的认识经历了一个朝着多重性、暂时性和复杂性发展的根本转变，复杂性也随之作为一个重要的概念频频出现。混沌运动作为崭新的科学范例，使我们认识到复杂性如何在自然界中出现，以及在何种程度上被加以研究。

但是，认识到复杂性是物质世界的属性，并不意味着化繁为简这条原则就不重要了。简单与复杂的辩证关系既有认识论的意义，更有方法论的意义。化繁为简作为一条重要的方法论原则，即使对于研究复杂系统问题也是绝对少不了的。就多年来人们形成的观念来讲，生物在其形态和功能两方面都无可争议的是自然界中最复杂、最有组织性的物体。但我们看到，自组织现象的突破却是从无生命世界中较简单的物系开始的。如贝纳德不稳流、化学钟等，它们带来的连锁反应是整个科学界对复杂性科学的重视大大增加。

在这方面，分形理论提供的范例是最具有说服力的。分形理论作为以研究无规则形体为对象的一门新的几何学，与经典的数学大相径庭。但是，它的研究成果却有助于使人们相信简单与复杂之间的距离绝不像人们想象得那样大；过去，由于缺乏对复杂性进行定量研究的工具，人们对复杂性的认识极其缓慢。现在分形理论给我们提供了一个量度复杂性的重要概念：分数维。分数维作为一种新方法，可用以量度那些无法定义、粗糙、破碎和不规则客体的性质。例如，对于曲折的海岸线，尽管我们知道它在长度上不能精确测量，然而其曲折程度却有某种特征。这样，对于自然现象中的不规则形体，现在有了一种数学上的精彩说明。

应该看到，分形几何的简单性完全不同于欧氏几何的简单性。传统几何学的形体如线和面、圆和球、角和锥是从现实中抽象出来的，它们使人领悟到以和谐著称的柏拉图哲学。艺术家从它们之中发现了理念的美，托勒密体系的天文学家根据它们建立了一种宇宙理论。但就复杂性而言，现在它们已被证明是一种错误的抽象。

分形几何作为洞察事物结构本质的钥匙，揭示的是一种复杂性之中的简单性，分数维则被证明是一种合适的尺度。在某种意义上说，分数维对应于不规则性填充空间的能力。一条欧几里得的一维直线不占据任何空间，而以无限长度充斥有限面积的科契曲线，其外廓线却占据了空间。它多于一根直线而又少于一个平面；它大于一维却又不到二维。就科契曲线而论，以 4/3 倍乘无限扩展，算出来的维数是 1.2618……关于化繁为简的方法论原则，爱因斯坦说："自然规律的简单性也是一种客观事实，而且正确的概念体系必须使这种简单性在主观方面和客观方面保持平衡。"简单性原则总是科学发展的某种推动力。问题是过去不恰当地把它和复杂性对立起来，用它来否认事物的复杂性和整体性，结果导致简单化的倾向。事物是复杂的，但复杂性并非随机性，也并非偶然性。分形理论发展了观察客观性的新的思维方式，在那些令人望而生畏的复杂现象中，找到了如下规律性：

第一，无限自相似。如果想到埃菲尔铁塔，你便会茅塞顿开。埃菲尔铁塔是谢宾斯基垫片的三维类似物，它的小梁、构架由大梁不断分成构件更小的格式，精细的网络结构浑然一体，这类尺度越来越小的重复结构完全展示了一个新天地。

第二，标度无关性。当曼德尔布罗特通过 IBM 计算机对棉花价格的变化数据进行分析时，发现了令人诧异的情况。从正态分布的观点来看是反常的数据，从标度的观点来看却出现了对称性。特殊的价格变化是偶然的和不可预测的，但变化的序列却与标度无关：每天价格变化的曲线和每月价格变化的曲线相当吻合。更惊人的是，根据曼德尔布罗特的分析，价格变化的程度，竟在发生过两次世界大战和一次经济大萧条的剧烈动荡的 60 年中保持不变。

第三，比例对称。标度无关性必然意味着比例对称。1960 年，曼德尔布罗特在研究棉价变化的长期性态时，发现了价格在大小尺度间的对称性。同年，在研究信号的传输误差时，发现误差传输与无误差传输在时间上按康托集排列。在对尼罗河水位和英国海岸线的数学分析中发现了类似规律。他总结自然界中很多现象从标度变换角度表现出的对称性。在一种尺度上去寻找图形（如海岸线），都是无规则的。但在不同尺度上同时去寻找图形，我们却找到了规律性，即不规则程度在不同尺度上重复叠合。这不是左右高低的对称，而是大小比例的对称。分数维形态对于混沌运动的描述是必不可少的。就像无理数远多于有理数的道理一样，非整数维给混沌运动的奇异轨道的构型提供了充分的选择余地。对于混沌，这种结构不一定是指它的实际形状，而是指它的行为特征。当我们用相空间的轨线来描述系统的变化时，"无穷嵌套的自相似结构"指的就是这种运动轨迹的几何形态。换言之，非整数维数给出了一个对混沌吸引子的识别判据。混沌吸引子是分数维图形，即在不断被放大时可以显示出越来越多的细节图形，从而揭示出混沌之中隐藏着的秩序，为在各种不同的复杂系统中发现规律性开辟了道路。

引人注目的是，分数维方法正在逐渐向社会科学的领域渗透。例如，在对矛盾现象进行研究时，有这样一种设想，即从分形理论出发，把复杂的矛盾变化区分为几种基本形式：矛盾有规分形、矛盾定向选择分形、矛盾平行连锁分形、矛盾垂直分形和矛盾状态转化分形。然后对这些基本的矛盾分形进行定量研究，即引入分数维方法计算其比例变化，用分数维值的大小来定量地表征矛盾分形的复杂程度。[1]

"分数维"是继运动的"熵"之后，又一个对混沌复杂性的量度，当然，分数维的概念及其方法并非尽善尽美。比如物体维数的测

---

[1] 刘和平：《混沌矛盾分形学》，《科学技术与辩证法》1992 年第 1 期。

定；常常具有不可忽略的主观性；维数是一个非常粗放的或宏观的标度，知道了某个客体的维数，但却很难据此推知其具体的复杂程度或结构；分数维数本身还没有形成一个统一的定义，即对任何客体都适合的定义等，应该清醒地认识到，分数维的应用范围是有一定界限的，不能企求用它来度量自然界的全部复杂性。尽管如此，在探索复杂性进程中，分数维加深了我们对客观世界复杂性的认识和理解，它的应用前景无疑是非常广阔的。

混沌学中有一个很重要的结论，即简单系统可以产生复杂行为，复杂系统可以产生简单行为。混沌学中发现了与"3"有关的许多简单系统，这些简单系统可以产生出混沌的复杂行为。如日、月、地三体的相对运动，三个独立运动产生湍流，种群涨落的方程 $x_{n+1} = rx_n(1 - x_n)$ 中，r 超过 3 时，x_n 就出现倍周期分岔混沌。约克与李天岩在《周期3意味着混沌》的奇妙论文中证明："任何一个系统也必然给出其他任意长的规则周期3，同一个系统也必然给出其他任意长的规则周期，以及完全混沌的循环。"茹厄勒·塔肯斯也证明："只要系统出现三个互不相关的频率耦合，系统必然形成无穷多个频率的耦合，走向混沌。"

这说明，混沌学关于简单包含复杂的思想与道家三生万物的主张是不谋而合的。另外，不同的复杂系统也可能产生相同的简单行为。费根鲍姆的普遍性提出了任何复杂的函数在反馈迭代中都收敛于一个常数 4.6692016090，并进一步指出，任何复杂性的系统都具有普适性的定律，而与构成系统组元的细节无关。曼德勃罗的分形图像，即世间那些参差不齐、缠绕交错的复杂形态，尽管千差万别，但它们都遵从分形的规律。以上都说明简单与复杂是辩证统一在混沌的系统或行为中的。简单的决定论系统可以滋生复杂性；对传统数学来说，复杂的系统仍然可能遵从简单的规律。也就是说，简单与复杂可以互生。另外，三元简单创生复杂的科学结论也是对传统辩证法中二元对立统一规律的补充和发展：从根本上说，世界可能是多元差异的协调统一，对立统一仅仅是极端化的一种特殊情况，它不能概括非对立的处于交叉状态下的双方以上的但能引起事物性质变化的广泛的一般情况，而以此作为辩证法的总规律似在内涵与外延上都有些狭窄，所以，有必要在内涵上加以充实、在外延上加以扩展。简单与复杂的关系还说明了世界上事物千差万别的原因。自然界的元素即构成世界万物的根本只有 100 多种，但却组成了亿万种不同的东西，并发生了近乎无穷的事件。最后，简单与复杂的关系还启示人们，在分析问题时，既不能小看简单的系统，也不要被复杂的系统所吓倒，这给人们用简单问题的办法来求解困难多的问题带来了希望。

五 整体与部分

整体与部分是系统论的一对范畴。系统整体性原理指出，某个部分一旦组成系统整体，就具有孤立的部分所不具备的性质和功能，整体的性质和功能不等于各个部分的性质和功能相加。系统整体观强调，整体大于部分之和，整体与部分具有本质的区别，部分不具有整体性，因而部分依赖于整体的性质。但是，分形理论却揭示出部分与整体关系的另一个侧面。

曼德尔布罗特对分数维的研究，是理解复杂性的一个组成部分，特别令人鼓舞的是，发现了一批细致的现象，它们无规则的表观的背后有一类无穷嵌套的自相似的几何结构。其结果是，世间万事万物的"无规则性"以出人意料的规则性呈现在我们面前。如果在许多复杂的图形中任意取出一部分放大到原来的大小，看起来仍然与原来的图形没有什么区别，这就叫作"自相似性"。自相似性是分形理论的实质，它的提出具有重大的科学和哲学意义；自相似的概念与西方的古代文明，特别是与古老的东方传统思想有着密切的联系。古希腊哲学家阿那克萨戈拉提出了著名的种子说。认为一切复合物都是由种子构成的，每一粒种子都包含着一堆有相同部分的物体。存在物本身是由许多自身相同的部分组成的，即部分与整体相同。世界也是由许多相似的小片构成的。宇宙万物都只是种子的组合与分离。每种东西都包含着其他一切东西，任何一物在任何一物之中。莱布尼兹曾经设想，一滴水中蕴含着整个浩瀚的宇宙，必然也包含着其他水滴和新创生的宇宙。居维叶则断言，科学家可以通过一根骨头再现整个动物的全貌。东方的先哲强调宇宙的基本统一性，把万事万物看成是宇宙整体中相互依赖的、不可分割的部分，是同一终极实在的不同表现。古老的宗教典籍《华严经》的中心主题是所有事物和事件的统一及相互关系，也包含着朴素而神秘的自相似思想，这在因陀罗网的隐喻中表现得很充分。据说，在因陀罗的天堂里有一张宝石的网，人们可以从其中一个宝石看到反映出来的其他所有宝石。自相似性深刻地揭示了部分与部分、部分与整体相似这一宇宙的基本规律。实际上，部分与整体相似意味着部分包含整体的全部信息。在国内，"全息"的概念，已进入科学的各个领域，产生了时间全息、思维全息、情感全息、文化全息、生物全息、社会全息、宇宙全息等。其实，全息理论中的"全息元"就相当于分形理论中的"分形元"或"生成元"。唯物辩证法告诉我们，整体和部分是对立的统一；整体以部分为基础，部分以整体为归宿。一般来讲，整体与部分的关系有以下两种情况：

第一，整体大于部分之和。就空间意义和显态功能而言，整体大于部分之和，即整体的性质与功能大于部分的性质与功能的简单相加。例如，正常人一双眼睛的视力，就大于两只眼睛的视力之和；就时间意义和潜在功能而言，也存在部分大于整体的情况。系统论所要阐明的正是这两种情况，并且已经得出了明确的结论。

第二，部分与整体相似。部分与整体相似，不能被认为是整体等于部分简单叠加的"还原论"，而是一种递归，即结构之中存在着结构。分形是一种新方法，用以度量舍此就无法确定的客体的性质。从中我们了解到，不规则程度在不同尺度上重复叠合，即标度无关性。标度无关性意味着，部分中已经包含整体的全部组织信息或特征信息。令人惊异的是，这种观察无限的新方法，在自然的几乎所有领域中通常都被证明是正确的。

生物学研究表明，生物体结构方面具有自相似特征。生物体中的任一分形元都在不同程度上成为整体的缩影，并且各分形元之间在不同程度上是相似的。老子在《道德经》中说："道大，天大，地大，人亦大。"而四者之间的密切联系充分表现在它们的依次相"法"上，即"人法地，地法天，天法道，道法自然"。这种"四大相法"的观点，猜测到了宇宙中部分与整体的关系。现代科学研究已经证明，在宇宙这个统一体中，其结构之间存在着自相似性。各子系与系统、系统与宇宙之间存在着一一对应的关系，其相互对应的部位较之非相互对应的部位，物质特性相似程度较大。在潜态信息上，子系统包含着系统的全部信息，系统包含着宇宙的全部信息。在显态信息上，子系是系统的缩影，系统是宇宙的缩影。

《易经》中也隐含着这种宇宙自相似的思想，为探索宇宙的奥秘做出了很大的贡献。现代天文学告诉我们，宇宙结构皆呈螺旋形状（两边为螺旋星云），这与《易经》中的太极图极为相似。我国刘子华博士曾运用《易经》的易理探讨宇宙的构成，结合现代天文成果，预言在太阳系的最边缘存在着第十颗行星。

这在当时（20世纪40年代）引起了学术界的极大重视。随着人类观察宇宙的技术手段不断发展，这颗行星的存在正在得到确认。部分与整体的关系既是一对哲学范畴，也是分形理论的研究对象。分形的自相似揭示了一种新的对称性，这不是左右、高低的对称，而是大小比例的对称，即系统中的每一元素都反映和含有整个系统的性质与信息，从而可以通过认识部分来认识整体。自相似性从部分出发来确定整体的性质，沿着微观到宏观的方向来分析事物，这正好与系统论形成互补。系统论由整体出发来确定各部分的系统性质，是沿着宏观到微观的方向来考察整体与部分的相关性的。它们之间的互补恰恰完整地构成了辩证的思维方法。

六 线性与非线性

这也是一对与简单和复杂相对应且关系密切的范畴。一般而言，线性系统是简单的，但简单系统不一定是线性的；非线性系统是复杂的，但复杂系统不一定是非线性的。线性关系在作用时表现为一条直线，想象中是一种比例关系。线性方程可以求解，便于讲述，具有一种重要的叠加特性，可以分解和合并而不影响解的一致性。非线性关系则不然，作用时表现为各种形状的曲线，比如二次函数、三角函数等都是非线性的。复杂的非线性方程不一定有解，不能叠加。非线性还意味着游戏本身包括改变游戏规则的方法。非线性作用具有非独立相干性："一个微小的因素能导致用它的幅值无法衡量的效果。"非线性由于其内部各种因素的交错变化很难计算，且又能导致线性系统中不可能发生的丰富多彩的行为。在混沌系统中，线性与非线性是共存的，而且更多地表现为非线性。混沌学对非线性问题处理的重大成就是，提出了解决问题的数学方法，通过重整化群、尺度变换、分维、分形等方法的正确计算和绘图，能很好地处理无穷密集的非线性问题，如费根鲍姆反馈迭代函数收敛速率的计算、曼德尔布罗特的分形等，均提供了处理非线性问题的独特方法。通过这些方法的变换，使非线性问题变成线性化的便于理解的问题，线性与非线性在尺度变换中得到统一。尺度变换在初等数学中就有应用，如有幂函数 $Q = f(S)$ 的非线性方程 $Q = nS$，经两边取对数后可得 $lgQ = lgn + lgS$，则 $lgQ = f(lgS)$ 就是线性方程，等等。可见，线性与非线性并不是绝对对立的，而是可以互相转化的。如果混沌是纯粹的非线性因素作用的结果，而且非线性问题也不能转化成线性问题，那么，人类要在自己的理论范围内对复杂的非线性世界做出清晰的认识就是不可想象的事。事实上，在混沌系统内，非线性包含着线性，非线性也能变化为线性。在液、汽相变的热力学混沌系统中，尽管无法理解水在100℃时液、汽的非线性混沌运动，但可以从整体上用熵值来衡量其混乱的程度。熵计算是可以叠加的，所以是线性的，而概率计算是随机的、非线性的，熵是线性与非线性转化的尺度。人的大脑的智能运动是一个混沌系统，意识、意志包含着极其复杂的非线性因素，不可能钻进人的大脑里看到意识的细节，但医学上发展起来的脑电生理学却可从脑电图上观察到人的心理状态，甚至可以将脑电波翻译出所想的是什么。神经病人的脑电波的相空间图和气象变化的洛伦兹"吸引子"非常相像，通过脑、电的转换，大脑的非线性就可以变成可理解的线性观察。

七 混沌与分形理论的哲学启示

混沌学使人们对客观世界的认识上升到了一个全新的高度，是继相对论和量子力学以来20世纪物理学的第三次大革命，其覆盖了自然科学和社会科学的几乎各个领域。最近20年来，混沌学迅速走进化学、生物学、医学、智能科学以及社会科学的广阔天地，成为探索非线性疑难复杂问题的有效工具，其理论与方法不仅在科学上有着特殊的意义和价值，在哲学上也引申出许多惊世骇俗的结论。怪不得人们认为，认识了混沌之后，就不再会用老眼光去看世界了。在科学日渐远离日常经验和真实的现实世界的今天，不少科学家都把混沌看作一条出路。

混沌和分形理论改变了人类对世界的认识，在哲学上丰富和发展了辩证法，下面就其中三个主要方面进行分析。

（一）世界是多元交叉差异的协调统一

从确定与随机、有序与无序、简单与复杂、线性与非线性等科学范畴的分析中可以看出，混沌中的许多现象和规律都是传统的辩证法所不能完全概括的，其对立统一规律的内涵和外延有待于进一步充实和扩展。相异共生关系不是对立统一关系，如通常所说的物质与意识、运动与静止等一般物质及其性质之间是一种永远相伴而生的关系。任何事物都表现为物质、能量、结构、空间和时间五种基本的要素，世界是五元相异共生的。其一，结构是一种序或信息，能量是力的作用性质。其二，质和性是相异的，共生但不对立，异质的也不一定对立，但可以同源。有名的鸡和蛋孰先孰后的关系问题，就不是对立统一的，孰在先、孰在后也无法回答，只能说，两者同源于混沌不分的原始结构。其三，从无到有是三元创生的，混沌是复杂有序之源，有序的产生起码要有三个原初的要素。即使简化成两体问题的牛顿力学，也少不了两体之间的"作用"。由此可见，世界从存在与变化的根本上看是一种多元交叉差异协调的关系。只有这样，才能解释复杂的万千气象和千差万别的事物。对立统一只出现在同质或同性的双向可相互转化的极端线性关系之中。而对于非对称、多元交叉、异质异性的非线性构成的事物之间的关系，若也都冠以对立统一，则在理论上是十分牵强的，在实践中也是难以操作的。事物的根本辩证规律只能是多元差异交叉协调的，如混沌系统、非线性系统中的事物是一种立体交叉协调的关系，是非线性的交叉统一。

（二）物质的结构决定物质的性质，结构是重要的量

从"有序"和"无序"的范畴分析中可知，序表现为一定的结

构,结构不是数量,而是系统中元素的联结、分散关系,是一种整体的量,可用信息度量或负熵计算。整体不等于部分之和,原因就在于结构,即整体等于部分之和加上结构。事物的度量除数量之外,更重要的是结构度量。结构反映元素之间相互作用的程度,在一定意义上说,是一种质的界定。量变引起质变,其主要原因是结构的调整和变化。量变主要是促使结构变化的量变,单纯的数量增加对质变的意义并不是太大。比如,对于企业的发展来说,根本之处应当在于企业内部各种资源结构的有效配置和制度的创新,单纯的人员或设备数量的增加对效益的增长一般不会产生太大的作用。

(三)角度与尺度变换提供了辩证思维的认识方法

辩证法中有一些重要的思维方法,如归纳与演绎、分析与综合、逻辑与历史、抽象与具体等,这些都是从共性与个性、整体与部分、认识与实践等范畴的关系中总结出来的。混沌学从分维、分形、重整化群、自相似、整体、有限等观点来看待世界上复杂的问题,其主要方法实际上就是角度变换和尺度变换。复杂的事物往往是将不同角度与不同尺度的事物放在一起的结果,比如绘画、云彩、海岸线、断层山脉等。毕加索是一位善于运用变换的大师,其抽象画就是把不同角度和尺度的东西放在一个平面上,从而创造了绘画史上的奇迹。曼德勃罗和费根鲍姆分别把角度变换和尺度变换用在混沌研究中,从而在科学上做出了杰出的贡献。换角度、换尺度看问题往往会出现前所未见的奇迹,也会把复杂的问题简化为简单的问题来处理。分维实质上就是一种角度变换,分形则是尺度变换。我们在分析问题时,同样也可以把分维与分形的方法扩展到混沌以外的其他科学、艺术或别的问题上去。打破常规线性的思考,多角度、变换新尺度或将不同角度与尺度的东西放在一起,往往既能方便解决问题,同时又能得出接近本质的结论。

除此之外,混沌学中还有许多其他的辩证科学范畴,如可测与不可测、有限与无限、衰退与创生、整体与部分、同与异、存在与过程、状态与演化、结构与功能等,都从不同角度丰富和发展了传统西方辩证法。

混沌与分形是按自组织方式,人类经过多次认识而达到的一种新的认识。人类经过长期的努力,现在对自然的认识是历史的、辩证的和科学的。当然,混沌与分形的哲学启示还有待于进一步探究,哲学还要深化,混沌与分形也还要发展,人类的认识必将开拓出一个更加广阔的科学与哲学空间。

混沌学的兴起为哲学中传统辩证法赋予了新鲜而丰富的科学内涵,同时也给现代辩证哲学的发展注入了时代的血液。混沌学探索的是科学中复杂的非线性问题,它的许多思想和方法与中国传统文化和马克思主义哲学产生了强烈的共鸣。

世界虽然其元素永恒不变,但却永远在进行自我重组、自我进化,所以,永远新鲜、永远不同、永远生动、永远无穷。简单中可产生出复杂,复杂中可表现为简单,有限可以包含无限,无序中存在有序,稳定与不稳定可以共存等,科学的辩证法思想在混沌学中异常丰富多彩,混沌学堪称有待于开发的辩证法宝库。

第三节 经济系统混沌的判定与混沌控制

一 经济系统混沌的判定

混沌现象只出现在非线性动态系统和无限维线性动态系统中,而在经济学范畴里,我们可以认为,它只出现于非线性动态系统中,因为经济系统一般都是有限维的。

混沌是普遍存在然而又是极其复杂的现象。它不像通常的确定性运动具有我们所熟悉的三种状态:平衡、周期运动和准周期运动,而是一种无周期的貌似随机运动,局部有序、整体无序的复杂现象。那么如何判定一个经济动态系统是否会产生混沌以及何时在什么范围内会产生混沌现象?在经济领域里,一般可以从三个方面来判定:一是从经济系统所表现出的定性特征方面来判断,这有助于我们从宏观上粗略地判定经济系统的运行状态;二是对一些已用数学模型描述出来的经济系统运用严格的数学方法进行判定;三是对一些用经济数据描述的经济系统进行定量判定。

(一) 经济系统混沌的定性判定方法

定性理论一直是经济学中不可缺少的重要组成部分之一。因此，对混沌经济系统进行定性判定也是十分必要的。就"平均意义"而言，我们可以从混沌经济系统所具有的本质特征入手来进行综合判断。混沌经济系统的本质特征主要有积累效应、内在随机性、奇怪吸引性、不可叠加性、非周期性和自相似性等。下面介绍前面三种特征。

1. 积累效应

积累效应俗称蝴蝶效应，即系统演化对初始条件的敏感性，在混沌出现的参数范围内，初始条件的一个微小的误差在迭代过程会不断地放大，不但使迭代结果变得极为不同而最后随机地历经几乎整个吸引子，由此使系统的长期预测变为不可能。

2. 内在随机性

混沌产生于确定性方程，有时又把混沌定义为确定性系的内在随机性，传统的方法总是千方百计地寻求微分方程的解，认为知道了微分方程的解就等于知道了一切，不但包括未来，还包括过去。原来认为，只要能写出微分方程的解，那么它一定是非混沌的，正是这种观点掩盖了混沌再现的可能性，例如，对于逻辑斯蒂克模型，很容易写出它的精确解，它是非混沌的，但当把逻辑斯蒂克微分方程变为差分方程进行迭代时，它所包含的从倍周期分岔到混沌等复杂性才被提示出来，所以，知道了微分方程的解并不等于知道了一切，而且往往正是这种性质掩盖了微分方程所包含的复杂性。

对于非线性微分方程能够求解的极为稀少，而对于绝大多数要进行数值求解，在实际计算中，数值求解就要把微分方程变为差分方程进行迭代，由于每次迭代都会由四舍五入而产生误差，所以，有人又把这种实际迭代称为随机迭代，因为混沌对误差的敏感性不在于误差本身而在于系统本身固有的对误差的放大功能，在混沌产生的条件下，当迭代步骤足够大时，相点几乎跑遍整个吸引子这样的确切位置而变为不确定性，因此，要做出长期预测已变为不可能，这是确定性方程所含有的内在随机性，内在随机性不同于通常的随机性，例如，对于逻辑斯蒂克迭代,知道了今年的昆虫数就可极好地预测下年的以及下下年的昆虫数,对于天气预报,知道了今天的天气形势就可以很好地预报明天以及后天的情况,而对投骰子就不同了,知道了这次出现的点数就不能准确地说出下次出现的点数,因此,确定性方程所产生的内在随机性的随机强度是随着迭代步数的增加而增加的,对于系统的短期行为可以预测,而对长期行为变为不可能。

3. 奇怪吸引性

吸引子是系统的收敛表现,无论一个稳定的动态系统是否出现混沌,在多数情况下,都可以用一个吸引子来描述该系统的均衡状态或极限时间路径,一个非线性系统最终会演化为以下几种不同的吸引子:不动点吸引子、极限环和奇异吸引子(也称为混沌吸引子或洛伦兹吸引子)。吸引不动点是将系统的行为收敛为一个静态的平衡点,极限环收敛为一个周期性或准周期性的行为,而奇怪吸引子则趋向不同于前两者的收敛行为,它具有分数维的吸引子,它是系统出现混沌的特征。

奇怪吸引子是一个不可数的点集,它使从其内部出发的所有时间路径仍留在该集合中,邻近的时间路径会被它所吸引,从该集合中出发的时间可能是非周期的,或者具有与事先任意选定所数值一样长的持续期。奇异吸引子的概念,确切地叙述成下面的定义:

在映射 f 下的奇异吸引子是具有下列特征的有界不可数点集 A:

(1) 在映射 f 下 A 是不变量,即 $f(A) = A$。

(2) 存在着使集合 $\{f^k(x^*) | k=0, 1, \cdots, \infty\}$ 在 A 中是稠密的。

(3) 存在着一个 A 的邻域 N,由它出发的轨道渐近趋于:

$\lim\limits_{k \to \infty} f^k(x) \in A, \forall x \in N$

那么,从一个奇异吸引子或其附近出发的任何轨道运动将随机地在 A 中游荡。

混沌经济系统本身与其子系统、孙子系统等不同层次在结构上具有的相似性和类似性,称为自相似性。在一般情况下,它的几何结构不是传统意义上的维数,而是一种具有分数维的"分形"物,其维数不再是整数维数,而是分数。如处于混沌阶段的股价指数就具有明显的分形特征，它的维数就是一个分数。

总而言之，混沌经济系统是具有积累效应的非线性系统的一种不规则的宏观上无序、微观上有序的运动状态。

（二）经济系统混沌的定量判定方法

对于连续经济系统混沌判定的主要依据是约克提出的定义、沙可夫斯基（Sarklvskii）定理和由此派生出来的一些充分条件。

若已知某经济系统有关的经济时间序列数据，由于方法和计算工具等的限制，使时间序列不可避免地带有噪声。这些噪声的出现会给时间序列分析带来极大的困难甚至导致错误的结论。国内外常见的判别方法有的依据吸引子的特征量，以下介绍本书用到的几个重要特征量。

1. 李雅普诺夫指数

在混沌理论中，判断混沌吸引子的类型及性质，对于研究一个非线性系统的演化过程有很重要的意义，李雅普诺夫（Lyapunov）指数描述了系统混沌轨道游荡行为的特性，其各指数符号组合能很好地度量系统对于初始条件依赖的敏感性，是刻画吸引子类型的重要指标。利用其符合组合可有效地判断系统最终演化成不动点吸引子，或者极限环，或者奇异吸引子。

为了给出李雅普诺夫指数的定义，先讨论一维情形。设 x 遵循非线性微分方程：

$$\frac{dx}{dt} = f(x) \tag{3.1}$$

式中，$f(x)$ 为一非线性函数，在这种情况下，唯一可能的吸引子是渐近稳定的节点，为了检验不动点 $x = x_0$ 的稳定性，通常要做如下线性稳定分析，将：

$$x(t) = x_0 + \delta x(t) \tag{3.2}$$

代入式（3.1），将小偏差式（3.2）线性化后得到：

$$\frac{d}{dx}\delta x = \lambda \delta x \tag{3.3}$$

其中，$\lambda = \left(\frac{\delta f}{\delta x}\right)_x$ 为线性化系数，这样，线性化方程（3.3）的

解为：

$$\delta x(t) = \delta x(0) e^{\lambda t}$$

如果 $\lambda < 0$，则 x_0 就是一个渐近稳定的不动点，是一维相空间的零吸引子，这里可方便地利用 λ 对 x_0 是否为吸引子做出判断，把这种 λ 对吸引子的判断功能推广到复杂情况，就产生了李雅普诺夫指数的概念。

由式（3.3）可知，λ 为 $\ln|\delta x(t)|/t$ 在 $t \to \infty$ 时的极限，即：

$$\lambda = \lim_{t \to \infty} \ln|\delta x(t)|/t$$

这样定义的 λ 为李雅普诺夫指数，下面把它推广到多维情况。

设一个系统的轨迹在 m 维相空间中演化，具有 m 个状态变量，x 是 m 维相空间中的一个矢量，它的分量 m 个状态变量 x_1，x_2，…，x_m，它们遵循的非线性微分方程为：

$$\frac{\mathrm{d}x_i}{\mathrm{d}t} = f_i(x_1, x_2, \cdots, x_m) \quad i = 1, 2, \cdots, m \tag{3.4}$$

可简写为：

$$\frac{\mathrm{d}x}{\mathrm{d}t} = f(x) \tag{3.5}$$

式中，$f(x_1, x_2, \cdots, x_m)$ 为系统长时间演化的极限状态，要判断相空间中的一条轨线 $x_0(t)$ 是否为吸引子，需要考察在轨线 $x_0(t)$ 领域中的任一条轨线 $x(t)$ 随着时间 t 的流逝，是趋近于 $x_0(t)$ 还是离开 $x_0(t)$、$x(t)$ 的轨迹方程为：

$$x(t) = x_0(t) + \delta x_0(t)$$

代入式（3.5），并对 $\delta x(t)$ 线性化，得到：

$$\frac{\mathrm{d}}{\mathrm{d}x}\delta x = \lambda \delta x(t)$$

式中：

$$\lambda = \begin{pmatrix} \frac{\partial f}{\partial x_1} & \frac{\partial f}{\partial x_2} & \cdots & \frac{\partial f}{\partial x_m} \\ \vdots & \ddots & & \vdots \\ \frac{\partial f_m}{\partial x_1} & \frac{\partial f_m}{\partial x_2} & \cdots & \frac{\partial f_m}{\partial x_m} \end{pmatrix}$$

式（3.5）线性化矩阵的矩阵元通常与时间有关。式（3.4）在长时间情形下可以近似有：

$$\delta x_i(t) = \delta x(0) e^{\lambda t}$$

可得：

$$\lambda_i = \ln|\delta x(t)|/t$$

由于考察的是系统在长时间演化的极限状态下的，因此取：

$$\lambda_i = \lim_{t \to \infty} \ln|\delta x(t)|/t$$

这样定义的 λ 就是一般情况下的李雅普诺夫指数，由于 δx 有 m 个分量，每个分量可求出一个相应的 λ 值，因此，总共求出 m 个 λ 值，λ 值可正可负，如果 λ<0，轨线 $x_n(t)$ 周围的其他轨线 x(t) 就会沿着 x_i 的方向以指数衰减的方式向它靠近；当 λ>0 时，x(t) 会沿着 x_i 的方向以指数增长的方式远离；当 λ=0 时，沿着 x(t) 的切线方向运动。因此，可以根据 λ_i（i=1，2，…，m）的正负或零的组合情况来判断吸引子的类型。

对于离散动力系统也可以做类似的定义。

一般情况下，只有稳定所有不动点，它们的李雅普诺夫指数为负，记为（-）；在二维情形下，只有稳定的不动点和极限环两种吸引子，其中稳定的不动点包括稳定的节点和焦点，相应的两个李雅普诺夫指数都是负的，记为（-，-）；在稳定的极限环情形下，垂直于极限环切线方向的李雅普诺夫指数仍为负，而沿极限环切线方向的李雅普诺夫指数 λ_2 为 0，因而有（λ_1，λ_2）=（-，0）。

在三维相空间中，按李雅普诺夫指数可以把吸引子分为四种基本类型：

（1）不动点吸引子。即稳定节点或焦点，相空间的轨线在 t→∞ 时收缩为一个点，且有：（λ_1，λ_2，λ_3）=（-，-，-）。

（2）周期吸引子。轨线会在三维空间中表现出一个环绕二维环面的闭合形状，在极限环领域的轨线可从两个线性无关的横向趋于极限环，而沿极限环切线方向移动的第三个李雅普诺夫指数等于 0，因此，此时李雅普诺夫指数为：（λ_1，λ_2，λ_3）=（-，-，0）。

（3）准周期吸引子。轨线在相空间表现为一个二维环面，在环面附近的轨线都会被吸引到环面上并绕其作周期或准周期运动。与周期吸引子稍有不同的是，准周期吸引子的振荡频率一般不止一个，当两个频率之比为无理数时，环绕环面的轨线永远不会闭合，但是，过了一段时间后轨线将回到非常接近原出发的位置，这是准周期的含义。当 t→∞ 时，轨线将爬满整个环面，因此，所有轨线的演化极限是一个环面，环面的切平面上两个正交方向的运动既不衰减也不增长，它们的李雅普诺夫指数为 $(\lambda_1, \lambda_2) = (0, 0)$，$\lambda_3 < 0$ 则负责把环面之外的轨线吸引到环面上来，因此，$(\lambda_1, \lambda_2, \lambda_3) = (0, 0, -)$。

（4）奇怪吸引子。也称为混沌吸引子，它的李雅普诺夫指数为：$(\lambda_1, \lambda_2, \lambda_3) = (+, 0, -)$，出现了一个正的李雅普诺夫指数，它意味着两条相邻的轨线在这个方向将以指数增长的方式迅速离开。

因此，可通过李雅普诺夫指数的符号组合情况来判断系统演化类型，是否会出现混沌现象。

在李雅普诺夫指数谱中，最小的李雅普诺夫指数决定轨道收缩的快慢，最大的李雅普诺夫指数则决定轨道发散即覆盖整个吸引子的快慢；而所有的指数之和可以认为是大体上表征轨线总的平均发散快慢。

2. 分数维数

奇怪吸引子是轨道在相空间中经过无数次靠拢和分离，来回拉伸与折叠形成的几何图形，具有无穷层次的自相似结构。由于耗散系统运动在相空间的收缩，使奇怪吸引子维数小于相空间的维数。故奇怪吸引子的几何性质，可以通过研究它的空间维数来确定。由于其组成部分与整体有某种方式的相似，称为分形。分形的特点是分数维，常见的有豪斯多夫（Hausdoff）维数、自相似维、李雅普诺夫维数。这里只讨论李雅普诺夫维数。

线性系统中各种运动模式可以独立激发，它们的数目决定了相空间维数。一般来说，正的李雅普诺夫指数代表的方向对吸引子起支撑作用；而负的李雅普诺夫指数对应的收缩方向，在抵消膨胀方向的作用后，贡献吸引子维数的分数部分。设李雅普诺夫指数按从大到小的顺序排列为：

$$\lambda_1 \geqslant \lambda_2 \geqslant \lambda_3 \geqslant \cdots$$

混沌吸引子的李雅普诺夫维数定义为：

$$D_L = 1 + \frac{S_k}{|\lambda_{k+1}|}$$

式中，$S_k = \sum_{i=1}^{k} \lambda_i \geqslant 0$，$k$ 是保证 $S_k \geqslant 0$ 的最大 k 值。在实际计算中，D_L 比盒维数收敛快得多，卡普兰（J. L. Kaplan）和约克曾猜想，李雅普诺夫维数与自相似维数相等。事实上，对于很多系统来说，均有 $D_L = D_0$。

二　混沌控制

混沌的发现揭示了确定性原因未必产生规则性结果，简单性原因也可以产生复杂性结果。若一个经济系统处于混沌状态，意味着不规则、对初始条件极度敏感和极为有限的预测性，对经济系统的平稳运行是有害的。因此，混沌控制成为一个重要的研究课题。混沌控制包括广义混沌控制和狭义混沌控制。广义混沌控制包括控制与反控制，当混沌有害时，抑制它；当混沌有利时，制造混沌出现的条件，使系统产生混沌。狭义混沌控制主要是抑制和消除混沌行为。目前，广义混沌控制已广泛应用在机械、控制等工程系统中。在经济系统中应用的主要是狭义混沌控制，即认为混沌经济系统是不可预测的、无规律的，条件的微小变化会导致系统结果完全改变，所以，需要将其控制到稳定或是周期波动的状态。

1990 年，Ott、Grebogi 和 Yorke 提出 OGY 方法使混沌运动达到有效控制，Ditto、Rouseot 和 Span 通过实验验证了 OGY 方法的有效性，国内外关于非线性系统混沌控制的研究也迅速发展，成为非线性科学领域研究的热点。针对 OGY 方法的不足，Ott、Grebogi 与 Daywansa Romeras 合作，对 OGY 方法做了改进。对混沌控制的研究，相继提出了一系列混沌控制方法，如自适应控制法、参数周期扰动法、周期激励法、OPF 控制法、周期脉冲控制法、连续反馈控制法等。这些方法已应用在实验或实际问题中，并取得了许多成果。混沌控制与经典的控制不同，混沌控制的共同特点是尽可能利用混沌运动自身的各种特性达到控制目的。各种方法各有优缺点,对于不同的学科领域,不同的应用角度,根据具体情况,可以采用不同的控制方法控制混沌运动。

从控制原理来看,混沌控制方法大体可分为反馈控制和无反馈控制两大类。反馈控制的各种方法所需反馈控制量的大小可以根据受控系统的状态调节,因而具有微扰较小的优点,但一般需要预先了解系统的运动状态或目标态的性质才能控制。在实际控制中,无反馈控制法不需要预先知道系统的动力学性质,具有较强的可操作性,但是,控制量较大,必须始终作用在系统上。本书主要采用延迟反馈控制法、状态反馈和参数调整控制法对系统实施混沌控制。

(一) 延迟反馈控制法

延迟反馈控制法(Delayed Feedback Control),又称 DFC 方法,首先由 Pyragas 于 1993 年提出。这种方法操作简便,无须知道具体的模型,也不需要选择预期轨道,对于一般的连续和离散系统普遍适用,是混沌控制中比较常用的方法。与借助外力反馈控制方法不同,延迟反馈控制嵌入系统的信号是系统内的输出信号,经过时间延迟一段后,再反馈给系统,用来代替外力输入。操作的关键是调节控制延迟时间,使系统稳定在高周期轨道上。这种方法是基于 T 时间延迟后的系统状态和现在状态的不同来对系统进行混沌控制,体现了经济主体控制市场波动的延迟理性决策思想。直接取出一部分系统输出信号,经过时间延迟后再反馈到混沌系统中去作为控制信号。设系统反馈控制输入为:

$$u(t) = k[x(t+1-T) - x(t+1)] \tag{3.6}$$

式中,T 为延迟时间,k 为控制因子,$t > T$。当 $x(t+1-T) = x(t+1)$,$u(t) = 0$,即经过 T 延迟的不稳定周期轨道后,系统进入稳定周期轨道。k 是使最大李雅普诺夫指数小于等于零的值。$u(t)$ 的大小取决于噪声和周期轨道稳定程度。

DFC 法参考混沌系统本身的延迟时间而不是不稳定的周期轨道为信号,只要考虑不稳定周期轨道的周期状况,无须重构周期轨道,也无须了解吸引子的结构特征。它是一种持续时间调整而不是离散的参数扰动控制变量，它对由噪声作用对系统的影响而产生的预期目标偏差有一定的控制。在不知道具体的动力学系统方程时，也能通过控制器有效地实现混沌控制。因为没有外力信号干扰，所以，不会改变不稳定周期轨道的相关性质。控制器简单方便，控制量不大。

（二）状态反馈和参数调整控制法

考虑 n 维离散非线性动力系统：

$$x_{k+1} = f(x_k, \mu) \tag{3.7}$$

式中，$x_k \in R^n$，$k \in Z$，$\mu \in R$ 为分岔参数，参数 μ 变化时，系统（3.7）发生倍周期分岔，直至混沌。对系统采用如下参数调节和状态反馈控制策略：

$$x_{k+1} = \alpha f^{(m)}(x_k, \mu) + (1-\alpha) x_k \tag{3.8}$$

式中，$0 < \alpha < 1$，m 为正整数，$f^{(m)}$ 是映射 f 的 m 次复合函数。受控系统（3.8）与原系统有相同的 m 周期轨道。特别地，当 $\alpha = 1$ 时，受控系统退化为原系统。

进一步分析系统的控制方式，当 m = 1（控制不动点）时，每一步迭代都加入控制，即采用连续控制方式。当 m > 1 时，由于 f（x_k，μ）每经过 m 次迭代才加入一次控制，即采用脉冲方式。考虑 m = 1 的稳定性控制条件，对于原系统（3.7），不动点处的线性化矩阵为：

$$J_1 = \frac{\partial f(x_k, \mu)}{\partial x_k} \bigg|_{x_k = x^*} \tag{3.9}$$

不动点 x^* 稳定的条件为 J_1 的所有特征值 $|\lambda_i| < 1$（i = 1，2，…，n），可以得到不动点 x^* 稳定时参数 μ 的取值范围。受控系统（3.8）在不动点 x^* 处的线性化矩阵为：

$$J_2 = \alpha \frac{\partial f(x_k, \mu)}{\partial x_k} + (1-\alpha) \bigg|_{x_k = x^*} \tag{3.10}$$

由于 J_2 中引入了调节参数 α，只要选择适当的 α 值，就可以确保即使在不动点 x^* 失稳的 μ 值范围内，也可满足 J_2 的所有特征值 $|\lambda_i| < 1$(i = 1，2，…，n)，从而使不动点在更大的参数范围内保持稳定，此时延迟分岔和混沌现象的发生。

第四节 博弈理论

博弈论,又称对策论,研究决策主体行为存在相互作用时,行为主体如何利用所掌握的信息进行决策,以及这种决策的均衡问题,反映了博弈局中人的行动及相互作用之间的冲突、竞争、协调与合作关系。博弈论的基本概念包括参与者、行为目标、信息、行为、支付函数、均衡和博弈结果。

博弈论是研究多人决策问题的理论,但又不同于一般的决策论,博弈强调决策主体间策略选择的相互制约性,体现了合作与冲突的对立统一关系,20 世纪 80 年代以来,尤其是 1994 年诺贝尔经济学奖授予三位博弈论专家以后,博弈论取得了飞速发展,广泛应用到许多研究领域,现在已发展成为经济学的重要组成部分。

一 博弈论概述

(一)博弈和博弈论

(1)博弈。又被称为对策、游戏或竞赛,是指一些个人或单位在"策略相互依存"情形下相互作用、相互影响的一种状态。也就是说,在博弈情景下,每个人的效用(或利益)不仅取决于他自身的行为,而且也取决于其他人的行为。简言之,个人所采取的最优策略取决于他对其他人所采取的策略预期。

(2)博弈论。博弈论是研究博弈情景下博弈参与者的理性选择行为的理论;或者说,它是关于竞争者如何根据环境和竞争对手的情况变化,采取最优策略和行为的理论。博弈论既可以用于研究相互依存的企业之间的竞争与合作行为,也可以用于研究政治、谈判及战争等对抗行为。

(二)博弈的基本构成及其表述形式

博弈问题是建立在个体行为理性基础上的非合作博弈。

个体行为理性是指个体行为始终都是以实现自身的最大利益为唯一目标,除非为了实现自身最大利益的需要,否则不会考虑其他个体或社会的利益这样一种决策原则。

非合作博弈是指在各博弈方之间不能存在任何有约束力的协议，也就是说，各博弈方不能公然串通、共谋的博弈问题。

（1）博弈的基本构成要素。包括：

①博弈的参与者，或简称为博弈方；

②博弈各方可供选择的全部策略或行为的集合；

③进行博弈的次序；

④各个博弈方的得益。

（2）博弈的表述形式。

①博弈策略型表述。在博弈策略型表述中，所有参与者都选择各自的策略，所有参与者选择的策略一起决定每个参与者的支付。这种表达方式通常用于静态博弈的情况，有时也会表达动态博弈。一般情况下，策略型表述会给出：

a. 博弈的参与者集合：$i = 1, 2, \cdots, n$；

b. 每个博弈参与者的策略集合：S_i，$i = 1, 2, \cdots, n$；

c. 每个参与者的支付函数：$u_i(s_1, s_2, \cdots, s_n)$，$i = 1, 2, \cdots, n$。

用 $G = \{S_1, \cdots, S_n; u_1, \cdots, u_n\}$ 代表一个策略型（标准型）博弈。

当博弈的参与者人数和每个参与者的战略空间均为有限时，博弈被称为有限博弈。

举例：囚徒困境博弈的矩阵表述。

		囚徒 B	
		坦白	抵赖
囚徒 A	坦白	−5, −5	0, −8
	抵赖	−8, 0	−1, −1

图 3−5　囚徒困境博弈的矩阵表述

图 3-5 表达的是两个囚徒 A 和囚徒 B 的支付矩阵，刻画了处于困境的两个博弈参与者（囚徒 A 和囚徒 B）在采取不同策略（坦白和抵赖）情况下的得益情况。图中有四个方格，每个方格中的两个数字中前面的数字表示囚徒 A 可能的得益，后面的数字表示囚徒 B 可能的得益。

②博弈的扩展型表述。在博弈的扩展型表述中，策略对应于参与者的"相机行动规则"，即博弈参与者的行动有先有后，这就要求各个博弈方见机行事，依据博弈顺序，在什么情况下选择什么行动。这种表述方式主要用来分析动态博弈的情况。博弈的扩展型表述包括如下要素：

a. 参与者集合：i = 1, 2, …, n，有时为分析的需要可用 N 代表"自然"这一虚拟的参与者；

b. 参与者的行动顺序：谁先行动，谁后行动；

c. 参与者的行动空间：在每次行动时，参与者有些什么行为选择；

d. 参与者的"信息集"：每次行动时，参与者知道些什么；

e. 参与者的支付函数：在行动结束时，每个参与者得到些什么（支付是所有参与者行动的函数）；

f. 外生事件（即"自然"的选择）的概率分布。

一般用"博弈树"表达 n 人有限策略博弈的扩展型表述。

举例：两人猜硬币的博弈树。

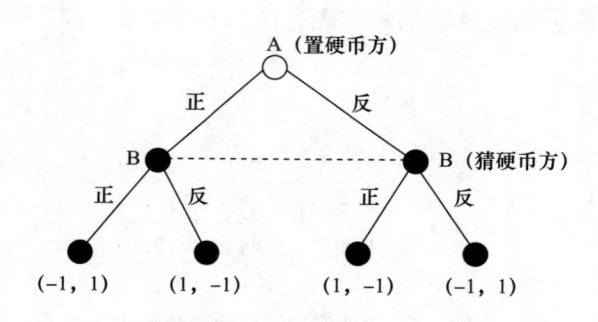

图 3-6 猜硬币博弈

图 3-6 反映了这个猜硬币博弈中 A 和 B 两人先后进行的策略及其结果的情况。两个人 A 和 B 通过猜硬币的正反面来赌输赢，其中一人（如 A）先用手盖住一枚硬币，然后让另一个人（如 B）猜是正面还是反面，若猜对了，猜者赢 1 元，执硬币者输 1 元；否则，猜者输 1 元，执硬币者赢 1 元。

二 纳什均衡及其精练

（一）博弈的分类

（1）按参与者行动的先后顺序，将博弈分为静态博弈和动态博弈。

①静态博弈指的是博弈中参与者同时行动，或他们虽非同时行动，但后行动者并不知道先行动者具体采取了什么行动；

②动态博弈是指参与者的行动有先后顺序，且后行动者能观察到先行动者的行动选择。

表 3-1　　　　　　　　博弈的分类及对应的均衡概念

信息＼行动顺序	静态博弈	动态博弈
完全信息	完全信息静态博弈纳什均衡（纳什，1950，1951）	完全信息动态博弈，子博弈精练纳什均衡（泽尔滕，1965）
不完全信息	不完全信息静态博弈贝叶斯纳什均衡（豪尔绍尼，1967—1968）	不完全信息动态博弈精练贝叶斯纳什均衡（泽尔滕，1975；Kreps 和 Wilson，1982；Fudercberg 和 rirole，1991）

（2）按参与者对有关其他参与者的特征、战略空间及支付函数等方面的信息的了解情况（知识），将博弈分为完全信息博弈和不完全信息博弈。完全信息博弈指的是每一个参与者对所有其他参与者的特征、战略空间及支付函数都有准确的知识，否则就是不完全信息博弈。

（二）囚徒困境与纳什均衡

1. 囚徒困境与占优策略均衡

（1）囚徒困境。囚徒困境博弈是一种典型的非零和非合作博弈。

博弈模型的假设条件是：两个犯罪嫌疑人共同作案后被警察抓住，分别隔离审讯。警察告诉他们：如果两人都坦白，各判刑 5 年；如果两人都抵赖，因证据不足而各判刑 1 年；如果其中一人坦白、另一人抵赖，坦白者释放，抵赖者判刑 8 年。这样，每个囚徒都有两个选择：坦白或抵赖，但两人是在不知道对方做何选择的情况下做出自己的选择的，其矩阵型博弈表述参见图 3-5。

囚徒困境博弈有一个占优策略均衡（坦白，坦白）。但是，如果两人都是选择不坦白（合作），则都可以获得最好的结局。囚徒困境的占优策略均衡反映了一个矛盾：个人理性与集体理性的矛盾，这就是"困境"。

（2）占优策略均衡。占优策略是指不管其他参与者采取什么策略，每一个参与者都有一个最优策略的选择。占优策略均衡是指在一个博弈中，如果所有参与者都有占优策略，那么，所有参与者的占优策略组合便是该博弈的唯一均衡。

2. 纳什均衡的含义

任何一个博弈方都不愿或不会单独改变自己的策略，否则，会使自己遭到损失。这种各博弈方都不愿意单独改变策略的占优策略组合就是纳什均衡。

纳什均衡的两个特征：①在该策略组合中，每个参与者的策略都是给定其他参与者策略的情况下的最佳反应。②该策略具有自我实施的功能。即在实现均衡时，没有一个参与者可以通过单方面改变自己的策略而提高自己的支付。也就是说，没有人愿意偏离均衡。

纳什均衡的严格定义：在博弈 $G = \{S_1, \cdots, S_n; u_1, \cdots, u_n\}$ 中，如果策略组合 $\{s_1^*, s_2^*, \cdots, s_n^*\}$ 中任一个参与者 i 的策略 s_i^* 都是对其余参与者的策略组合 $\{s_1^*, s_2^*, \cdots, s_{i-1}^*, s_{i+1}^*, \cdots, s_n^*\}$ 的最优策略，即：

$$u_i\{s_1^*, s_2^*, \cdots, s_{i-1}^*, s_i^*, s_{i+1}^*, \cdots, s_n^*\} \geq u_i\{s_1^*, s_2^*, \cdots, s_{i-1}^*, s_i, s_{i+1}^*, \cdots, s_n^*\}$$

那么，策略组合 $s^* = \{s_1^*, s_2^*, \cdots, s_{i-1}^*, s_i^*, s_{i+1}^*, \cdots, s_n^*\}$ 就是一个纳什均衡。

3. 有关纳什均衡的进一步理解

（1）纳什均衡是解决所有博弈问题的最一般的概念。

（2）每一个占优策略均衡一定是纳什均衡，但并非每一个纳什均衡都是占优战略均衡。

（3）纳什均衡是所有博弈参与者的"一致性"预测。

"一致性"预测是指如果所有参与者都预测一个特定的博弈结果会出现，那么没有哪个参与者有偏离这个预测结果的愿望，因此，这个预测结果最终真会成为博弈的结果。

正是由于纳什均衡是一致预测，才进一步有下列性质：

①各博弈方可以预测它，可以预测他们的对手会预测它，还可以预测他们的对手会预测自己会预测它……因而，这是一种公共知识。

②如果预测到任何非纳什均衡策略组合将是博弈的最终结果，那么意味着要么各博弈方的预测其实并不相同（预测不同的纳什均衡会出现），要么预测至少一个博弈方要"犯错误"。

③纳什均衡具有"一致性"的预测能力保证了博弈分析理论的价值和重要性。预测是博弈分析最基本的目的之一。

4. 纳什均衡的确定

对于一个简单的二人同时博弈，可以用一个以二元数组为元素的支付矩阵来表示，并用条件策略下画线法来确定它的纳什均衡。具体步骤如下：

（1）把整个博弈的支付矩阵分解为两个参与者的支付矩阵。

（2）在第一个（位于整个博弈矩阵左方的）参与者的支付矩阵中，找出每一列的最大者，并在其下面画线。

（3）在第二个（位于整个博弈矩阵上方的）参与者的支付矩阵中，找出每一行的最大者，并在其下面画线。

（4）将已经画好线的两个参与者的支付矩阵再合并起来，得到带有下划线的整个博弈的支付矩阵。

（5）在带有下划线的整个支付矩阵中，找到两个数字之下均画有线的支付组合。那么，由该支付组合代表的策略组合就是博弈的纳什均衡。

（三）混合策略及其纳什均衡

1. 混合策略

混合策略，是指双方都按照概率随机选择策略，博弈方的决策内容不是确定性的具体策略，而是在一些策略中随机选择的概率分布。

2. 混合博弈情况下的决策原则

（1）博弈参与者之间互相不让对方知道或猜到自己的选择，因而必须在决策时利用随机性来选择策略，避免任何有规律性的选择。

（2）选择每种策略的概率一定要恰好使对方无机可乘，即让对方无法通过有针对性地倾向于某一种策略而在博弈中占上风。

3. 混合策略纳什均衡

混合策略纳什均衡是这样一种均衡：在这种均衡下，给定其他参与者的策略选择概率，每个参与者都为自己确定了选择每一种策略的最优概率，各参与者都不想要单独偏离它。

三　子博弈精练纳什均衡

在动态博弈中，由于博弈中参与者的行动有先有后，后行动者又能观察到先行动者的行为，承诺与威胁是否可信就构成动态博弈的中心问题之一。同时，动态博弈存在着子博弈，即从某一阶段以后直至博弈结束的参与者的一系列对策与行动的整个博弈过程。这些问题的存在使预测博弈中参与者的行为很困难。

1965年，泽尔滕在分析了纳什均衡存在的缺陷之后，在动态博弈的背景下，探讨了合理纳什均衡和不合理纳什均衡的分离问题，明确提出子博弈精练纳什均衡，并发展了求解动态博弈问题的重要方法——倒推归纳法。子博弈精练纳什均衡也是完全信息动态博弈的基本"解概念"。

1. 动态博弈的表述形式：扩展式博弈与子博弈

扩展式博弈的表达形式——博弈树。博弈树向人们展示了动态博弈中博弈参与者的行动、选择这些行动的先后次序以及做出决策时参与者所拥有的信息集。博弈树由结与枝组成。

（1）结：某参与者的决策点，并称该点属于在该点行动的参与者。初始结是整个动态博弈的出发点，终点结表示博弈的结束。

(2) 枝：参与者可能的行动。

2. 子博弈

子博弈是指能够自成一个博弈的某个动态博弈从其某个阶段开始的后续阶段，它必须有一个初始信息集，且具有进行博弈所需要的各种信息。

3. 子博弈必须满足的条件

(1) 一个子博弈必须从一个单结信息集开始，这一点意味着，当且仅当决策者在原博弈中确切地知道博弈进入一个特定的决策结时，该决策结才能作为一个于子弈的初始结，而在包含两个以上决策结的信息集中，任何一个决策结都不能作为子博弈的初始结。

(2) 子博弈的信息集和得益向量都直接继承自原博弈，子博弈不能分割原博弈的信息集。

在图 3-7 表达的博弈中，有原博弈本身和以 x、x′为初始结的子博弈三个子博弈。

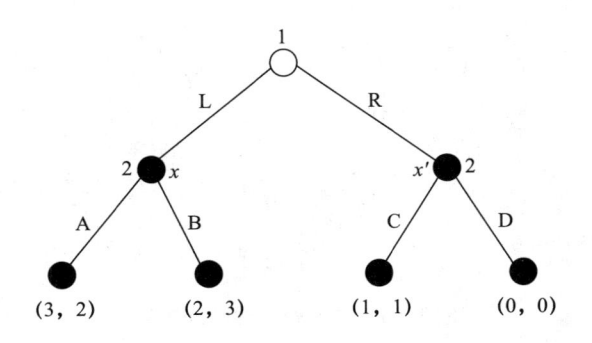

图 3-7 完全信息的扩展型博弈

（一）子博弈精练纳什均衡

1. 子博弈精练纳什均衡的概念

对扩展型博弈的策略组合 $s^* = (s_1^*, \cdots, s_n^*)$，如果：

(1) 它是原博弈的纳什均衡；

(2) 它在原博弈的每个子博弈上也构成纳什均衡，

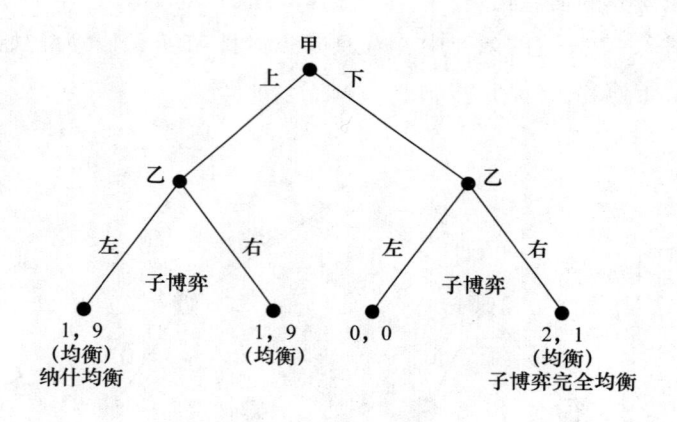

那么，它就是原博弈的一个子博弈精练纳什均衡。子博弈精练纳什均衡只是纳什均衡的一个"子集"，它消除了纳什均衡中含有不可置信"威胁"的那部分策略组合。

2. 子博弈精练纳什均衡的举例分析

图 3-8 描述的是甲、乙两个博弈参与者的动态博弈情况。甲先行动，乙后行动。该博弈很有两个纳什均衡：（上，左）和（下，右）。如果甲选择"上"，这就意味着甲有效地选择了一个子博弈。在这个子博弈中，只有乙保持移动，乙的两个策略"左"和"右"无差异。所以，甲选择"上"的结果，是甲获得 1 个单位的收益。如果甲选择了"下"，那么乙的最优选择是"右"，它给甲带来 2 个单位的收益。这说明甲选择"下"的结果是，获得 2 个单位的收益。

```
                    甲
                上／  ＼下
                 乙      乙
              左／ ＼右 左／ ＼右
               子博弈      子博弈
              1,9   1,9   0,0   2,1
             （均衡）（均衡）      （均衡）
             纳什均衡              子博弈完全均衡
```

图 3-8 子博弈精练纳什均衡

可见，甲选择"下"要比选择"上"要更好一些。因此，对于这个博弈来说，合理的均衡是（下，右），即选择精练纳什均衡。不仅如此，均衡（下，右）还具有这样的性质：乙选择"右"是每一个子博弈中乙的最优选择。所以，（下，右）是子博弈精练纳什均衡。

（二）动态博弈中威胁与承诺的可信性问题

1. 可信的承诺和威胁：开金矿博弈

开金矿博弈模型的假设是：甲在开采一个价值 4 万元的金矿时，

缺 1 万元资金，而乙正好有 1 万元资金可以投资。甲希望乙能将 1 万元资金借给自己用于开矿，并许诺采到金子后与乙对半分成。于是乙最需要关心的就是甲采到金子后是否会履行诺言。因此，可用图 3-9 中的扩展型来表示这个博弈。

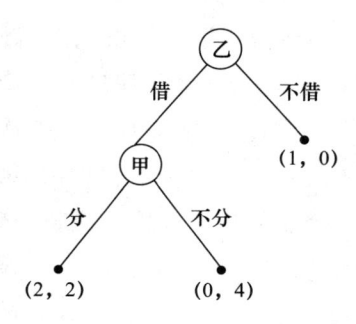

图 3-9 开金矿博弈：不可信承诺

（1）如果博弈方都是唯一的以自己的利益为追求目标，那么对乙来说，甲有一个不可信的、肯定不会信守的许诺。

（2）如果乙在甲违约时可用法律的武器来保护自己的利益（增加一些对甲的行为的制约），甲分钱的承诺就会变成可信的、会信守的许诺。如图 3-10 中扩展型所示的两博弈方之间的三阶段动态博弈。

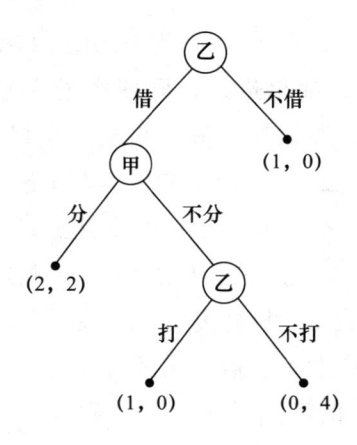

图 3-10 开金矿博弈：可信的承诺和威胁

从本博弈的分析可以看出,在一个个体都有私心、都只注重自身利益的社会中,完善公正的法律制度不但能保障社会的公平,而且还能提高社会经济活动的效率,是实现最有效率的社会分工合作的重要保障。

2. 不可置信的威胁:市场进入与阻挠博弈

当某个企业先行开拓或占领了某个市场以后,其他企业眼红前者在该市场所获得的丰厚利润,也会随后跟进,与前者抢夺市场、分享利润。而后来者往往会受到先来者降价或者其他手段的威胁,当然,对后来者打击排挤的不合作态度会使先占领市场的企业也付出相当的代价,面对先占领市场企业的打击排挤的威胁,后来者所做出的抉择可用图 3-11 说明。

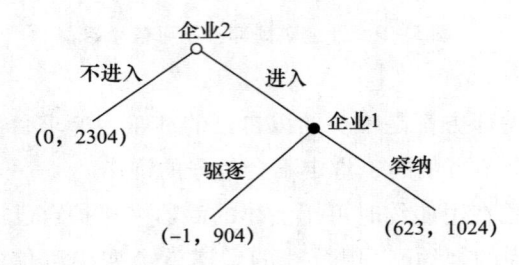

图 3-11 市场进入与阻挠博弈:不可置信的威胁

在博弈的第一阶段,企业 2 考虑是否进入,如果不进入,博弈结束,支付(0,2304);如果进入,则博弈进入第二阶段。在第二阶段,如果驱逐进入者,则发生一场价格战,支付为(-1,904),如果容纳,支付则为(623,1024)。在位企业 1 期望作为进入者的企业 2 相信它的威胁并选择不进入,从而保住自己的垄断地位。企业 2 只要稍有一些博弈论的知识,它就会发现,企业 1 的威胁是不可置信的,因为这个威胁不满足子博弈完美均衡的条件。一旦企业 2 果真进入了,为了驱逐它,企业 1 也得付出代价,因此,企业 1 的理性选择是容纳它。因为 1024 的利润总比 904 的利润好。在这个博弈中,唯一的子博弈精炼均衡是(进入,容纳),即进入者进入该市场,在位企业接受这一事实。

（三）倒退归纳法

对于有限完美信息博弈，由于其每个决策结都是一个单独的信息集，因而每一个决策结都是一个子博弈的初始结。这样，就可以采用倒推归纳法，从最后一个子博弈开始，逐步向前求解各个子博弈的纳什均衡，直到达到原博弈，那么，最后这一步得到的纳什均衡，就是该博弈的子博弈精练纳什均衡。

四 重复博弈

（一）重复博弈的定义

重复博弈实际上就是某些博弈多次（两次以上、有限次或无限次）重复进行构成的博弈过程。由于重复博弈不是一次性选择，而是分阶段的、有先后次序的一个动态选择过程，因此，它属于动态博弈的范畴。

（二）重复博弈的分类

如果重复的次数是有限的，即经过一定次数的重复以后重复博弈过程就会结束，就称为有限次重复博弈。也有许多重复博弈问题不是一定次数重复以后就会结束，而是似乎会永远重复下去，这样的重复博弈称为无限次重复博弈。

（三）重复博弈和一次性博弈的区别

由于有一个长期利益存在，博弈方不能像在一次性静态博弈中那样毫不顾及其他博弈方的利益。有时候，一方做出一种合作的姿态，可能会使其他博弈方在今后的阶段也采取合作的态度，重复博弈具有一次性博弈中往往不可能存在合作的可能性，因而会实现比一次性静态博弈更有效率的均衡。重复博弈常常不只是构成它们的一次性博弈的简单重复。

（四）重复博弈：双寡头企业之间价格博弈

显然，上述矩阵式表述的双寡企业之间的价格博弈也是一个"囚徒困境"的范例。如果该博弈只进行一次的话，则（低价，低价）是其唯一的纯纳什均衡解。如果两企业之间进行合作，都采取高价的策略，则它们各自可以得到 50 的利润，这是一个符合效率原则的合作解（见图 3-12）。实现这种合作解的条件有三个：

		企业 2	
		低价	高价
企业 1	低价	10, 10	100, -50
	高价	-50, 100	50, 50

图 3-12 双寡头企业之间的价格博弈

（1）该种博弈要重复无数次，或至少在博弈方有限的存续期间看不到该博弈结束的时间。

（2）博弈参与者在博弈中都采取一种"触发"式策略，该种策略的含义是：刚开始博弈双方都采取"合作"（高价）策略；在以后的竞争中，只要对方采取"合作"（高价）策略，另一方也会一直采取"合作"（高价）策略来应对；直到有一天发现对方偷偷地实施了"不合作"（低价）策略，便也会转而一直采取"不合作"（低价）策略。有时也把这种策略称为"冷酷"策略。

（3）博弈期间的贴现系数 δ 要足够大。这里，$\delta = \dfrac{1}{1+r}$，其中，r 为一个时期内的市场利率。贴现系数通常用来反映重复博弈后一个阶段得益的折算系数或前一阶段得益的贴现系数。因此，若 δ 足够大，即表示将来阶段的得益经贴现之后还比较大，说明以后的活动还是有利可图的。这也隐含着人们在进行重复博弈时要有耐心。不要只顾眼前利益，要有长远打算。

第五节 寡头博弈

一 寡头垄断市场

（一）市场的分类

什么是市场？市场是指从事物品买卖的交易场所或接洽点。一个市场既可以是一个有形的买卖物品的交易场所，也可以是利用现代化通信工具进行物品交易的接洽点。从本质上讲，市场是物品买卖双方相互作用并得以决定其交易价格和交易数量的一种组织形式或制度安排。

任何一种交易物品都有一个市场。经济中有多少种交易物品，相应地就有多少个市场。例如，石油市场、土地市场、大米市场、自行车市场、铅笔市场等。我们可以把经济中所有可交易的物品分为生产要素和商品两类，相应地，经济中所有的市场也可以分为生产要素市场和商品市场这两类。我们这里要研究的是商品市场。

在经济分析中，根据不同的市场结构特征，将市场划分为完全竞争市场、垄断竞争市场、寡头市场和垄断市场四种类型。决定市场类型划分的主要因素有以下四个：第一，市场上企业的数目；第二，企业所生产的产品差异程度；第三，单个企业对市场价格的控制程度；第四，企业进入或退出一个行业的难易程度。其中，可以认为，第一个因素和第二个因素是最基本的决定因素。在以后的分析中，我们可以体会到，第三个因素是第一个因素和第二个因素的必然结果，第四个因素是第一个因素的延伸。关于完全竞争市场、垄断竞争市场、寡头市场和垄断市场的划分及其相应的特征可以概括如表 3-2 所示。

表 3-2　　　　　　　　市场类型的划分和特征

市场类型	企业数目	产品差别程度	对价格控制程度	进出一个行业的难易程度	接近哪种商品市场
完全竞争	很多	完全无差别	没有	很容易	一些农产品
垄断竞争	很多	有差别	有一些	比较容易	一些轻工用品、零售业
寡头	几个	有差别或无差别	相当程度	比较困难	钢、汽车、石油
垄断	唯一	唯一的产品，且无相近的替代品	很大程度，但经常受到管制	很困难，几乎不可能	公用事业，如水、电

（二）寡头垄断市场的特征

寡头垄断市场又称为寡头市场。它是指少数几个企业控制整个市场的产品生产和销售这样一种市场组织。寡头市场被认为是一种较为普遍的市场组织。西方国家中不少行业都表现出寡头垄断的特点，例如，美国的汽车业、电气设备业、罐头行业等，都被少数几家企业所控制。

形成寡头市场的主要原因可以有三个：一是某些产品的生产必须在相当大的生产规模上运行才能达到最好的经济效益；二是行业中少数几家企业对生产所需的基本生产资源供给的控制；三是政府的扶植和支持等。由此可见，寡头市场的成因和垄断市场是很相似的，只是在程度上有所差别而已。寡头市场是比较接近垄断市场的一种市场组织。

寡头行业可按不同方式分类。根据产品特征，可以分为纯粹寡头行业和差别寡头行业两类。在纯粹寡头行业中，企业之间生产的产品没有差别。例如，可以将钢铁、水泥等行业看成是纯粹的寡头行业。在差别寡头行业中，企业之间生产的产品是有差别的。例如，可以将汽车、冰箱等行业看成是差别寡头行业。此外，寡头行业还可按企业的行为方式，区分为有勾结行为的（合作的）和独立行动的（不合作的）不同类型。

寡头市场的价格和产量决定是一个很复杂的问题。其主要原因在于：在寡头市场上，每个企业的产量都在全行业的总产量中占有较大的份额，从而每个企业的产量和价格变动都会对其他竞争对手以及整个行业的产量和价格产生举足轻重的影响。正因为如此，每个寡头企业在采取某项行动之前，必须首先要推测或掌握自己的行动对其他企业的影响以及其他企业可能做出的反应，然后，才能在考虑到这些反应方式的前提下采取最有利的行动。所以，每个寡头企业的利润都要受到行业中所有企业决策的相互作用的影响。寡头企业的行为之间这种相互影响的复杂关系，使寡头理论复杂化。一般来说，不知道竞争对手之间的反应方式，就无法建立寡头企业的模型。或者说，有多少关于竞争对手相互之间的反应方式的假定，就有多少寡头企业的模型，就可以得到多少不同的结果。因此，在西方经济学中，还没有一个寡头市场模型，可以对寡头市场的价格和产量决定做出一般的理论总结。

二 经典的寡头博弈模型

(一) 古诺模型

1. 古诺静态博弈

古诺模型由法国经济学家奥古斯汀·古诺（Augustin Cournot，1838）首先提出的，其基本假设有以下五个：

（1）两个寡头，生产同质产品，追求利润最大化；

（2）同时做产量决策，进行数量竞争而不是价格竞争，产品的价格依赖于总产量；

（3）无共谋行为；

（4）每个生产者将对方的产出水平视为既定，并依此确定自己的产量；

（5）假定边际成本为常数。

在博弈论看来，古诺模型是一种同时行动的非合作博弈，它可以用标准或者策略的形式写成一个三元组合 $(N, [0, \bar{q}] \times [0, \bar{q}], \pi)$。其中，N 参与者集合，$N = (1, 2)$，$[0, \bar{q}] \times [0, \bar{q}]$ 是策略空间，$\pi = (\pi_1, \pi_2)$ 是利润函数的向量。

每个企业都了解自己的策略集和其竞争者的策略集，每个企业都知道两个企业同时行动，并知道另一企业也是如此。每个企业都寻求自身利润最大化，并知道另一个企业同时也这么做。总之，两者都知道博弈的结构。

古诺均衡是有一次性博弈的纳什均衡定义，即如果

$\pi_1(q_1^c, q_2^c) \geq \pi_1(q_1, q_2^c)$，$\forall q_1 \in Q$

$\pi_2(q_1^c, q_2^c) \geq \pi_2(q_1^c, q_2)$，$\forall q_2 \in Q$

则 (q_1^c, q_2^c) 是一种均衡。在其他企业的均衡产量给定的情况下，每个企业的纳什均衡产量都将使其利润最大化。

记第 i 个企业的产量为 q_i（$i = 1、2$），设双寡头市场的反需求函数为：

(q_1^*, q_2^*) 是纳什均衡产量，令：

$$\frac{\partial \pi_1}{\partial q_1}=0, \frac{\partial \pi_2}{\partial q_1}=0$$

上述两个一阶条件分别定义了两个反函数：

$$q_1^* = R_1(q_2), \quad q_2^* = R_2(q_1)$$

两个反函数的交叉点就是纳什均衡。

而利润最大化的二阶充分条件为 $\frac{\partial^2 \pi_i}{\partial q_i} < 0$，对于线性反需求函数和恒定边际成本，可以满足第一、第二阶条件，假设 $p = a - b(q_1 + q_2)$，边际成本为 c，可得纳什均衡为 $q_1^* = q_2^* = \frac{a-c}{3b}$，每个企业的纳什均衡利润分别为：

$$\pi_1(q_1^*, q_2^*) = \pi_2(q_1^*, q_2^*) = \frac{(a-c)^2}{9b}$$

而垄断企业的问题是：

$$\underset{Q}{\text{Max}}\, \pi = Q(a - Q - c)$$

那么，容易算出，垄断企业的最优产量为：$Q^* = \frac{a-c}{2b} < q_1^* + q_2^* = \frac{2(a-c)}{3b}$；垄断利润为：$\pi^m = \frac{(a-c)^2}{4b} > \frac{2(a-c)^2}{9b}$。

2. 动态博弈

古诺寡头博弈是纯寡头、非合作、产量竞争，在古诺完全信息静态博弈中，两个寡头同时做决定，每个寡头都没有反应的余地，这可以近似地描述实力相当的寡头行为，但在描述实力悬殊的寡头行为时却不够现实。于是，斯坦克尔伯格创立了一种先动优势模型。

寡头企业 1 是市场领先者，先做产量决策 q_1，寡头企业 2 是跟随者，根据寡头企业 1 的决策 q_1 来确定自己的产量水平 q_2。因此，这是一个完美信息动态博弈，企业 2 的战略应该是从 Q_1 到 Q_2 的一个函数，即 $s_2: Q_1 \to Q_2$ {这里，$Q_1 = [0, +\infty)$ 是企业 1 的产量空间，$Q_2 = [0, +\infty)$ 是企业 2 的产量空间}，而企业 1 的战略就是简单地选择 q_1；纯战略结构是产出向量 $[q_1, s_2(q_1)]$，市场需求与边际成本函数与古诺静态博弈相同，假设反需求函数为：$p(Q) = a - b(q_1 + $

q_2），为了便于和后面的重复博弈比较，取 b = 1，两个企业有相同的不变单位成本 c > 0，利润函数为：

$$\pi_i(q_1, q_2) = q_i[p(Q) - c], \quad i = 1, 2$$

使用逆向归纳法求解这个博弈的子博弈纳什均衡。首先考虑给定 q_1 的情况下，企业 2 的最优选择。企业 2 的问题是：

$$\underset{q_2 \geq 0}{\text{Max}} \pi_2(q_1, q_2) = q_2[a - Q - c]$$

最优化的一阶条件意味着：

$$s_2(q_1) = \frac{1}{2}(a - q_1 - c)$$

假定 $q_1 < a - c$。这实际上是古诺模型中企业 2 的反函数，不同的是，这里，$s_2(q_1)$ 是当企业 1 的选择是企业 2 的实际选择，而在古诺模型中，$s_2(q_1)$ 是企业 2 对于假设的最优反应。

因此，企业 1 预测到企业 2 将做出的选择，企业 1 在第一阶段的问题是：

$$\underset{q_1 \geq 0}{\text{Max}} \pi_1[q_1, s_2(q_1)] = q_1[a - q_1 - s_2(q_1) - c]$$

解一阶条件得：

$$q_1^* = \frac{1}{2}(a - c)$$

将 q_1^* 代入 $s_2(q_1)$ 得：

$$q_2^* = s_2(q_1^*) = \frac{1}{4}(a - c)$$

这就是斯塔克尔伯格均衡结果。古诺模型 b = 1 时的纳什均衡是 $q_1^* = q_2^* = \frac{1}{3}(a-c)$，比较两个结果可知，斯塔克尔伯格均衡的总产量 $\frac{3}{4}(a-c)$，大于古诺均衡的总产量，但是，企业 1 的斯塔克尔伯格均衡产量大于古诺均衡产量 $\frac{2}{3}(a-c)$，而企业 2 的情况则相反。此时，企业 1 的利润大于古诺博弈中的利润，企业 2 的利润小于古诺博弈中的利润，这就是所谓的"先动优势"。

3. 重复博弈

有限次重复博弈每个阶段博弈出现时都是一次性博弈的均衡结

果。因此，我们考虑寡头市场上的重复博弈。根据前面的例子，古诺均衡产量是 $q_1^c = q_2^c = \frac{1}{3}(a-c)$，均衡利润是 $\pi_1(q_1^c, q_2^c) = \pi_2(q_1^c, q_2^c) = \frac{1}{9}(a-c)^2$；而垄断产量是 $q^M = \frac{1}{2}(a-c)$，垄断利润是 $\pi^M = \frac{1}{4}(a-c)^2$。如果两个企业在市场上只相遇一次，古诺均衡是唯一的纳什均衡。但是，如果博弈重复无限次，某种形式的默契合谋就可能作为结果出现。考虑冷酷战略：首先选择生产 $q^i = \frac{1}{2}q^M$；继续选择 $q^i = \frac{1}{2}q^M$ 直到有一个企业选择 $q^j \neq \frac{1}{2}q^M$；然后永远选择 q_i^c。也就是说，从合作开始，如果中途有任何企业出现非合作行为，转入生产古诺均衡产量，给定 j 企业坚持冷酷战略，如果企业 1 坚持合作，它每期的利润为 $\pi^M = \frac{1}{8}(a-c)^2$，如果企业 i 选择短期最优产量 $q_i = \frac{3}{8}(a-c)$，当期利润是 $\pi_i^d = \frac{9}{64}(a-c)^2 > \frac{1}{8}(a-c)^2$，但是，随后阶段的利润流量为 $\pi_i^c = \frac{1}{9}(a-c)^2 < \frac{1}{8}(a-c)^2$。因此，如果下列条件满足，企业 i 就没有积极性偏离合作均衡：

$$\frac{1}{8}(a-c)^2 + \frac{\delta}{8}(a-c)^2 + \frac{\delta^2}{8}(a-c)^2 + \cdots \geq \frac{9}{64}(a-c)^2 + \frac{\delta}{9}(a-c)^2 + \frac{\delta^2}{9}(a-c)^2 + \cdots$$

解上述条件得：$\delta^* \geq \frac{9}{17}$。

如果 $\delta \geq \frac{9}{17}$，默契合作（合谋）就是一个精练均衡结果。

如果有 n 个寡头企业而不是两个企业，默契合作均衡要求：
$$\delta \geq \left(1 + \frac{4n}{(n+1)^2}\right)^{-1}$$

当 n→∞ 时，$\delta^* \to 1$。即企业越多，默契合作越困难。而且，任何介于古诺均衡产量和垄断均衡产量之间的产量都是冷酷战略均衡的一个特定结果。

4. 古诺模型的推广

古诺模型可以推广到市场中有两个以上企业的情形,所有企业出售相同的企业。假设有 n 家相同的企业,不存在新的市场进入者,每家企业具有相同的边际成本 c>0(后文如不做说明,都默认如此)。

$$C(q_i) = cq_i, \quad i=1,\cdots,n \tag{3.11}$$

企业在同一个市场内销售产品,因此,市场价格由市场中所有企业的总产出决定。令反市场需求函数是线性的:

$$p = a - b\sum_{i=1}^{n} q_i \tag{3.12}$$

其中,a>0,b>0,令 a>c,从式(3.11)和式(3.12)可知,企业 i 的利润为:

$$\prod_i(q_1,\cdots,q_n) = (a - b\sum_{k=1}^{n} q_k)q_i - cq_i \tag{3.13}$$

在给定其他企业的产出条件下,我们要找到一个使每个企业利润最大化的产出向量 $(\overline{q_1},\cdots,\overline{q_n})$,该向量被称为古诺—纳什均衡,这个命名是为了纪念经济学家古诺和纳什,前者最先为寡头问题找到了解,而后者将这个思想一般化了。

因此,如果 $(\overline{q_1},\cdots,\overline{q_n})$ 是一个古诺—纳什均衡,对于任意 $k \neq i$ 来说,当 $q_k = \overline{q_k}$ 时,式(3.13)关于 q_i 的导数必定为零,即:

$$a - 2b\overline{q_i} - b\sum_{k \neq i} \overline{q_k} - c = 0$$

该式又可以写成:

$$b\overline{q_i} = a - c - b\sum_{k=1}^{n} \overline{q_k} \tag{3.14}$$

注意:式(3.14)右边的部分与我们正在考虑的企业 i 是无关的,于是我们可以得出结论,所有企业的均衡产出都是相同的。用 $\overline{q}$ 表示这个相同的均衡产出,式(3.14)简化为 $b\overline{q} = a - c - nb\overline{q}$,求解得:

$$\overline{q} = \frac{a-c}{b(n+1)} \tag{3.15}$$

利用式(3.15)可以计算出一个完整的市场均衡值的集合,其中

包括企业的产出、总产出、市场价格、企业利润等,具体数值如下:

$$\bar{q}_i = (a-c)/b(n+1)$$

$$\sum_{i=1}^{n} \bar{q}_i = n(a-c)/b(n+1)$$

$$\bar{p} = a - n(a-c)/(n+1) < a$$

$$\bar{\Pi}_i = (a-c)^2/(n+1)^2 b$$

古诺寡头模型中的均衡包含一些有趣的特征,我们可以算出价格和边际成本的差:

$$\bar{p} - c = \frac{a-c}{n+1} > 0 \qquad (3.16)$$

从式(3.16)中可以看到,均衡价格明显大于每个企业的边际成本。当 n=1 时,这个企业就是市场上的一个完全垄断者,此时价格偏离边际成本的幅度最大。与之相对的另一个极端是 n→∞,根据式(3.16)可知:

$$\lim_{n \to \infty} (\bar{p} - c) = 0 \qquad (3.17)$$

式(3.17)告诉我们,随着竞争者数目的增加,价格会逐渐趋近于边际成本。实际上,如果有限数目的企业都像完全竞争者那样采取行动,那么这个极限的结果同我们得到的结果将是一致的。因此,这个简单的模型从另一个角度对完全竞争市场进行了解释。它向我们表明,可以把完全竞争市场看作不完全竞争市场的一种极端情形,其中企业的数目趋于无穷。

(二)伯特兰模型

伯特兰模型是由法国经济学家约瑟夫·伯特兰于 1883 年提出的一个竞争模型。它是分析寡头垄断市场上企业价格竞争的模型,这与古诺竞争模型是不同的。

古诺模型是把产量作为企业决策的变量,是一种产量竞争模型。实际上,在企业的实际竞争过程中,定价是企业决策的基本战略,每个企业所面临的消费者需求的大小往往取决于其定价。特别是当市场上企业的数量较少时,企业在定价策略上的差异对企业产品需求的影响更为明显。因此,伯特兰模型对于研究寡头垄断企业的价格竞争行为的特征及其影响具有重要作用。

1. 生产同质产品的伯特兰竞争模型

假定市场上只有两个企业：企业1和企业2，双方同时定价，它们生产的产品完全相同（同质），寡头企业的成本函数也完全相同：生产的边际成本等于单位成本c，且假设不存在固定成本。市场需求函数D(p)是线性函数，相互之间没有任何正式的或非正式的串谋行为。

由于两个寡头垄断企业生产的产品同质，因而具有完全的替代性，所以，两个企业中定价低者将获得所有需求，而定价高者将失去整个市场；如果两个企业定价相同，则他们将平分市场。

假如有企业1、企业2两个企业，若企业1的定价 P_1 低于企业2的定价 P_2，则企业1获得的需求 $D(P_1)$ 将是整个市场的需求，而企业2的市场需求则为零；若双方定价相同，$P_1 = P_2 = P$，则双方将平分市场，都将获得相当于整个市场需求量的一半，即 $\frac{1}{2}D(P)$。

在上述情况下，两个企业中每个企业的最优定价战略都取决于其对另一家企业定价的推测。

（1）假设企业1预计企业2的定价将高于垄断价格，那么企业1的最优战略是按照垄断水平定价，此时它将获得所有的需求和垄断利润（可能的最大利润）。

（2）假如企业1预计企业2的定价低于垄断水平，但高于边际成本，那么企业1的最优战略是定价略低于企业2，价格制定得偏高会导致零需求和零利润，而价格制定得略低将使企业1获得所有的需求，但利润要少一些。价格定得越低，所得利润就越少。

（3）假如企业1预计企业2的定价低于边际成本，那么企业1的最优选择是制定相当于边际成本的价格。

也就是说，当 $P_2 < MC$ 时，企业1选择价格 $P_1 = MC$；当 $MC < P_2 < P_m$（垄断价格）时，企业1选择略低于 P_2 的定价 P_1；当 $P_2 > P_m$ 时，企业1选择垄断价格 $P_1 = P_m$。

与古诺模型一样，上述最优定价过程是企业1对企业2选择的最优反应，用反应函数表示即是：企业 1 的最优反应函数 $P_1^*(P_2)$ 是指企业 1 针对企业 2 确定的每个价格而制定的最优价格；反之，企业 2 的最优反应函数 $P_2^*(P_1)$ 是指企业 2 针对企业 1 确定的每个价格而制定的最优价格。两个企业的反应函数及其纳什均衡水平如图 3 - 13 所示。

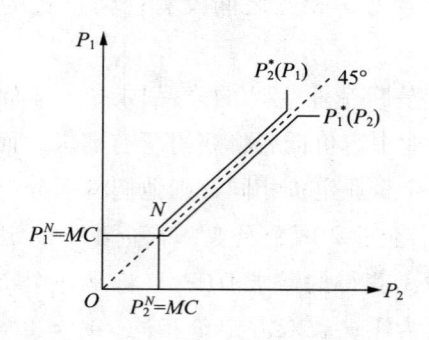

图 3 - 13 伯特兰竞争模型

在图 3 - 13 中，$P_1^*(P_2)$、$P_2^*(P_1)$ 分别是企业 1 和企业 2 的最优反应函数，两个坐标轴分别代表两个企业的策略选择。

由于企业 2 和企业 1 具有相同的边际成本，所以，它们的反应函数曲线形状相同，并且关于 45°线对称。两条反应曲线的交点 N 表示该博弈的纳什均衡点。

在这里，纳什均衡是一对价格战略的组合，此时没有哪个企业能通过单方面改变价格而获利。该均衡点 N 既是企业 1 的最优定价 $P_1 = P_1^*(P_2)$，又是企业 2 的最优定价 $P_2 = P_2^*(P_1)$。另外，这两个企业的最优定价都等于边际成本，即 $P_1^* = P_2^* = MC$。

通过以上分析可知，在两个企业产品同质且边际成本不变的条件下，伯特兰模型存在唯一的纳什均衡，这时两家企业的价格相同，且都等于边际成本，利润等于零（但仍获得正常利润）。

伯特兰悖论及其解释：伯特兰均衡说明，只要市场上有两个或两个以上生产同样产品的企业，则没有一个企业可以控制市场价格，获取垄断利润。

根据伯特兰模型的推导可知，超过边际成本的价格不是均衡价格。在该价格水平上，至少有一个企业存在以低于对手的价格出售其产品，从而获得所有市场需求的动机。而在现实市场上，企业之间的价格竞争往往并没有使均衡价格降低到等于边际成本的水平上，而是高于边际成本。对于大多数产业而言，即使只有两个竞争者，它们也能获得超额利润。这与伯特兰模型得出的结论是不一致的，这被称为"伯特兰悖论"。

对伯特兰悖论的解释，主要有三种理论：

（1）产品差别理论。伯特兰模型假定两个生产者生产并销售同质产品，是完全可以相互替代的，这会引发企业间的价格战，使价格趋于边际成本。但现实中，企业生产的产品是存在差异的，这种差异可以是多个方面。在双寡头垄断价格竞争中，如果企业销售的产品不同，那么，就没有必要像在伯特兰模型中所得到的那样把价格降到边际成本的水平，并且在这时，以低于竞争对手的价格出售产品并不能保证能够获得整个市场的需求。

（2）动态竞争理论。在伯特兰模型中假定企业只是在一个时期展开竞争，即只制定一次价格。实际上，削价往往会引起价格战。这样，当一家企业看到自己降价后会引起另一家企业更低定价的报复，这家企业未必还敢降价。即使真的降价，也并不能保证它能够获得整个市场需求，也许在短期内可能。由于伯特兰模型是静态的，故没有考虑企业价格战所造成的对企业定价的影响。一旦考虑了动态竞争因素，即使在企业制定相同价格和产品同质的情况下，仍存在高于边际成本的均衡价格。

（3）生产能力约束理论。这一解释最早是由埃奇沃斯（Edgeworth）提出来的。他在1897年发表的论文《关于垄断的纯粹理论》中指出，由于现实中企业的生产能力是有限的，所以，只要一个企业的全部生产能力可供量不能全部满足社会需求，则另一个企业对于尚未满足的那部分社会需求就可以收取超过边际成本的价格。而伯特兰模型的一个重要假定是企业没有生产能力约束。因此，模型的结论与现实存在一定的差异也就是自然的了。

2. 存在产品差别的伯特兰竞争模型

考虑两种有差别的产品，如果企业 1 和企业 2 分别选择价格 P_1 和 P_2，消费者对企业 i 的产品的需求为：$q_i(P_i, P_j) = a - P_i + bP_j$，其中，$b > 0$，即只限于企业 i 的产品为企业 j 产品的替代品的情况。

这里也假定企业生产没有固定成本，并且边际成本为常数 c，$c < a$，两个企业同时选择各自的价格。每个企业的战略空间可表示为所有非负实数 $S_i = [0, \infty)$，其中，企业 i 的一个典型战略 s_i 是所选择的价格 $P_i \geq 0$。

假定每个企业的收益函数等于其利润额，当企业 i 选择价格 P_i，其竞争对手选择价格 P_j 时，企业 i 的利润为：

$$\pi_i(P_i, P_j) = q_i(P_i, P_j)(P_i - c) = (a - P_i + bP_j)(P_i - c)$$

则价格组合 (P_1^*, P_2^*) 若是纳什均衡，则对每个企业 i，P_i^* 应是以下最优化问题的解：

$$\max_{0 \leq P_i \leq \infty} \pi_i(P_i, P_j^*) = \max_{0 \leq P_i \leq \infty}(a - P_i + bP_j^*)(P_i - c)$$

对企业 i 求此最优化问题的解为：

$$P_i^* = \frac{1}{2}(a + bP_j^* + c)$$

由上述分析可知，若价格组合 (P_1^*, P_2^*) 为纳什均衡，企业选择的价格应满足：

$$P_1^* = \frac{1}{2}(a + bP_2^* + c) \text{ 和 } P_2^* = \frac{1}{2}(a + bP_1^* + c)$$

联立以上两式，解得：

$$P_1^* = P_2^* = \frac{a + c}{2 - b}$$

(P_1^*, P_2^*) 即是伯特兰博弈的唯一纳什均衡，将 P_1^*、P_2^* 代入利润函数，即可得到均衡时两个企业的利润。

若有具体数字，代入上述各式，可得到具体的结果。

可以看到，伯特兰模型中的价格决策与古诺模型中的产量决策一样，其纳什均衡结果同样劣于各参与者通过协商、合谋所得到的结果。但与古诺产量均衡一样，伯特兰价格竞争中企业的合谋结果也是一种不稳定的状态,各参与者都存在偏离这种状态的动机。只有纳什均衡价格组合,才是一种稳定的状态,这时两个企业都不再有偏离这种状态的动机。类似于前动态寡头博弈模型,两个企业分别是领导者与跟随者,企业选择的是价格而不是产量,我们得到的就是"后动优势"。

三 斯塔克尔伯格模型

德国经济学家斯塔克尔伯格在 1934 年提出了一个双头垄断的动态模型,其中一个支配企业(领导者)首先行动,然后从属企业(跟随者)再行动。比如,在美国汽车产业发展史中的某些阶段,通用汽车就曾扮演过这种领导者的角色。作为追随者的企业,比如有福特、克莱斯勒等(作为跟随者的企业可以有多个)。在其他一些产业中,那些实力雄厚、具有核心开发能力、率先行动的企业就成为产业内的领导者,而那些规模较小的企业则只能在给定领导者产出水平和技术工艺的基础上,以跟随者的身份选择它们的最优产出。斯塔克尔伯格模型即是分析这类企业竞争关系的寡占模型。

(一)双寡头产量竞争的斯塔克尔博格模型

假定产业内只有两个企业。根据斯塔克尔伯格的假定,模型中的企业选择其产量,这一点与古诺模型是一致的。只是在古诺模型里,假定两个企业各自独立且同时做出关于产量的决策,然后由两个企业的产量之和 $Q(Q = q_1 + q_2)$ 来决定价格水平。而在斯塔克尔伯格模型中,产量的决策有先后顺序,起支配作用的是领导企业的产量决策。市场上的价格决定仍与古诺模型一样,即价格是由领导企业的产量 q_1 与追随者企业的产量 q_2 之和 $(q_1 + q_2)$ 与需求来共同决定,价格 $P = a - bQ$。

假定在斯塔克尔伯格模型中,设企业 1 为领导者,企业 2 为跟随者。领导者首先确定自己的产量,然后跟随者再根据领导者的产量水平确定自己的产量。很明显,领导者具有先动优势。由于存在先动优势,领导者企业自然会估计到自己做出的产量决策对追随者所产生的影响,以及追随企业的反应函数。这就是说,领导企业是在估计到追随企业的反应函数的基础上做出有利于自身利益极大化的产量决策的。

很明显,以上竞争是一个典型的完全信息动态博弈问题,需要采用逆向归纳法求解两个企业的产量决策,即先分析跟随企业的反应函数;然后再把这个反应函数纳入领导企业的决策过程中,得出领导企业的最优产量决策。

首先,计算企业 2 对企业 1 任意产量的最优反应。$R_2(q_1)$ 应满足:

$$\max_{q_2 \geq 0} \pi_2(q_1, q_2) = \max_{q_2 \geq 0} q_2(a - bq_1 - bq_2 - c) \tag{3.18}$$

由式(3.18)可得:

$$R_2(q_1) = \frac{a - bq_1 - c}{2b} \tag{3.19}$$

我们前面在分析同时行动的古诺模型时,得出的 $R_2(q_1)$ 与式(3.19)是完全一致的,两者的不同之处在于这里的 $R_2(q_1)$ 是企业 2 对企业 1 已观测到产量的真实反应,而在前面的古诺模型中,$R_2(q_1)$ 是企业 2 对假定的企业 1 的产量最优反应,且企业 1 的产量选择是和企业 2 同时做出的。

由于企业 1 也能够像企业 2 一样解出企业 2 的最优反应,企业 1 就可以预测到自己如果选择 q_1,企业 2 将根据 $R_2(q_1)$ 来选择产量。那么,在博弈的第一阶段,企业 1 的问题可表示为:

$$\max_{q_1 \geq 0} \pi_1[q_1, R_1(q_1)] = \max_{q_1 \geq 0} q_1[a - q_1 - R_2(q_1) - c]$$

$$= \max_{q_1 \geq 0} q_1 \frac{a - bq_1 - c}{2b} \tag{3.20}$$

由式(3.20)可得企业 1 最大利润时的产量:

$$q_1^* = \frac{a - c}{2b} \tag{3.21}$$

相对于这一产量,企业 2 的最优产量策略为:

$$R_2(q_1^*) = \frac{a - c}{4b} \tag{3.22}$$

式(3.22)即是斯塔克尔伯格双头垄断博弈的逆向归纳解。在古诺产量博弈的纳什均衡中,每一个企业的产量为 $(a-c)/3$,很明显，斯坦克尔伯格博弈中逆向归纳解的总产量 $3(a-c)/4$ 高于古诺博弈中纳什均衡的总产量 $2(a-c)/3$，从而斯坦克尔伯格博弈中相应的市场出清价格降低了，从而总利润水平下降。

在该模型中，企业 1 完全可以选择古诺均衡产量 $(a-c)/3$，这时企业 2 的最优反应同样是古诺均衡产量，也就是说，在斯塔克尔伯格模型中，企业 1 完全可以使利润水平达到古诺均衡的水平，但却选择了比古诺产量较大的产量 $(a-c)/2$。显然，企业 1 在斯塔克尔伯格博弈中的利润一定高于其在古诺博弈中的利润。而企业 1 利润的增加必定意味着企业 2 利润的恶化。

本博弈还存在其他纳什均衡，但只有以上均衡是子博弈精练纳什均衡。以上结果揭示了单人决策问题和多人决策问题的一个重要差别。在单人决策理论中，占有更多的信息，或者说具有信息优势绝不会对决策制定者带来不利的影响。然而，在动态博弈中，拥有信息优势的一方反而可能处于不利地位，当然，前提是竞争对手知道他拥有该信息，而他也知道竞争对手是知道其拥有该信息的，如此等等，也就是说，双方是完全理性的。

承诺的可信性问题。在该模型中，企业 2 之所以处于劣势，是因为它在决策前就已经知道了企业 1 的产量，或者是企业 1 故意让它知道，并且企业 1 首先生产出的产量起到一种可信承诺的作用。如果企业 1 先行动，但其不能够有效地让企业 2 知道或相信它的产量的真实水平，那就只能导致古诺竞争均衡，企业的先动优势也就不复存在。

(二) 多家企业的斯坦克尔伯格产量竞争模型

假设产业内有 n 个企业，不失一般性，令第一个企业为领导企业，第 i 个企业为 n-1 个跟随企业中的任意一个企业。市场价格 $p = a - bQ$，$Q = q_1 + q_2 + \cdots + q_n$，$Q_i^- = Q - q_1 - q_i$。与前面的分析一样，作为领导企业，其利润最大化目标将受到跟随企业最佳反应函数的限制，即：

$$\max \pi_i = (a - b\sum_{k=1}^{n} q_k)q_i - cq_i$$
$$q_i = R_i(q_1, q_i), \quad i = 2, 3, \cdots, n \tag{3.23}$$

依据逆向归纳法的求解法则，对式（3.23）求解跟随企业 i 的最优产出：

$$\frac{\partial \pi_i}{\partial q_i} = a - b(q_1 + q_2 + \cdots + q_n) - bq_i - c = 0$$

$$q_i = \frac{a-c}{2b} - \frac{Q_i^-}{2} - \frac{1}{2}q_1 \tag{3.24}$$

假定所有跟随企业都生产同样的产出 q，即 $q_i = q$，由式（3.24）可得出每一个跟随企业的最佳反应函数为：

$$q = \frac{a-c}{nb} - \frac{1}{n}q_1 \tag{3.25}$$

给定跟随企业的最佳反应函数式（3.25），领导企业利润极大化的一阶条件为：

$$\frac{\partial \pi_1}{\partial q_1} = 0, \quad 即\quad a - b\left[q_1 + (n-1)\left(\frac{a-c}{nb} - \frac{q_1}{n}\right)\right] - c - q_1 b\left(1 - \frac{n-1}{n}\right) = 0$$

由此可得：

$$q_1 = \frac{a-c}{2b} \tag{3.26}$$

将式（3.26）代入跟随企业的反应函数式（3.25），可得每一个跟随企业的产量：

$$q_i = q = \frac{a-c}{2nb}$$

于是，在斯塔克尔伯格模型中，产业的总产出为：

$$Q = \frac{a-c}{2b}\left(\frac{2n-1}{n}\right) \tag{3.27}$$

市场价格为 $p = \frac{a + (2n-1)c}{2n}$ \hfill (3.28)

由式（3.27）、式（3.28）可知，与古诺模型类似，在斯塔克尔伯格模型中，随着行业中企业数目的增多，价格和产量水平逐渐趋向竞争性水平。在其他条件不变时，市场中领导企业的市场份额越大，支配力越强，整个市场价格偏离边际成本的可能性就越高；但随着跟随企业的逐步增多，竞争性企业的供给也不断增多，就会导致领导企业的市场垄断力量减弱，市场价格下降，产业利润率降低。

四 产品差别化代表性需求模型

（一）鲍利模型

产品差异有多种形式。差别化产品的两个线性总需求模型被广泛应用于产业经济学中。其中一个源于鲍利（Bowley，1924）的研究，另一个源于苏比克和列维坦。两者都将线性反需求函数模型概括为：

$p = a - bQ$

这两种模型在相似的同时也有一个重要的区别。在鲍利的表述中，市场规模随着产品种类的增加而扩张；在后者的表述中，产品种类增加时市场规模则是固定的。

鲍利使用的是与下式等价的线性反需求函数：

$$p_1 = a - b(q_1 + \theta q_2), \quad p_2 = a - b(\theta q_1 + q_2) \tag{3.29}$$

式中，a 与 b 为正，$0 \leq \theta \leq 1$，θ 取负值时模型成为一个互补商品的需求模型。若 $\theta = 0$，则两个变量与需求无关；若 θ 越接近于 1，两个变量之间的替代性越强；当 $\theta = 1$ 时，即为完全替代。

通过转换反需求函数的方程式，可以得到鲍利模型所隐含的需求函数方程式：

$$q_1 = \frac{(1-\theta)a - p_1 + \theta p_2}{(1-\theta^2)b}, \quad q_1 = \frac{(1-\theta)a - p_2 + \theta p_1}{(1-\theta^2)b} \tag{3.30}$$

需求函数和反需求函数的方程式（3.29）、式（3.30）在所有价格和产量为非负的条件下都是有效的。这些非负约束在我们推导企业的最优反应函数式中将起作用。

（二）霍特林模型

在寡头垄断市场上，霍特林 1929 年在《竞争中的稳定性》一文中首创用几何方法来分析垄断竞争中垄断者的理性行为和他们的均衡。他在文中把顾客到商品供应点的成本当作一个主要因素考虑，假设单位距离上的运费是固定的，霍特林分析沿长街分布的企业行为。由于他用不同的地点象征不同的产品特性，而此后在许多类似的研究中采用的模型都效仿此法（后来为了研究的便利，模型中常用的是一个圆而不是霍特林用的直线段），这类模型因此又称为地点模型。

霍特林最初研究的问题和使用的模型可以等价地表述为：

一条十里长街上有 100 个居民，他们均匀地居住在长街上，相互距离为 1 里。街上要开设两个理发店，这两个理发店应设在何处？为了方便说明，这里把问题进一步简化，假设两位理发师傅张三和李四的技术、服务态度和收费都一样。所有服务的差别是离理发店距离的远近。又假定街上居民每人每月理发一次。这样，利润的最大化就等同于顾客人数最大化。因为赶路要花成本。居民只到离家较近的理发店，那么。张三、李四该把他们的店设在哪里呢？用图 3-14 示意两个理发店及居民位置。

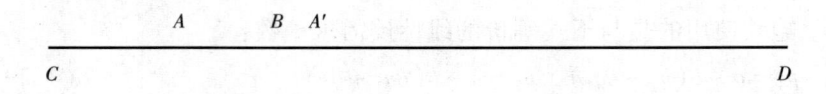

```
           A      B  A'
    C                              D
```

图 3-14　霍特林模型示意

在图 3-15 中，我们用直线段代表一里长街，用 A 和 B 分别表示张三和李四的理发店位置，图 3-15 中任意定下了两个店的位置。这一安排是不是稳定（均衡）状态呢？

张三的顾客包括所有居住在 AB 段中点西面的居民，李四的顾客则是所有居住在 AB 段中点东面的居民。显然，BD 段比 AC 较长，李四得到的顾客比较多。张三不会甘心，他要搬。他的最佳位置是在 B 的东面而紧靠 B，即 A' 处。这样，张三将赢得居住在 A'B 中点以东的所有居民，而李四则得到 A'B 中点以西段的居民。显然，张三的顾客数又比李四的顾客多了，于是李四也要搬。如此搬迁不止，直到当两个理发店背靠背地设在长街的中心时，张三和李四各分得一半顾客。这时任何一方搬到对方的另一侧，再也得不到更多的顾客，所以谁也不愿再移动了，这就是均衡。

虽然说这个均衡状态是这两个垄断者的竞争结果，也是他们的理性策略选择的结果，但是，在这个均衡状态中，两个理发店处于长街中心。消费者到理发店的最远距离是 0.5 里，平均距离是 0.25 里。如果我们把两店分别设在离街的一端 0.25 里处，如图 3-15 所示，那么顾客离理发店最远的距离只有 0.25 里，平均距离只有 0.125 里。

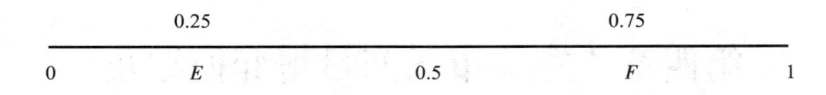

```
                0.25                        0.75
 ├──────────────┼──────────────┼──────────────┼──────────────┤
 0              E              0.5            F              1
```

图 3-15　霍特林模型博弈均衡示意

显然，把两个理发店都设在长街中心的平均路程是把两店分别设在 E、F 两点处的两倍。较高的赶路成本表示消费者因得不到最理想的产品而遭到效用损失较大，这说明均衡并不表示最优。

霍特林模型比较难处理，条件略放宽一些，模型就变得很复杂，往往没有均衡存在。例如，在上述模型里，如果有三家理发店，那么均衡就不存在了。尽管如此，霍特林模型不但是数理经济学研究方法上的一个突破，而且也是关于早期策略互动的博弈理论研究中少有的突破。后来的经济学家又在霍特林模型的基础上提出了更为复杂和全面的环路地点模型。

第四章 寡头市场产量博弈模型及其动力学分析

在寡头垄断市场上，每个企业对市场的价格与产量都有着举足轻重的影响，企业的决策必须考虑竞争者的反应，寡头之间对策的不确定性导致对这种市场上企业决策行为的解释存在多种模型。其中，古诺竞争模型和伯特兰竞争模型是两个典型的寡头竞争模式。两者的主要差别在于：前者是企业以产量作为竞争的手段和决策变量；后者是企业以产品价格作为竞争的手段和决策变量。在短缺经济时代，产品在市场中处于未饱和状态，市场一般表现为卖方市场，卖方市场中，产量就决定了销量和利润。因此，企业尽可能以大规模方式生产出更多的产品以满足需求，从而达到扩大市场份额，获得丰厚利润的目的，这个阶段的寡头竞争是产量博弈。

传统的一般均衡理论在描述人类经济活动时有双重的完全性假设，即完全竞争和完全信息。今天看来，这种假设与现实经济相去甚远。为此，企业想方设法了解竞争对手的信息，了解竞争对手现在的行为及其过去的历史，以便在以后的竞争中利用这些信息，做出更有利于自己的决策，从中获取更大的利益。但是，信息是不断变化的，企业所能做的是在假定它的竞争者的行为以后自己所能做得最好的。同时它的竞争对手也会在假定给定该企业的行为以后采取它们能采取的最好的行为。那么寡头垄断企业怎样在动态的不完全信息博弈中做出很好的决策是我们本章要讨论的主要内容。由于在实际的寡头市场中，每个企业的产量策略都千差万别，预期成因也不尽相同，因此，有的寡头企业采取相同决策规则进行产量博弈，有的采取不同决策规则进行产量博弈。

预期是人们对未来的预测，预期连接着经济主体的现在和未来。常见的期望规则包括静态预期、适应性预期和有限理性预期。静态预期不考虑价格或产量的动态变化，企业只是简单地把上一期的价格或产量作为当期的价格或产量。适应性预期是指经济主体根据市场环境的变化，不断地修正对未来前景的期望，是一种负反馈型决策规则。有限理性预期是指经济主体面对不确定的未来市场变化，为了规避风险或者得到最大利润而综合运用前期和当期的一切信息，对决策变量在未来的变化做出尽可能准确的判断。

第一节 双寡头产量博弈的复杂动力学分析与混沌控制

一 有限理性寡头博弈的复杂动力学

完全理性包括（追求最大利益的）理性意识、分析推理能力、识别判断能力、记忆能力和准确行为能力等多方面的完美性要求。但对于现实中的决策行为者来说，完全理性是很难满足的高要求，当社会经济环境和决策问题复杂时，人们的理性局限是非常明显的。因此，要保证博弈分析的理论和应用价值，就必须对有理性局限的博弈方之间的博弈进行分析。

有限理性博弈的有效分析框架是由有限理性博弈方构成的，一定规模的特定群体内成员的某种反复博弈。这些分析框架通常假设博弈方有一定的统计分析能力和对不同策略效果的事后判断能力，但没有事先的遇见和预测能力。这种分析与人们在现实决策活动中的实际行为模式是比较接近的。在这种分析框架中，博弈分析的核心不是博弈方的最优策略选择（这是大多数经济分析、决策分析的核心），而是有限理性博弈方组成的群体成员的策略调整过程、趋势和稳定性。这种有限理性博弈分析不仅在现实性方面比完全理性博弈分析优越，而且在理论意义和应用性方面也绝对不差于完全理性博弈分析。

有限理性博弈分析的关键是确定博弈方学习和策略调整的模式，

或者说机制。由于有限理性博弈方有很多理性层次，学习和策略调整的方式和速度有很大不同，因此，必须用不同的机制来模拟博弈方的策略调整过程。已有文献讨论了比较典型的情况：一种是有快速学习能力的小群体成员的反复博弈，相应的动态机制称为最优反应动态；另一种是学习速度较慢的成员组成的反复博弈，策略调整用生物进化的"复制动态"机制模拟。

此外，完全理性博弈基于两个假设：①每个企业在决定其最优生产决策时，都预先知道其竞争对手的生产决策；②每个企业都有利润函数的完全信息。在这两个条件下，如果纳什均衡存在，那么竞争双方博弈一次就可直接达到纳什均衡。这个结果是不依赖于市场的初始状态的，所以，不需要任何动态调整过程。但是，现实的市场经济中，竞争双方不太可能立即协调到这种均衡状态。实际上，企业都没有那么理性，它们在决策过程中往往采用更为简单的"规则"，从而它们都需要一个动态的调整过程。

（一）模型分析

假设 $q_i(t)$ 是第 i 个寡头企业在时期 t 的产量，t 时期的价格是由双方的产量决定的一个线性逆需求函数，即：

$$p_1 = a - b(q_1 + \theta q_2), \quad p_2 = a - b(\theta q_1 + q_2)$$

式中，常系数 $a > 0$，$b > 0$，$a > 0$，$b > 0$ 表示两个企业的产品是互补的，$0 \leq \theta \leq 1$ 表示两个企业的产品是可替代的。两个企业的成本函数为非线性形式，$c_i(q_i) = cq_i^2$，$i = 1, 2$，即为简化讨论，假设两个企业的生产方式类似。第 i 个企业的利润函数为：

$$\Pi_i = p_i q_i - c q_i^2, \quad i = 1, 2$$

假设每个寡头企业都是有限理性的，它们进行重复的鲍利双寡头博弈，它们都不完全清楚需求函数，只是在每一期根据对边际利润的估计来更新它们的生产策略：在每个时期 t，如果估计的边际利润是正（负）的，那么企业将增加（减少）第 t 期的产量。每一期的边际利润按经验估计如下：

$$\phi_i(t) = \frac{\partial \Pi_i}{\partial q_i} = a - 2(b + c)q_i(t) - \theta b q_j(t) \tag{4.1}$$

式中，增函数 $G_i(\varphi_i)$ 满足 $\text{sgn} G_i(\varphi_i) = \text{sgn}(\varphi_i)$，那么描述鲍利双寡头重复博弈的产量动态调整机制可以表示为：

$$q_i(t+1) = q_i(t) + \alpha_i[q_i(t)] G_i(\varphi_i) \quad (4.2)$$

这里正函数 $\alpha_i[q_i(t)]$ 表示第 i 个企业相当于它所估计的边际利润的产量调整幅度。有了这个动态调整机制，完全理性博弈的两个假设条件就可以放宽：双寡头不需要需求函数的完全信息，只需要推断产量发生小变化时市场如何反应。产量的变化由对边际利润的估计决定。显然，对边际利润的局部估计要比获得需求函数的完全信息容易得多。这种每一期重新决定产量的动态调整机制比传统经济学的瞬间调整更贴近现实，因为现实的市场经济中，产量决策不可能在瞬间改变。

假设函数 $\alpha_i[q_i(t)]$ 为线性函数 $\alpha_i(q_i) = \alpha_i q_i$，$i = 1, 2$，即假设产量的相对变化与边际利润是成比例的，这里，α_i 表示产量调整速度的正常数，代表企业对每单位产量利润信号的反应速度。动态系统式 (4.2) 可以写为如下形式：

$$q_i(t+1) = q_i(t) + \alpha_i q_i(t)[a - 2(b+c)q_i(t) - \theta b q_j(t)] \quad (4.3)$$

从经济学的观点看，只有非负均衡才有意义。可以定义这个有限理性双寡头重复博弈的均衡点为系统式 (4.3) 的非负定点，则在系统式 (4.3) 中，令 $q_i(t+1) = q_i(t)$，得到非线性系统式 (4.3) 的 4 个均衡解为：

$$E_0 = (0, 0), \ E_1 = \left(\frac{a}{2(b+c)}, 0\right), \ E_2 = \left(0, \frac{a}{2(b+c)}\right), \ E^* = (q^*, q^*)$$

式中，$q^* = \dfrac{a}{(\theta + 2) b + 2c}$ 不妨称均衡 E_0、E_1、E_2 为有界均衡，均衡 E^* 为纳什均衡。

下面研究这些均衡的局部稳定性。先计算系统式 (4.3) 雅可比矩阵，即：

$$J = \begin{bmatrix} 1 + \alpha_1[a - 4(b+c)q_1 - \theta b q_2] & -\alpha_1 \theta b q_1 \\ -\alpha_2 \theta b q_2 & 1 + \alpha_2[a - 4(b+c)q_2 - \theta b q_1] \end{bmatrix}$$

在有界均衡点 E_0 处，雅可比矩阵为：

$$J_0 = \begin{bmatrix} 1+\alpha_1 a & 0 \\ 0 & 1+\alpha_2 a \end{bmatrix}$$

它的特征值为 $\lambda_1 = 1 + \alpha_1 a > 1$，$\lambda_2 = 1 + \alpha_2 a > 1$，故 E_0 不稳定。

在有界均衡点 E_1 处，雅可比矩阵为：

$$J_1 = \begin{bmatrix} 1-\alpha_1 a & -\dfrac{\theta ab}{2(b+c)} \\ 0 & 1+\dfrac{\alpha_2 a[(2-\theta)b+2c]}{2(b+c)} \end{bmatrix}$$

它的特征值为 $\lambda_1 = 1 - \alpha_1 a$ 和 $\lambda_2 = 1 + \dfrac{\alpha_2 a[(2-\theta)b+2c]}{2(b+c)} > 1$，它们的特征向量为：

$r_1 = (1, 0)$ 和 $r_2 = (1, \{-2a_1(b+c) - a_2[(\theta+2)b+2c]\}/(a_1\theta b))$

因此，E_1 是一个鞍点。当 $0 < a_1 < \dfrac{2}{a}$ 时，沿着 q_1 轴的轨线是稳定的，沿着 r_2 的切线不稳定。此外，E_1 是不稳定节点，当 $a_1 = \dfrac{2}{a}$ 时，出现倍周期分岔。E_2 和 E_1 具有对称结构，故 E_2 也是一个鞍点。

下面研究纳什均衡 E^* 的局部稳定性。先计算 E^* 点处的雅可比矩阵为：

$$J_* = \begin{bmatrix} 1-2\alpha_1(b+c)q^* & -\alpha_1\theta b q^* \\ -\alpha_2\theta b q^* & 1-2\alpha_2(b+c)q^* \end{bmatrix}$$

特征方程为：

$$P(\lambda) = \lambda^2 - Tr\lambda + Det = 0$$

这里，Tr 为雅可比矩阵的迹，Det 为雅可比矩阵的行列式，表示如下：

$Tr = 2 - 2(\alpha_1 + \alpha_2)(b+c)q^*$

$Det = 1 - 2[(\alpha_1+\alpha_2)(b+c)q^*] + 4\alpha_1\alpha_2(b+c)^2 q^{*2} - \alpha_1\alpha_2 b^2 q^{*2}$

因为 $(Tr)^2 - 4Det = 4q^{*2}[(b+c)^2(\alpha_1-\alpha_2)^2 + \alpha_1\alpha_2\theta^2 b^2] > 0$，这说明纳什均衡的特征值是实的。那么，下面给出纳什均衡 E^* 稳定的

充分必要条件。纳什均衡的局部稳定性可以用朱利（Jury）判定给出，即：

（1） $1 - \text{Tr} + \text{Det} = \alpha_1 \alpha_2 q^{*2} [4(b+c)^2 - \theta^2 b^2] > 0$

（2） E^* 的局部渐近稳定的充分条件是：$1 + \text{Tr} + \text{Det} > 0$

即 $\alpha_1 \alpha_2 \theta^2 b^2 q^{*2} + 4(\alpha_1 + \alpha_2)(b+c)q^* - 4\alpha_1 \alpha_2 (b+c)^2 q^{*2} - 4 < 0$

上面这个方程定义了 E^* 的一个稳定区域，这个稳定区域由一段双曲线与 α_1、α_2 的正半轴界定。纳什均衡 E^* 在这个区域内是稳定的均衡点，但一旦超出这个区域，E^* 就变得不稳定，并在点 $A_1 = \left(\dfrac{1}{(b+c)q^*}, 0\right) = \left(\dfrac{(\theta+2)b+2c}{a(b+c)}, 0\right)$，$A_2 = \left(0, \dfrac{1}{(b+c)q^*}\right) = \left(0, \dfrac{(\theta+2)b+2c}{a(b+c)}\right)$ 处开始出现分岔。

显然，E^* 的稳定性依赖于系统参数。事实上，若增加确保 E^* 局部稳定的参数集中的 α_1、α_2 的值，使 α_1、α_2 离开稳定区域，都将引起分岔。

（二）数字模拟及结论

本节通过数字模拟显示这个有限理性双寡头博弈非线性系统式 (4.3) 的动态演化，参数值为 $a = 7$，$b = 0.5$，$c = 1$，$\alpha_1 = 0.33$。图 4-1、图 4-2 和图 4-3 为有限理性鲍利双寡头博弈动态演化图[1]，图 4-1 中，$\theta = 0.5$；图 4-2 中，$\theta = -0.5$；图 4-3 中，$\theta = 1$。图中也给出了最大李雅普诺夫指数图，正的李雅普诺夫指数表示系统出现了混沌行为，对初值敏感。图 4-4 为有限理性双寡头博弈混沌吸引子。参数值为 $a = 7$，$b = 0.5$，$c = 1$，$\alpha_1 = 0.3$，$\alpha_2 = 0.43$。

图 4-1 表明，当 $\alpha_1 < 0.3095$，$\alpha_2 < 0.3095$ 时，轨线趋向于纳什均衡点 (2.1538，2.1538)；当 $\alpha_2 > 0.3095$ 时，纳什均衡变得不稳定，并出现混沌现象。图 4-2 表明，当 $\alpha_1 < 0.2619$，$\alpha_2 < 0.2619$ 时，轨线趋向于纳什均衡点 (2.5455，2.5455)；当 $\alpha_2 > 0.2619$ 时，

---

[1] 易其国：《Bowley 模型的混沌动力学分析》，硕士学位论文，武汉理工大学，2005 年。

纳什均衡变得不稳定，最终出现混沌现象。图 4-3 表明，当 $\alpha_1 < 1/3$，$\alpha_2 < 1/3$ 时，轨线趋向于纳什均衡点（2，2）；当 $\alpha_2 > 1/3$ 时，纳什均衡变得不稳定，最终也出现混沌现象。

○表示$q_1(t)$ ·表示$q_2(t)$ $\theta=0.5$

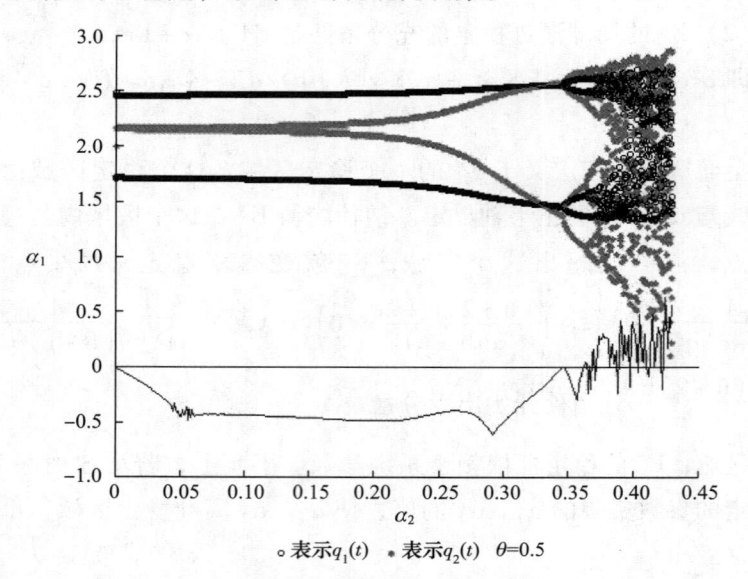

图 4-1 有限理性鲍利双寡头博弈动态演化

○表示$q_1(t)$ ·表示$q_2(t)$ $\theta=-0.5$

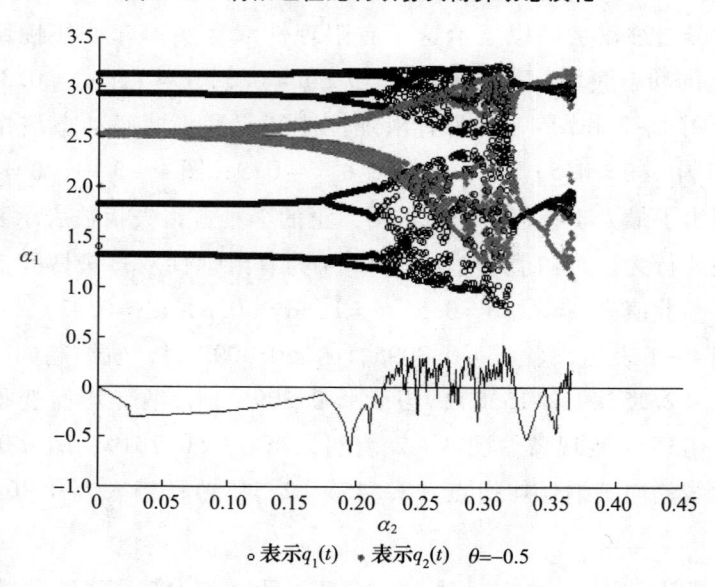

图 4-2 有限理性鲍利双寡头博弈动态演化

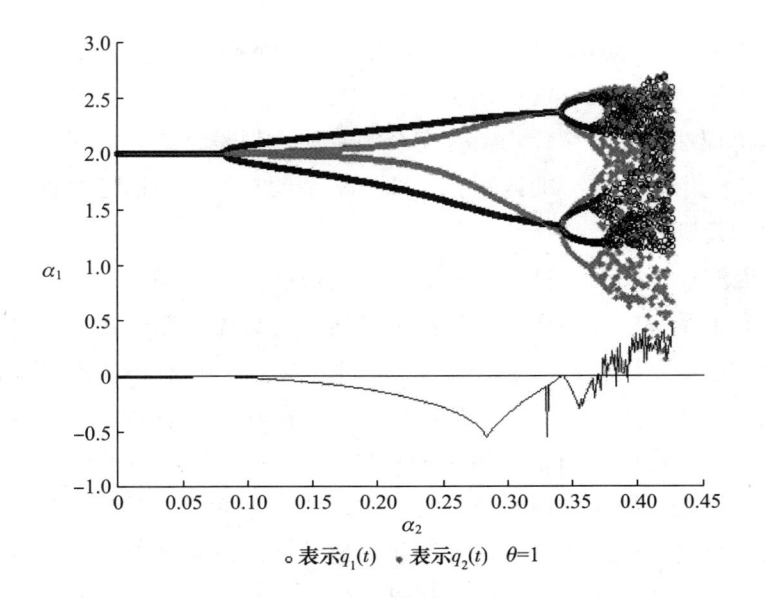

第四章 寡头市场产量博弈模型及其动力学分析 | 125

图4-3 有限理性鲍利双寡头博弈动态演化

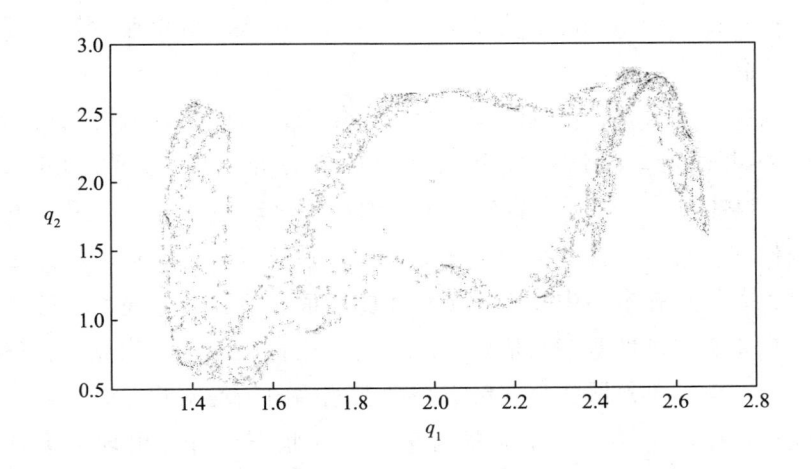

○表示$q_1(t)$ ·表示$q_2(t)$ $\theta=1$

图4-4 有限理性双寡头博弈混沌吸引子

在其他参数值固定不变时，产品的差异性程度（互补的或可替代）θ的值越大，纳什均衡的坐标值越小，纳什均衡的局部稳定区域越大。

从上面 4 个图中可以看出，即使是一个不完全理性的博弈，被重复进行很多次，也可能逐渐趋向于纳什均衡，并且这个"长期均衡"与完全理性博弈的纳什均衡是完全一致的。但是，绝不能把它们等同起来，它们有本质上的区别：长期均衡是动态均衡，而完全理性博弈下的均衡则是静态均衡。

混沌理论表明，复杂系统中存在的均衡态是短期的、暂时的，在均衡态下孕育的许多变动因素都可能使系统分裂成新的系统，并走向混沌的边缘。因此，对于有限理性的企业来说，稍有不慎就可能陷入混沌的市场当中。但是，即使市场进入混沌状态，有效的短期预测也是可能的，混沌吸引子（见图 4-4）是混沌现象的一种内在规律性表现，自然可以作为预见系统短期未来的一条途径。并且，改变系统的混沌吸引子可以使系统进入不同的运动状态，实现对混沌经济系统的控制。因此，如果市场进入到混沌状态，有限理性的企业要生存与发展，就需要不断地审视企业所处的环境，不断地调整企业的经营目标，并试图改变市场的混沌吸引子，以期控制或适应企业所处环境的不断变化。

其中，产量调整速度起着一个扰动作用，增加它的值可能使纳什均衡不再稳定，而且还会出现更为复杂的混沌现象。从图 4-1、图 4-2 和图 4-3 中可以看出，混沌的出现是敏感地依赖于系统的初始条件的，初始条件的细微变化能够导致系统未来长期运动轨迹之间的巨大差异。在本书中，产量调整速度的最大值就是混沌出现的临界值，只要有限理性双寡头估计的产量调整速度小于这个临界值，竞争双方的产量在重复博弈多次后都会动态地趋向于均衡状态。然而，一旦超过这个临界值，产量调整就进入混沌状态，市场出现不可预测性，此时，双寡头都无法决定长期动态调整后的产量。因此，为使市场处于平衡态，企业应当慎重选择博弈的初始条件。

若 $\theta = 0$，则两个变量与需求无关，系统式（4.3）变为：

$$q_i(t+1) = (1 + \alpha_i a) q_i(t) - 2(b+c)\alpha_i [q_i(t)]^2$$

通过线性变换 $q_i(t) = \dfrac{1 + \alpha_i a}{2(b+c)\alpha_i} x_n$ 和 $k = 1 + \alpha_i a$，可化为逻辑斯

蒂克映射 $x_{n+1} = kx_n(1-x_n)$。

当然，双寡头基于不同预期可选取不同的生产决策，本书中的结论也可推广到多个有限理性寡头竞争的情形。

（三）滞后效应

经济学中离散时间动力系统的滞后效应主要基于以下考虑：经济决策者第 t 期决策值通过预期反馈依赖变量以前的观测值，而且模型的函数关系不仅取决于当前的经济状态，同时也取决于以前的经济状态。企业的预期产量 $q^e(t+1)$ 常取决于前一期的产量 $q(t)$，更合理的，它也不同程度地依赖于前几期的产量 $q(t-1)$，$q(t-2)$，…，$q(t-T)$，于是该动力系统可设为：

$$q_i(t+1) = q_i(t) + \alpha_i [q_i(t)] \frac{\partial \prod_i(q^D)}{\partial q_i}, \quad i = 1, 2, \cdots, n$$

$$q^D = (q_1^D, q_2^D, \cdots, q_n^D) \quad (4.4)$$

$$q_i^D = \sum_{l=0}^{T} q_i(t-l) w_l, w_l \geq 0, \sum_{l=0}^{T} w_l = 1, l = 0, 1, 2, \cdots, T$$

式中，w_l 表示前 T 期产量的权重，简单地说，$T=1$，$n=1$，则式 (4.4) 为：

$$q(t+1) = q(t) + \alpha q(t) \{a - 2(b+c)[wq(t) + (1-w)q(t-1)]\},$$
$$0 < w \leq 1 \quad (4.5)$$

下面研究系统式 (4.5) 的稳定性，式 (4.5) 可写成二维形式：

$$p(t+1) = q(t)$$
$$q(t+1) = q(t) + \alpha q(t) \{a - 2(b+c)[wq(t) + (1-w)q(t-1)]\}$$
$$(4.6)$$

式 (4.6) 有两个均衡点，$E_0 = (0, 0)$，$E^* = (p^*, q^*) = \left(\frac{a}{2(b+c)}, \frac{a}{2(b+c)}\right)$，$E^*$ 是系统式 (4.6) 的纳什均衡。先计算系统式 (4.6) 的雅可比矩阵，即：

$$J(p, q) = \begin{bmatrix} 0 & 1 \\ -2\alpha q(1-w)(b+c) & 1 + \alpha \{a - 2(b+c)[2wq + (1-w)p]\} \end{bmatrix}$$

在有界均衡点 E_0 处雅可比矩阵为：

$$J = \begin{bmatrix} 0 & 1 \\ 1 & 1+\alpha a \end{bmatrix}$$

它的特征值为 $\lambda_1 = 0 < 1$，$\lambda_2 = 1 + \alpha a > 1$，故 E_0 为鞍点。纳什均衡 E^* 点处的雅可比矩阵为：

$$J = \begin{bmatrix} 0 & 1 \\ -\alpha a(1-w) & 1-\alpha aw \end{bmatrix}$$

特征方程为：

$$p(\lambda) = \lambda^2 + [a\alpha w - 1]\lambda + a\alpha(1-w) = 0$$

纳什均衡 E^* 稳定的充分必要条件 $|\lambda| < 1$，可以用朱利条件给出，即 $a\alpha - 1 < \alpha aw < \dfrac{a\alpha}{2} + 1$，否则倍周期分岔将导致混沌。

通过数字模拟显示这个有限理性寡头博弈非线性系统式（4.6）的动态演化。图 4-5 为不具有滞后效应的有限理性鲍利寡头博弈动态演化图（w = 0.7）。图 4-6 为具有滞后效应的有限理性鲍利寡头博弈动态演化图（w = 1）。当 $\alpha < \dfrac{5}{7}$ 时，具有滞后效应的系统是稳定的时；而当不具有滞后效应的系统是稳定的时，参数值为 a = 7，b = 0.5，

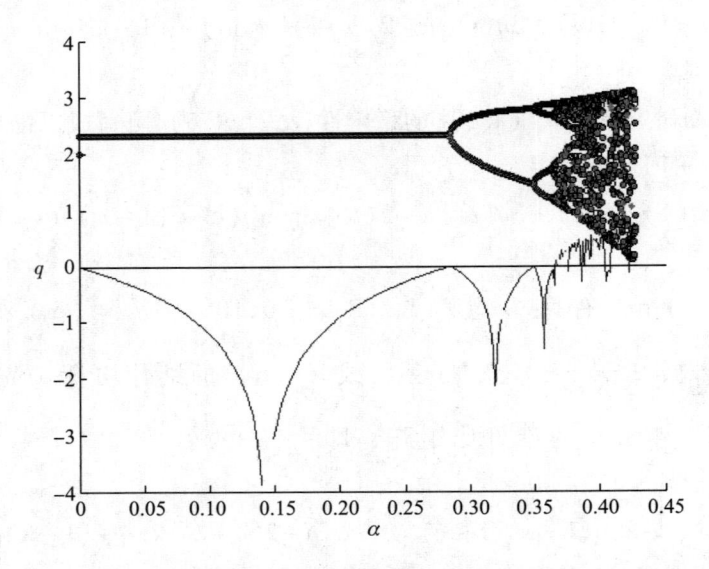

图 4-5　不具有滞后效应的有限理性鲍利寡头博弈动态演化

$c=1$。同时,从图 4-5 和图 4-6 中可以看到,滞后效应增强了系统的稳定性。在本书中,产量调整速度起着一个扰动作用,增加它的值可能使纳什均衡不再稳定,而且还会出现更为复杂的混沌现象。

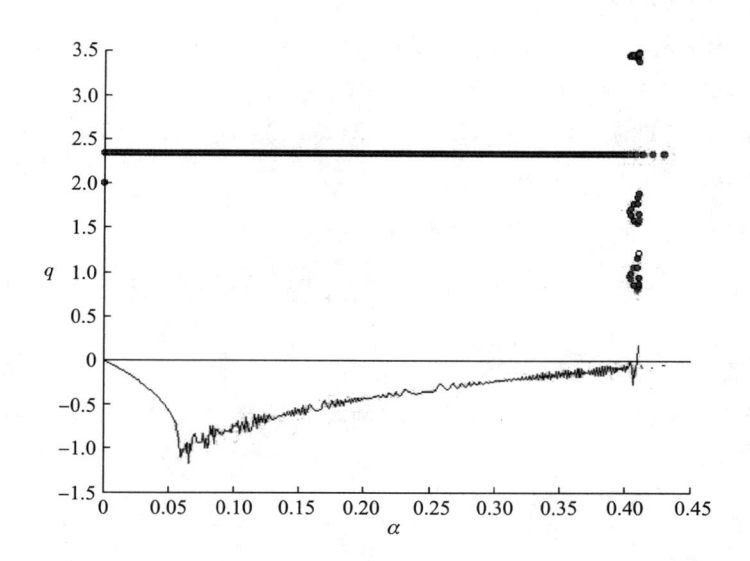

图 4-6 具有滞后效应的有限理性鲍利寡头博弈动态演化

研究双寡头竞争的文献国内外非常多,但它们基本上都是建立在完全理性的基础之上讨论静态均衡。近几年有文献研究了一些有限理性双寡头重复博弈模型,但它们研究的寡头模型都是企业选择产量古诺模型。本书建立的寡头模型则是企业选择产量的具有滞后效应的有限理性鲍利模型,它比经典的鲍利模型更贴近现实,滞后效应将增加博弈达到纳什均衡的可能性,因此,企业在预期产量时,应尽可能地多参考前几期的产量。为了讨论的简单,只考虑了 $T=1$,$n=1$ 的情形,也可进一步讨论其他更复杂的情形。

取 $T=1$,$n=2$,则式(4.4)变为:

$q_1(t+1) = q_1(t) + \alpha_1 q_1(t)\{a - 2(b+c)[wq_1(t) + (1-w)q_1(t-1)] - \theta b[wq_2(t) + (1-w)q_2(t-1)]\}$

$q_2(t+1) = q_2(t) + \alpha_2 q_2(t)\{a - 2(b+c)[wq_2(t) + (1-w)p_2(t-$

$$1)] - \theta b[wq_1(t) + (1-w)q_1(t-1)]\} \tag{4.7}$$

下面研究系统式 (4.7) 的稳定性，式 (4.7) 可写成二维形式：

$$p_1(t+1) = q_1(t)$$
$$p_2(t+1) = q_2(t)$$
$$q_1(t+1) = q_1(t) + \alpha_1 q_1(t)\{a - 2(b+c)[wq_1(t) + (1-w)p_1(t)] - \theta b[wq_2(t) + (1-w)p_2(t)]\}$$
$$q_2(t+1) = q_2(t) + \alpha_2 q_2(t)\{a - 2(b+c)[wq_2(t) + (1-w)p_2(t)] - \theta b[wq_1(t) + (1-w)p_1(t)]\} \tag{4.8}$$

系统式 (4.8) 有四个均衡点：

$$E_0 = (0, 0, 0, 0),\ E_2 = \left(\frac{a}{2(b+c)}, 0, \frac{a}{2(b+c)}, 0\right),\ E^* =$$

$$(q, q, q, q),\ q = \frac{a}{(\theta+2)b + 2c}$$

E^* 是系统式 (4.8) 的纳什均衡。先计算系统式 (4.8) 的雅可比矩阵，即：

$$J = \begin{bmatrix} 0 & 0 & 1 & 0 \\ 0 & 0 & 0 & 1 \\ -2\alpha_1 q_1(1-w)(b+c) & -\theta b \alpha_1 q_1(1-w) & a_{11} & -\theta b \alpha_1 w q_1 \\ -\theta b \alpha_2 q_2(1-w) & -2\alpha_2 q_2(1-w)(b+c) & -\theta b \alpha_2 w q_2 & a_{22} \end{bmatrix}$$

在有界均衡点 E_0 处雅可比矩阵为：

$$J = \begin{bmatrix} 0 & 0 & 1 & 0 \\ 0 & 0 & 0 & 1 \\ 0 & 0 & 1+\alpha_1 a & 0 \\ 0 & 0 & 0 & 1+\alpha_2 a \end{bmatrix}$$

它的特征值为 $1 + \alpha_1 a$ 和 $1 + \alpha_2 a$，大于 1，故 E_0 为鞍点。

在有界均衡点 E_1 处雅可比矩阵为：

$$J = \begin{bmatrix} 0 & 0 & 1 & 0 \\ 0 & 0 & 0 & 1 \\ 0 & 0 & 1+\dfrac{\alpha_1 a[(2-\theta)b + 2c]}{2(b+c)} & 0 \\ -\theta b \alpha_2 q_2(1-w) & -\alpha_2 a(1-w) & -\theta b \alpha_2 w q_2 & 1 - \alpha_2 a w \end{bmatrix}$$

它的特征值为 $1 + \dfrac{\alpha_1 a[(2-\theta)b + 2c]}{2(b+c)} > 1$，故 E_1 为不稳定点。同样，E_2 为不稳定点。

纳什均衡 E^* 点处的雅可比矩阵为：

$$J = \begin{bmatrix} 0 & 0 & 1 & 0 \\ 0 & 0 & 0 & 1 \\ -2\alpha_1 q_1(1-w)(b+c) & -\theta b \alpha_1 q_1(1-w) & a_{11}^* & -\theta b \alpha_1 w q_1 \\ -\theta b \alpha_2 q_2(1-w) & -2\alpha_2 q_2(1-w)(b+c) & -\theta b \alpha_2 w q_2 & a_{22}^* \end{bmatrix}$$

其中：

$a_{11}^* = 1 + \alpha_1[a - 2(b+c)q - \theta b q] - 2\alpha_1 w q(b+c)$

$a_{22}^* = 1 + \alpha_2[a - 2(b+c)q - \theta b q] - 2\alpha_2 w q(b+c)$

特征方程 $p(\lambda) = \lambda^4 + \mu_1 \lambda^3 + \mu_2 \lambda^3 + \mu_3 \lambda + \mu_3 = 0$，其中：

$\mu_1 = w(\beta + \alpha) - 2$

$\mu_2 = 1 + (1 - 2w)(\beta + \alpha) + w^2(\alpha\beta - \delta\gamma)$

$\mu_3 = 2(w - w^2)(\alpha\beta - \delta\gamma) - (1-w)(\beta + \alpha)$

$\mu_4 = (1 - w^2)(\alpha\beta - \delta\gamma)$

$\alpha = 2a_1 q(b+c)$，$\beta = 2a_2 q(b+c)$，$\delta = a_1 q \theta b$，$\gamma = a_2 q \theta b$

$\beta_1 = 1 - \mu_4^2$，$\beta_2 = \mu_1 - \mu_4 \mu_3$，$\beta_3 = \mu_2 - \mu_4 \mu_2$，$\beta_4 = \mu_3 - \mu_4 \mu_1$

$\gamma_1 = \beta_4^2 - \beta_1^2$，$\gamma_2 = \beta_4 \beta_3 - \beta_1 \beta_2$，$\gamma_3 = \beta_4 \beta_2 - \beta_1 \beta_3$

纳什均衡 E^* 稳定的充分必要条件 $|\lambda_i| < 1$，$i = 1, 2, 3, 4$，可以用朱利条件给出，即：

(1) $1 + \mu_1 + \mu_2 + \mu_3 + \mu_4 > 0$ (2) $1 - \mu_1 - \mu_2 - \mu_3 + \mu_4 > 0$

(3) $|\lambda_4| < 1$ (4) $|\beta_4| < |\beta_1|$ (5) $|\gamma_1| < |\gamma_3|$

否则倍周期分岔将导致混沌。

通过数字模拟显示这个有限理性寡头博弈非线性系统式（4.8）的动态演化。图 4-7 为具有滞后效应的有限理性鲍利寡头博弈动态演化图（$w = 0.7$）。图 4-8 为不具有滞后效应的有限理性鲍利寡头博弈动态演化图（$w = 1$）。当 $\alpha_2 < 0.084$ 时，具有滞后效应的系统是稳定的；而当 $\alpha_2 < 0.08$ 时，不具有滞后效应的系统是稳定的。参数

值为 $\alpha_1 = 0.33$，$\theta = 1$，$a = 7$，$b = 0.5$，$c = 1$。同时，从图 4-7 和图 4-8 中可以看到，滞后效应增强了系统的稳定性。

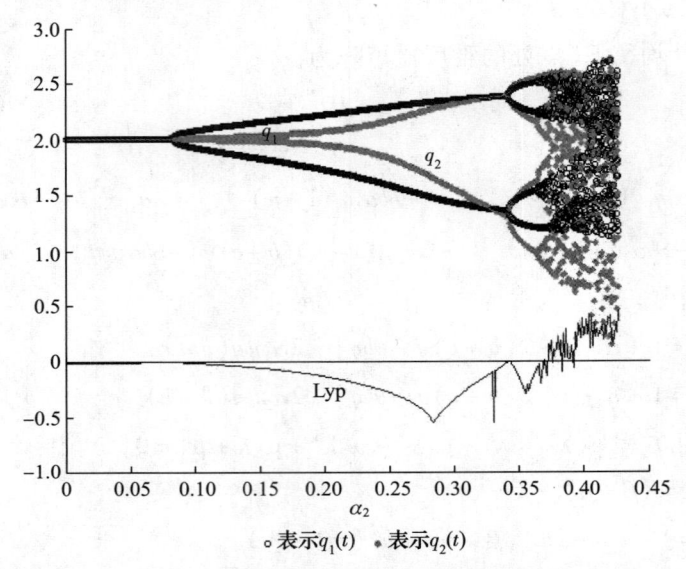

○表示$q_1(t)$ •表示$q_2(t)$

图 4-7 具有滞后效应的有限理性鲍利寡头博弈动态演化

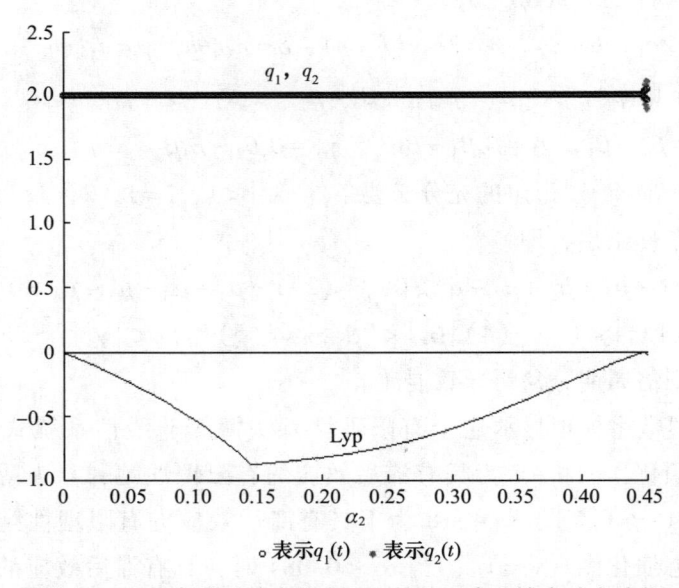

○表示$q_1(t)$ •表示$q_2(t)$

图 4-8 不具有滞后效应的有限理性鲍利寡头博弈动态演化

二 不同决策规则下的寡头博弈的复杂动力学及混沌控制

通常,我们讨论市场上企业的决策行为时,都假定企业有相同或相似的决策规则。假定所有企业都是有限理性的,掌握的信息都不充分,只能根据边际利润信号做出判断。实践中,不同的企业预期成因不同,它们的决策规则也不同,因此,由不同决策规则的企业所构成的系统应该会比由相同或相似的决策结构的企业构成的市场表现出更为复杂的演化性态。

预期因素在经济模型研究中发挥着重要作用,它从根本上体现着企业的决策理念。预期的分类主要有朴素预期、适应性预期和有限理性预期等。迈克尔·科佩尔(Michael Kopel)研究了双寡头企业都采用朴素预期(使利润最大化)时市场的演化问题,它是一个线性系统,其纳什均衡点是渐进稳定的。J. Ma 和 X. Pu 研究了具有适应性预期的非线性寡头博弈模型的平衡态选择(由于它是多态稳定的),并指出,由于各吸引子吸引域的多连通或不连通性,使企业的初始产量的微小差异将造成长期结果的极大不确定性。企业的产出决策取决于其预期偏好。企业预期偏好不同,则产出决策也不同。

(一)具有溢出效应不同决策规则下的古诺模型的动力学

本节考虑具有溢出效应的不同决策规则下的古诺模型的动力学特征。假定第一家企业采用有限理性决策规则,即由自身的边际利润信号决定产出变化,第二家企业采用朴素预期的决策规则。在此模型中,双寡头的理性和溢出效应起着非常重要的作用,它决定着双寡头重复博弈的产量是否将趋向于纳什均衡状态或者陷入一种混沌状态。本书还在结论部分初步地探讨了混沌的出现对市场的影响,并为企业在混沌市场中生存和发展提供理论参考。

记第 i 个企业的产出为 q_i,$i=1,2$,为使自身利润最大化,它必须对竞争对手下阶段的产出形成一个预期,也就是说,企业在第 $t+1$ 期的产出变化满足如下关系:

$$q_1(t+1) = \mathop{\mathrm{argmax}}\limits_{q_1} \Pi_1[q_1(t), q_2^e(t+1)]$$

$$q_2(t+1) = \mathop{\mathrm{argmax}}\limits_{q_2} \Pi_2[q_1^e(t+1), q_2^e(t)]$$

式中，$\prod_i$ 为第 i 家企业的利润函数，由本企业当期的产出和对竞争对手下阶段的产出预期决定。根据企业预期的假定，第一家企业用自己所掌握的有限信息进行决策，即如果当期的边际利润为正，则它会增加生产，反之则减少生产，则它的生产调整过程为：

$$q_1(t+1) = q_1(t) + \alpha q_1(t) \frac{\partial \prod_1}{\partial q_1(t)}$$

式中，α 为第一个企业的生产调整速度。本书取线性反应函数，$p(q_i, q_j) = a - b(q_i + q_j)$，$i, j \neq 1, 2$，$i \neq j$，其中，$a > 0$，$b > 0$ 为常系数，线性成本函数 $C_i(q_i) = \frac{c_i q_i}{1 + \gamma_{ij}}$，这里，$c_i > 0$ 是与企业的生产技术水平有关的常数，生产技术水平越高，则 c_i 越小；$\gamma_{ij} \geq 0$ 为溢出效应参数，它表示由于企业 1 的存在而对企业 i 产生正的成本外在性，则其利润函数 $\prod_i = p(q_i, q_j)q_i - C_i(q_i)q_i$。第二个企业是朴素预期，我们假定其当期的预期产量使其当期利润最大化，则其最优解为 $q_2 = \frac{1}{2b}\left(a - \frac{c_2}{1+\gamma_2} - bq_1\right)$。

这样，我们得到了以下基于不同预期的双寡头垄断市场产出调整动态模型：

$$q_1(t+1) = q_1(t) + \alpha_1 q_1(t)\left[a - \frac{c_1}{1+\gamma_{12}} - 2bq_1(t) - bq_2(t)\right]$$

$$q_2(t+1) = \frac{1}{2b}\left[a - \frac{c_2}{1+\gamma_{21}} - 2bq_1(t)\right] \tag{4.9}$$

系统式(4.9)的不动点由 $q_i(t+1) = q_i(t)$ 确定，它有两个非负平衡点：

$$E_0 = \left[0, \frac{1}{2b}\left(a - \frac{c_2}{1+\gamma_{21}}\right)\right]$$

$$E^* = \left[\frac{1}{3b}\left(a + \frac{c_2}{1+\gamma_{21}} - \frac{2c_1}{1+\gamma_{12}}\right), \frac{1}{3b}\left(a + \frac{c_2}{1+\gamma_{12}} - \frac{2c_1}{1+\gamma_{21}}\right)\right]$$

平衡点 E_0 对应的是第一个企业被逐出市场，$E^* = (q_1^*, q_2^*)$ 为其内部纳什均衡点。下面研究平衡点的局部稳定性。式（4.9）的雅可比矩阵为：

$$J(q_1, q_2) = \begin{bmatrix} 1 + \alpha\left(a - \dfrac{c_1}{1+\gamma_{12}} - 4bq_1 - bq_2\right) & -\alpha bq_1 \\ -\dfrac{1}{2} & 0 \end{bmatrix}$$

所以，$J(E_0) = \begin{bmatrix} 1 + \dfrac{\alpha}{2}\left(a - \dfrac{2c_1}{1+\gamma_{12}} + \dfrac{c_2}{1+\gamma_{21}}\right) & 0 \\ -\dfrac{1}{2} & 0 \end{bmatrix}$，它的两个特征根为：

$$\lambda_1 = 1 + \dfrac{\alpha}{2}\left(a - \dfrac{2c_1}{1+\gamma_{12}} + \dfrac{c_2}{1+\gamma_{21}}\right) > 1, \quad \lambda_2 = 0 < 1$$

因此，E_0 为不稳定的鞍点。关于式（4.9）的内部平衡点（纳什均衡点）有下面的结论：

定理 4.1 式（4.9）的纳什均衡点 E_0 稳定的充分必要条件为：

$$\alpha < \dfrac{12}{5\left(a + \dfrac{c_2}{1+\gamma_{21}} - \dfrac{2c_1}{1+\gamma_{12}}\right)} \tag{4.10}$$

证明： 式(4.9)在 E^* 处的雅可比矩阵为 $J(E^*) = \begin{bmatrix} 1 - 2\alpha bq_1^* & -\alpha bq_1^* \\ -\dfrac{1}{2} & 0 \end{bmatrix}$，

其特征方程为 $P(\lambda) = \lambda^2 - \mathrm{Tr}\lambda + \mathrm{Det} = 0$，其中，$\mathrm{Tr} = 1 - 2\alpha bq_1^*$，$\mathrm{Det} = -\dfrac{1}{2}\alpha bq_1^*$，则 E^* 的稳定性条件为：

(1) $|\mathrm{Det}| < 1$ (2) $1 - \mathrm{Tr} + \mathrm{Det} > 0$ (3) $1 + \mathrm{Tr} + \mathrm{Det} > 0$

条件(1)保证系统具有耗散结构，从而保证系统轨道始终在一个有界区域内运行。又由于 $(\mathrm{Tr})^2 - 4\mathrm{Det} = (1 - 2\alpha bq_1^*)^2 + 2\alpha bq_1^* > 0$，所以特征根均为实根，条件(1)，即 $|\alpha bq_1^*| < 2$ 成立的充分必要条件为 $a < \dfrac{6}{a + \dfrac{c_2}{1+\gamma_{21}} - \dfrac{2c_1}{1+\gamma_{12}}}$，条件(2) $1 - \mathrm{Tr} + \mathrm{Det} = \dfrac{3}{2}\alpha bq_1^* > 0$ 恒成立，

同样可以讨论，要使条件(3)成立，只需 $a < \dfrac{12}{5\left(a + \dfrac{c_2}{1+\gamma_{21}} - \dfrac{2c_1}{1+\gamma_{12}}\right)}$，

所以，当式(4.10)成立时，E^* 稳定的三个条件都满足，结论成立。

显然，E^* 的局部稳定性依赖于系统参数。在本书中，产量调整速度起着一个扰动作用，增加它的值可能使纳什均衡不再稳定，而且还会出现更为复杂的混沌现象。如果参数 b、c_1、c_2 和 γ_{12}、γ_{21} 固定，增加 α 的值，也会出现类似情况。在这种情形下，稳定区域将变小，并可能引起 E^* 的失稳。

本节通过数字模拟显示这个具有溢出效应的不同决策规则下的非线性系统式（4.9）的动态演化，参数值为 a = 10，b = 0.5，c_1 = 3，c_2 = 3。图 4-9 为不具有溢出效应的不同决策规则下古诺模型动态演化图，γ_{12} = γ_{21} = 0。图 4-10 为具有溢出效应的不同决策规则下古诺模型动态演化图，γ_{12} = 0.5，γ_{21} = 1。图 4-11 也给出了两者最大李雅普诺夫指数图，其中细、粗线分别对应图 4-9 和图 4-10 的情形，正的李雅普诺夫指数表示系统出现了混沌行为，对初值敏感。

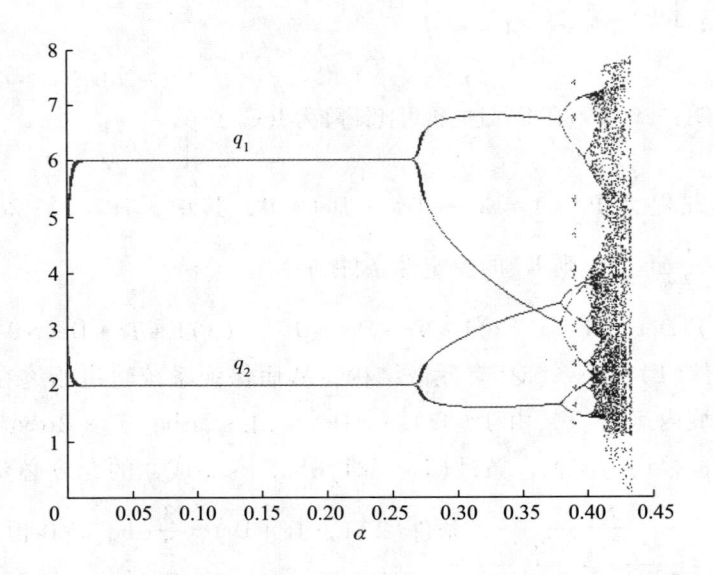

图 4-9　不具有溢出效应的不同决策规则下古诺模型动态演化

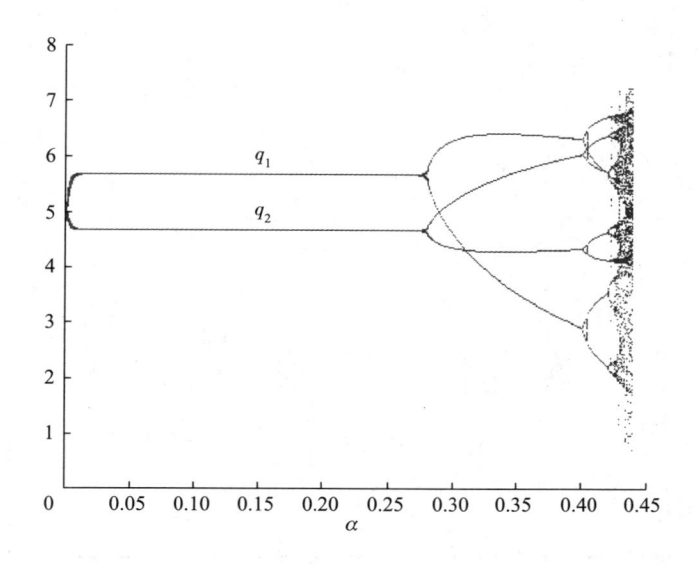

图 4 – 10　具有溢出效应的不同决策规则下古诺模型动态演化

可以看出，随着第一个企业的生产调整速度的增加，系统倍周期分岔将导致混沌，而溢出效应增强了系统的稳定性。溢出效应使系统的混沌吸引子发生了变化，并且使纳什均衡稳定区域扩大，使双寡头调整到纳什均衡的可能性增加。这说明溢出效应使市场形成了新的混沌吸引子，并使市场朝着可控的方向发展。因此，当市场处于混沌状态下时，企业需要做出适当的调整以形成新的"吸引子"来实现自身的生存与发展。图 4 – 12 为 c_2 变化时系统式（4.9）的动态演化图，$a=10$，$b=0.5$，$c_1=3$，$\alpha=0.335$，$\gamma_{12}=0.5$，$\gamma_{21}=1$。

（二）不同决策规则下的鲍利模型的动力学

考虑两强竞争市场上两个企业基于不同预期的产出决策行为的演化特征。假定第一个企业采用有限理性决策规则，即由自身的边际利润信号决定产出变化，第二个企业采用适应性预期的决策规则。

按照鲍利模型，两个企业的线性反需求函数为：

$$p_1 = a - b(q_1 + \theta q_2), \quad p_2 = a - b(\theta q_1 + q_2)$$

取线性成本函数 $c_i(q_i) = c_i q_i$，$i=1,2$。为使自身利润最大化，它必须对竞争对手下一阶段的产出形成一个预期，也就是说，企业在

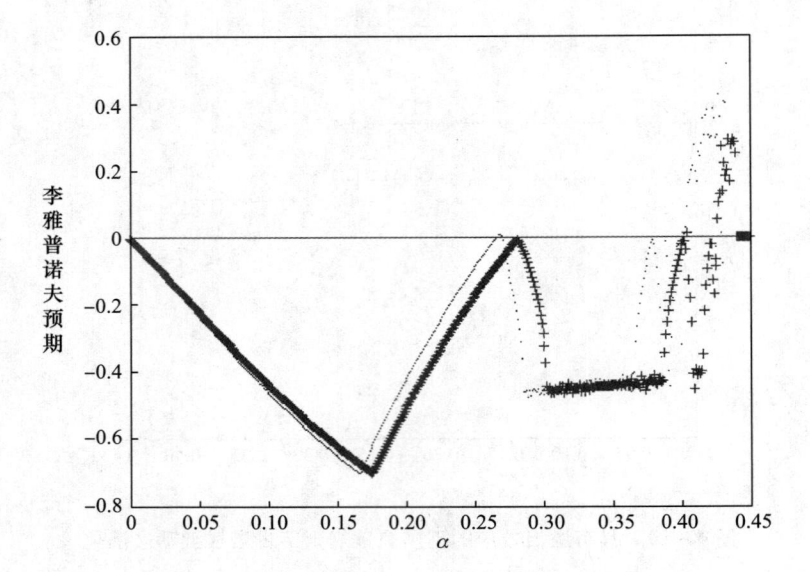

图 4-11 两者最大李雅普诺夫指数

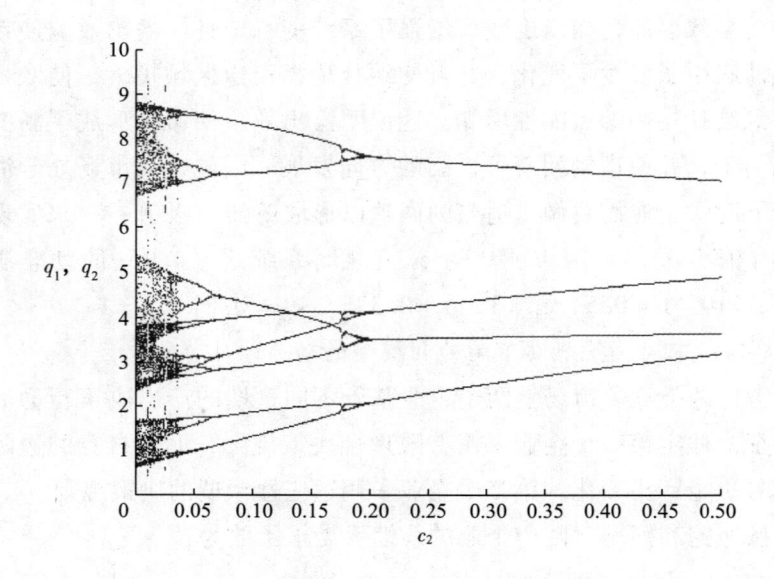

图 4-12 c_2 变化时系统式 (4.9) 的动态演化

第 t+1 期的产出变化满足如下关系：
$$q_1(t+1) = \underset{q_1}{\mathrm{argmax}} \Pi_1[q_1(t), q_2^e(t+1)]$$
$$q_2(t+1) = \underset{q_2}{\mathrm{argmax}} \Pi_2[q_1^e(t+1), q_2(t)]$$

式中，$\Pi_i = p_i q_i - c_i q_i$ 为第 i 个企业的利润函数，由本企业当期的产出和对竞争对手下一阶段的产出预期决定。根据企业预期的假定，第一个企业用自己所掌握的有限信息进行决策，即如果当期的边际利润为正，则它会增加生产；反之则减少生产，则它的生产调整过程为：

$$q_1(t+1) = q_1(t) + \alpha q_1(t) \frac{\partial \Pi_1}{\partial q_1(t)}$$

式中，α 为第一个企业的生产调整速度。第二个企业是适应性预期，即：

$$q_2^e(t+1) = v q_2(t) + (1-v) q_2^e(t)$$

式中，$v \in [0, 1]$ 为权重，$1/v$ 为预期形成过程的平均时间滞后。$q_2^e(t+1)$ 由两部分构成，当期产量和当期的预期产量。我们假定其当期的预期产量使其当期利润最大化。同样，取线性成本函数，则其最优反应函数为：

$$q_2 = (a - c_2 - \theta b q_1)/(2b)$$

这样，我们得到了如下基于不同预期的双寡头垄断市场产出调整动态模型：

$$q_1(t+1) = q_1(t) + \alpha_1 q_1(t)[a - c_1 - 2b q_1(t) - \theta b q_2(t)]$$
$$q_2(t+1) = v q_2(t) + \frac{1}{2b}(1-v)[a - c_2 - \theta b q_1(t)] \qquad (4.11)$$

系统式（4.11）的不动点由方程 $q_i(t+1) = q_i(t)$ 确定，它有两个正平衡点：

$$E_0 = \left(0, \frac{1}{2b}(a - c_2)\right), \quad E^* = (q_1^*, q_2^*) = \left(\frac{2(a-c_1) - \theta(a-c_2)}{(4-\theta^2)b}, \frac{2(a-c_2) - \theta(a-c_1)}{(4-\theta^2)b}\right)$$

平衡点 E_0 对应的是第一个企业被逐出市场。为了研究其内部纳什均衡点的稳定性，假设 $2(a-c_2) - \theta(a-c_1) > 0$，$2(a-c_1) -$

$\theta(a-c_2)>0$。显然,如果 $\theta=1$,$c_1 \geqslant (\leqslant) c_2$,则 $q_1^* \leqslant (\geqslant) q_2^*$,具有边际成本优势企业的平衡态产量要高于其竞争者的平衡态产量。式(4.11)的雅可比矩阵为:

$$J = \begin{bmatrix} 1+\alpha(a-c_1-4bq_1-\theta bq_2) & -\alpha\theta bq_1 \\ -\dfrac{(1-v)\theta}{2} & v \end{bmatrix}$$

所以,

$$J(E_0) = \begin{bmatrix} 1+\alpha\left(a-c_1-\dfrac{(a-c_2)\theta}{2}\right) & 0 \\ -\dfrac{(1-v)\theta}{2} & v \end{bmatrix}$$

它的两个特征根为 $\lambda_1 = 1+\alpha\left(a-c_1-\dfrac{(a-c_2)\theta}{2}\right)>1$,$\lambda_2=v<1$,因此,$E_0$ 为不稳定的鞍点。关于式(4.11)的内部平衡点(纳什均衡点)有下面的结论:

定理4.2 设 $v \in [0,1]$,式(4.11)的纳什均衡点 E^*,稳定的充分必要条件为:

$$\alpha < \frac{4(1+v)}{4bq_1^*(1+v)+\theta^2 bq_1^*(1-v)}$$

证明: 式(4-11)在 E^* 处的雅可比矩阵为:

$$J(E_*) = \begin{bmatrix} 1-2\alpha bq_1^* & -\alpha\theta bq_1^* \\ -\dfrac{(1-v)\theta}{2} & v \end{bmatrix}$$

其特征方程为 $\lambda^2-Tr\lambda+Det=0$,其中:

$$\lambda^2-Tr\lambda+Det=0,\ Det=v(1-2\alpha bq_1^*)-\dfrac{(1-v)\theta\alpha bq_1^*}{2}$$

$$(Tr)^2-4Det=[(1-v)^2-2\alpha bq_1^*]^2+2\theta^2\alpha b(1-v)q_1^*>0$$

所以,式(4.11)的特征根均为实根,则 E^* 的稳定性充分必要条件为:

(1) $1-Tr\lambda+Det>0$ \qquad (2) $1-Tr\lambda+Det>0$

由于 $1-Tr\lambda+Det=\alpha bq_1^*(1-v)\left(2-\dfrac{\theta^2}{2}\right)>0$ 恒成立,而条件

第四章　寡头市场产量博弈模型及其动力学分析　141

(2) 成立，只需 $\alpha < \dfrac{4(1+v)}{4bq_1^*(1+v)+\theta^2 bq_1^*(1-v)}$，所以，当条件 (2) 成立时，$E^*$ 稳定的两个条件都满足，结论成立。

满足条件 (2) 的稳定性区域如图 4-13 所示。如图 4-13 (a) 所示，当 $\theta=1$ 时，$\theta=1$ 与 α 轴的交点坐标为 $(0, 12/5(a+c_1-2c_2))$。显然，随着 v 的增加，使系统稳定的 α 的范围也逐渐扩大。伴随第二个企业由朴素预期转化为适应性预期，第一个企业的产量调整速度可以在更大的范围内使系统稳定；否则，系统将由倍周期分岔演化进入混沌态。当 $v=0.3$，$v=0.5$，$\theta=0.5$ 时，系统分岔图和李雅普诺夫指数动态演化图如图 4-14 所示。如图 4-13 (b) 所示，当 $v=0.5$，$\theta \in [0,1]$ 时，随着 θ 的增加，使系统稳定的 α 的范围却逐渐缩小，即伴随两个企业产品差异的增大，第一个企业的产量调整速度只能在更小的范围内使系统稳定 $\theta \in [-1,0]$ 时，则相反。在本节的所有模拟中，参数取值为：$a=10$，$b=0.5$，$c_1=3$，$c_2=5$。

企业基于不同预期比相同预期的产出决策行为的性态更为复杂，下面用数值模拟来说明系统的混沌行为，包括分岔图、奇异吸引子、李雅普诺夫指数和分维。

图 4-14 分岔图中，$\theta=0.5$，纳什均衡点 $E^*=(6.1333, 3.4667)$ 在参数 α 较小时局部稳定，α 增大时变得不稳定，可以观察到倍周期分岔和混沌。图 4-15 分岔图中，与 $\theta=-0.5$ 时情形类似，但纳什均衡点的坐标明显变大。图 4-16 为参数 $v=0.5$，$\theta=0.2$，$\alpha=0.41$ 时的奇异吸引子。

如图 4-17 所示，$\alpha=0.3$ 时系统关于参数 v 的分岔图，由 (a) 图 ($\theta=1$) 可知，当 $0.4<v<1$ 时，系统渐进稳定于纳什均衡点；而当 $0<v<0.4$ 时，系统全局二周期稳定。(b) 图 ($\theta=0.5$) 中，当 $0<v<1$ 时，系统渐进稳定于纳什均衡点。

混沌吸引子相邻轨道的分离速度可用分维来刻画，根据李雅普诺夫维数定义式，此二维映射李雅普诺夫维数为：

$$D_L = 1 + \dfrac{\lambda_1}{|\lambda_2|}, \quad \lambda_1 > 0 > \lambda_2$$

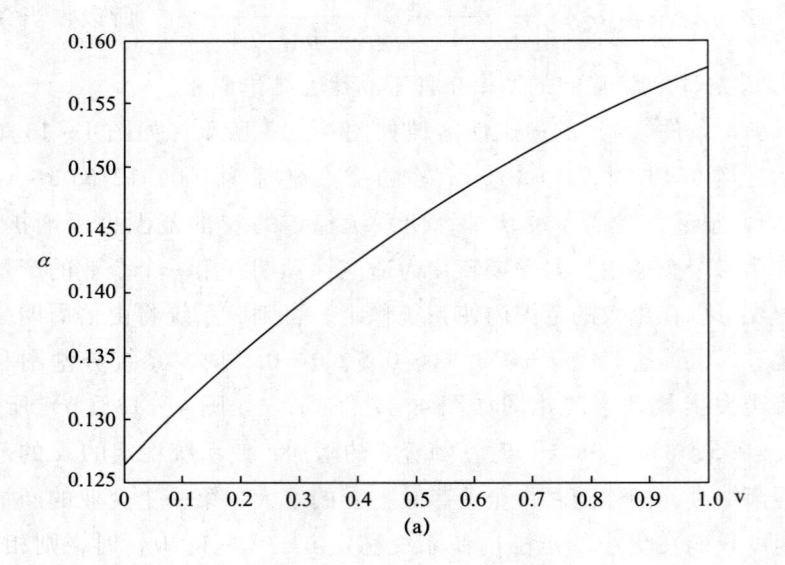

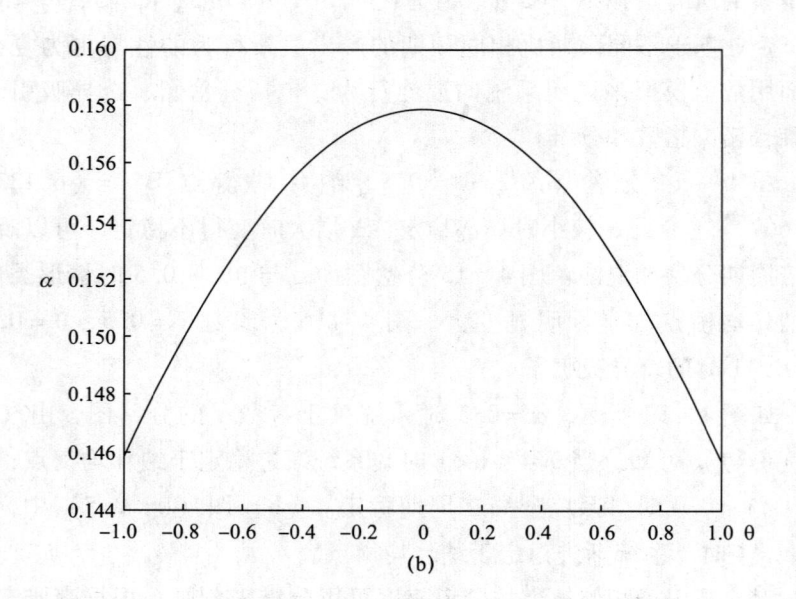

图 4-13 纳什均衡点的稳定性区域

○表示$q_1(t)$ •表示$q_2(t)$

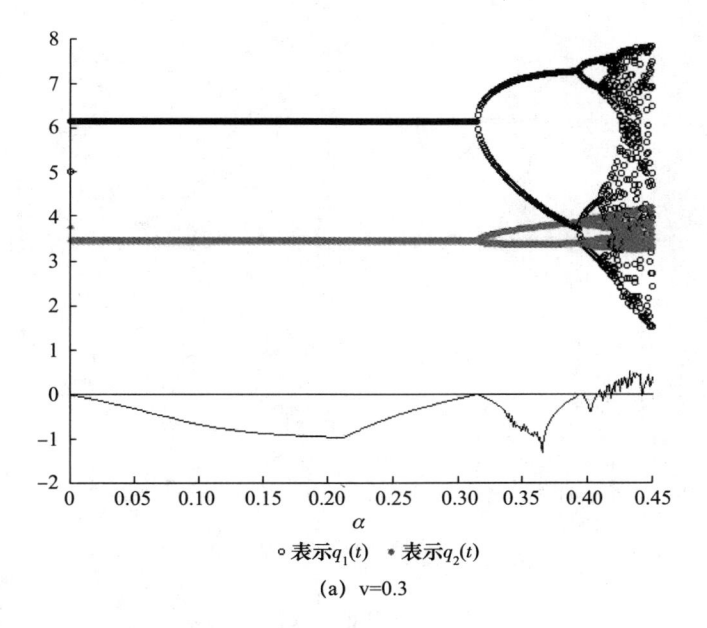

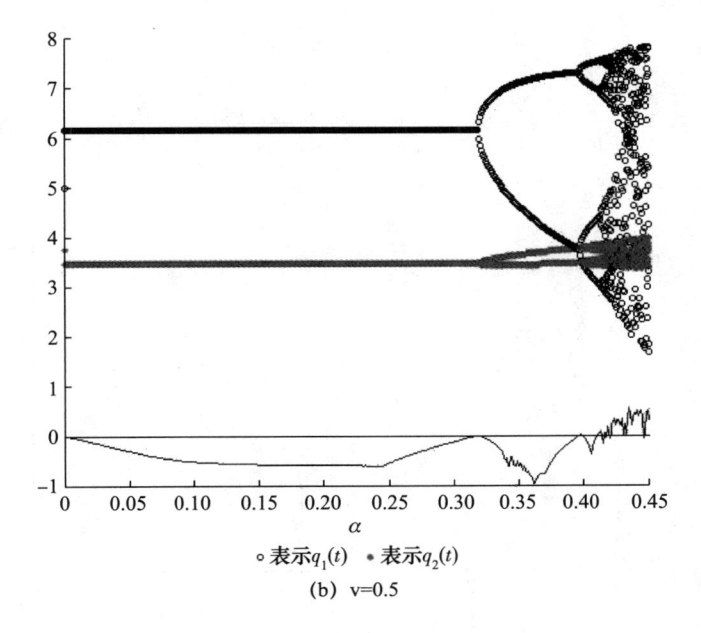

(a) v=0.3

○表示$q_1(t)$ •表示$q_2(t)$

(b) v=0.5

图 4-14　分岔图 $\theta=0.5$

○ 表示 $q_1(t)$ • 表示 $q_2(t)$

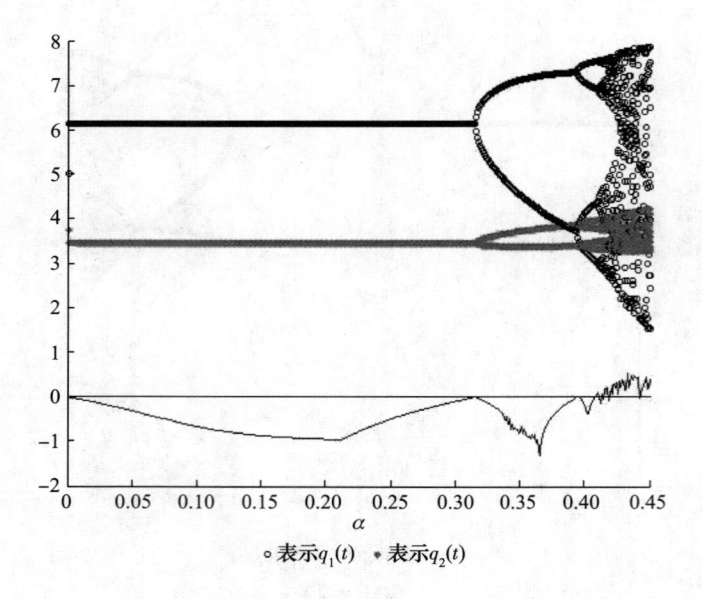

图 4-15 分岔图 $\theta = -0.5$, $v = 0.5$

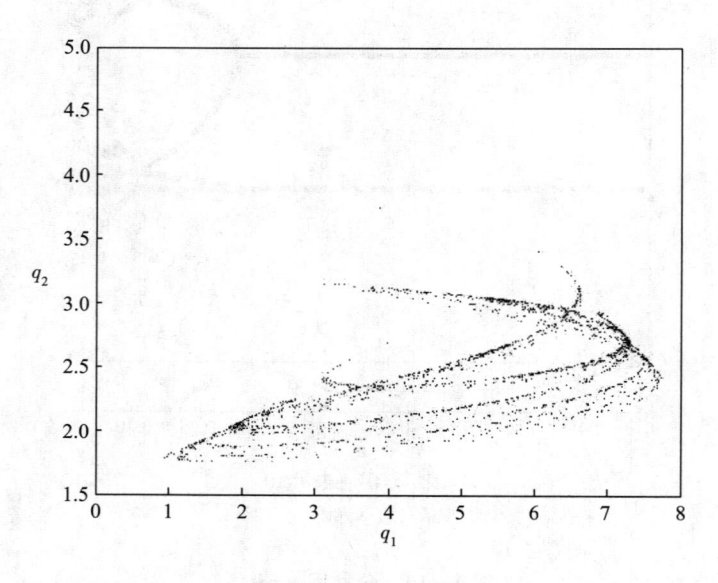

图 4-16 吸引子 $v = 0.5$, $\theta = 1$, $\alpha = 0.45$

(a) θ=1

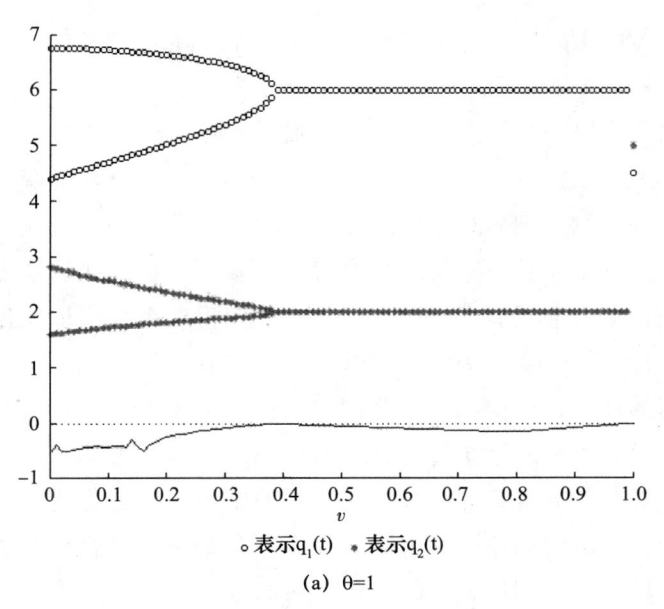

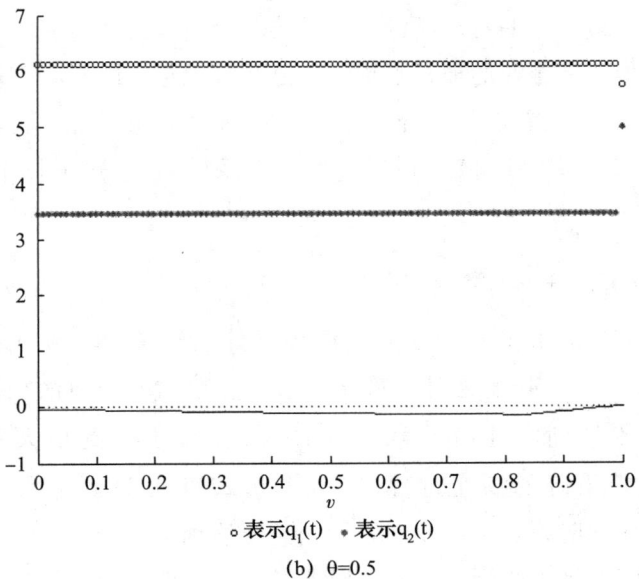

○表示$q_1(t)$　*表示$q_2(t)$

(b) θ=0.5

○表示$q_1(t)$　*表示$q_2(t)$

图 4-17　分岔图 α=0.3

参数值 (a, b, c_1, c_2, α, v, θ) = (10, 0.5, 3, 5, 0.45, 0.5, 1), 系统的两个李雅普诺夫指数 λ_1 = 0.32 和 λ_2 = -1.05。系统

吸引子的分维 $D_r \approx 1 + 0.32/1.05 \approx 1.31$，它具有分形结构。

（三）混沌表现评价

下面我们进一步研究不同决策规则下的鲍利模型。取 $\theta = 1$，即古诺模型，线性反需求函数为 $p = a - b(q_1 + q_2)$，经济系统产生混沌的动因是系统参数 a 和 v 的变化。

混沌评价主要是考察某个系统指标随参数变化的变动情况，它是进行混沌控制的前提。通过这个过程，我们将对系统指标优化后的系统状态更加清楚，从而为实施有针对性的控制提供目标。正如我们在前面分析的那样，对由两个企业构成的二维系统而言，对系统混沌的评价不能单独由某一个企业的某个指标确定，因为市场竞争博弈不可能接受只对某一方有利的结果，它接受的是系统综合优化的结果。按照埃奇沃思提出的如今被称为"合作系数"的方法，合作系数模型引入了对部分联合利润最大化的分析，从而放宽了企业追求并且仅仅追求自身利润最大化的古诺假设。假设第一个企业经营的目的是使自身利润和其他所有企业的加权平均利润之和最大化，即 $G_1 = \Pi_1 + \phi_1 \Pi_2$，其中，$\phi_1$ 是第一个企业的合作系数。对两强市场来说，我们以累计总利润（或平均利润）为指标来评价系统在各种不同状态的表现，即：

$$\Pi_{1,2}^{aggr} = \Pi_1^{aggr} + \phi_1 \Pi_2^{aggr} = \sum_{t=1}^{T} [(p - c_1)q_1(t) + \phi_1(p - c_2)q_2(t)]$$

图 4-18 给出了两个企业及市场累计利润随参数变化情况。取 $\phi_1 = 1$，以连续 100 期为时间跨度，系统参数取值与前面相同。第一个企业的累计利润经历了急剧增加—缓慢增加达到最大值 $\Pi_1^{aggr} = 2164.3$ 缓慢下降的演变过程，在 $\alpha = 0.2771$ 时达到最大值 $\Pi_1^{aggr} = 2164.3$。而此时第二个企业的累计利润则达到最小值。第二个企业的累计利润则经历了急剧下降—缓慢下降至最小值—缓慢增加的演变过程，在 $\alpha = 0.004$ 时达到最大值 $\Pi_2^{aggr} = 2905.1$。而此时第一个企业的累计利润达到最小值。因此，任何一个企业单纯追求自身利益最大化的后果必然是对方利益受到严重损害，这在两强竞争市场是不可能出现的。图 4-18（c）是系统总的累计利润指标随参数变化情况。它

的演变形态较为复杂，在 $\alpha = 0.2731$ 时达到最大值 $\Pi_{1,2}^{aggr} = 3263.9$。此时系统处于 1P 轨道，而当 $\alpha = 0.012$ 时达到局部极大值 $\Pi_{1,2}^{aggr} = 3260$。当系统进入混沌以后，利润指标出现明显波动，并在三周期轨道处达到局部极小值（此时 $\alpha = 0.3976$），此后系统进入完全混沌区，指标变动已无法预测。因此，总体上看，系统在低周期轨道上指标值较优。

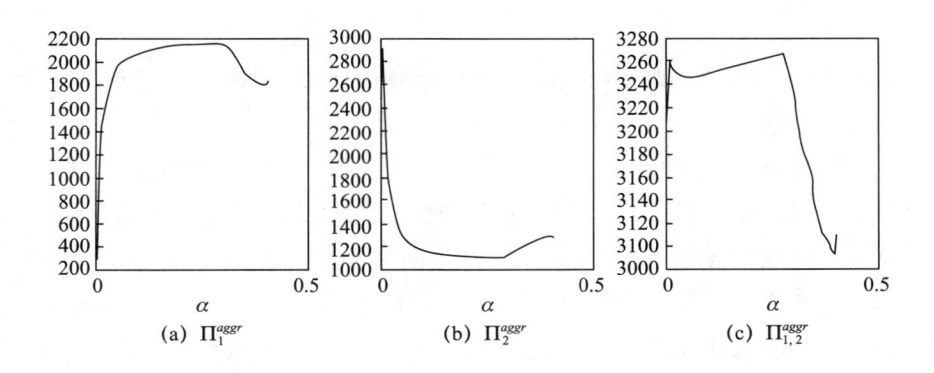

图 4-18　累计利润随参数变化情况

(a) Π_1^{aggr}　　(b) Π_2^{aggr}　　(c) $\Pi_{1,2}^{aggr}$

图 4-19 显示的市场混沌是由第一个企业不断改变产量调整速度引起的。从平衡点方程可以清楚地看出，两个企业的相对利润变动取决于各自边际成本的相对状况。如果它们的边际成本相差不大或者第一个企业的边际成本高于另一个企业的边际成本，则作为混沌制造者，第一个企业的累计利润总是低于其竞争者的累计利润。反之，随着边际成本差异的显著增加，两个企业的累计利润变动曲线将可能相交（此时两个企业有相同的累计利润），且随着 α 的增加，第一个企业的累积利润会高于其竞争对手的累积利润，即混沌制造者将在竞争中取得优势。此时，若第二个企业由适应性预期转化为朴素预期（$v = 0$ 与 $v > 0$ 体现两种决策规则），对利润变动曲线形态没有影响，但是，它会影响两家企业利润曲线的交点位置。

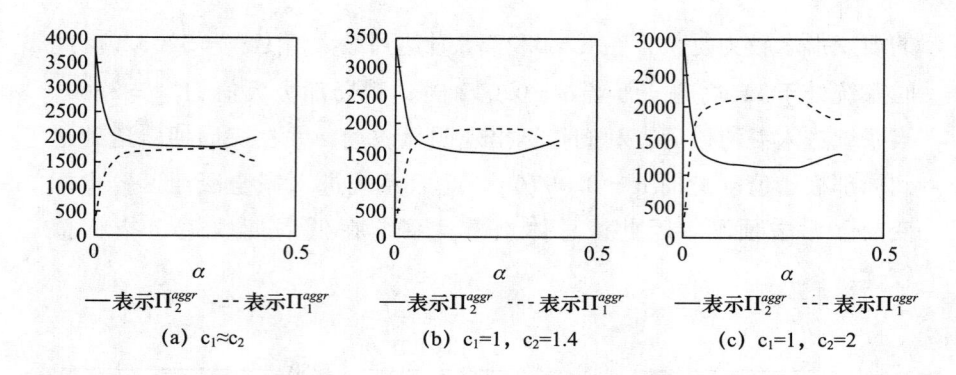

(a) $c_1 \approx c_2$　　(b) $c_1=1$，$c_2=1.4$　　(c) $c_1=1$，$c_2=2$

图 4-19　第一个企业为混沌制造者时企业边际成本的相对差异对利润的影响

显然，系统指标并非单纯决定于系统状态，系统参数同样对其有重要影响。同一系统状态的不同参数值，其对应的指标值也会不同，通常所讨论的控制都是状态控制，从而使系统达到某种所希望的状态，其表现得到改善。下面将分别讨论系统不稳定不动点、不稳定 2P 轨道的控制策略及企业在实现平衡态过程中的自适应调整行为对控制结果的影响。

（四）混沌控制

1. 不稳定不动点控制

首先讨论用经典 OGY 控制方法对本模型的失效性，然后探讨成功的控制策略。在 OGY 控制方法中，假设系统为 $X_{t+1} = f(X_t, p)$，其中，p 为系统参数，如果系统是混沌的，则可以通过连续调整 p 来使 $f(X_t, p_t + \delta p_t)$ 沿着系统的稳定流形。也就是说，使它在不稳定流形上的投影为零，这样，可以给出如下参数调整公式：

$$\delta p_i(t) = -\lambda (e \cdot \delta X_t)/(e \cdot \alpha f/\alpha p_i)$$

式中，λ 为系统的最大特征根，向量 e 满足：它与 f_u 所对应的特征向量的内积为 1，与其他特征向量的内积为 0。

因此，运用 OGY 方法必须首先恰当地选择系统可调参数。在系统式（4.11）的所有参数中，适应性预期权重 v 和成本参数 c 短期都不易改变，我们选取生产调整速度作为系统参数来实施控制。但是，由于在系统平衡点处：

$\partial f / \partial \alpha = q_1 \ (a - c_1 - 2bq_1 - bq_2) \ = 0$

所以，OGY 控制方法对本模型失效。E. Ahmed 在研究一类通货膨胀—失业模型时遇到了同样的问题，他在那篇文章中介绍了一种按照一定时间间隔对系统参数进行微调的方法，我们这里的时间间隔取 3，即每隔三个时间单位对参数进行一次调整，取 $\alpha_{t+1} = 0.998\alpha_t$，同样将系统控制在不稳定不动点，参数的最终取值为 $\alpha = 0.2045$（见图 4-20），实验发现，如果参数调整幅度相同，则控制间隔越长，系统到达平衡点的时间也越长，而且整个过程恰恰是一个倒分岔过程。但是，实践中，对参数做这样大的调整通常有困难。也就是说，需要对参数调整的范围进行限制，这里，提出调整范围受限的参数连续微调方法，方法如下：每一步迭代都对参数做一次调整（比上面的调整幅度要小），即：

$\alpha_{t+1} = \max \ (0.998\alpha_t, \ 0.392)$

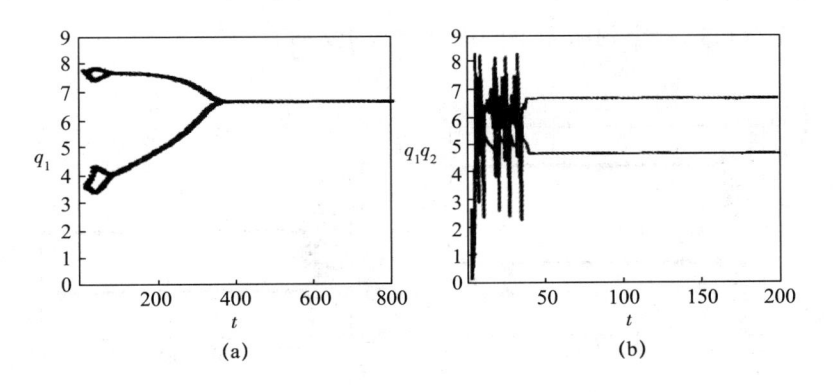

图 4-20 对参数进行微调实现对不动点的控制

如果系统变量值达到平衡点或其很小的邻域内，就取消控制，否则继续控制。用该方法来实现对系统纳什均衡点的稳定控制。可以看到，使用不超过 50 次迭代就可以实现控制目标，如图 4-20 所示。在实验中发现，该方法对初值及控制间隔的选取较为敏感。

2. 不稳定 2P 轨道控制

根据本节前面的讨论，如果以系统累计总利润（或平均利润）为指标,则总体上它在较低周期轨道上达到较优值,这里,我们在内嵌有无穷多周期轨道的混沌吸引子中找到倍周期分岔通往混沌道路上的2P轨道并使它稳定化,从而实现系统的优化。我们运用简单的系统变量延迟反馈方法来实现。混沌经济系统的控制与物理等混沌系统控制的不同之处在于,它的真正有意义的控制方法必须能够转换成经济主体自身的可操作性的适应性行为。变量延迟反馈控制方法由于体现了经济主体控制市场波动的延迟理性决策思想,所以,非常符合经济混沌控制的实际。

假设是第一个企业采取控制措施,即有:

$$\begin{cases} q_1(t+1) = q_1(t) + \alpha_1 q_1(t)(a - c_1 - 2bq_1(t) - bq_2(t)) + k_1[q_1(t) - q_1(t-1)] \\ q_2(t+1) = vq_2(t) + (1-v)\dfrac{[a - c_2 - bq_1(t)]}{2b} \end{cases}$$

可以看到,有很多选择使系统稳定到2P轨道,但绝大部分并不是我们所需要的。经过大量实验,如图4-21所示,当 k = 0.1765 时,系统可以稳定到所需要的周期轨道上。

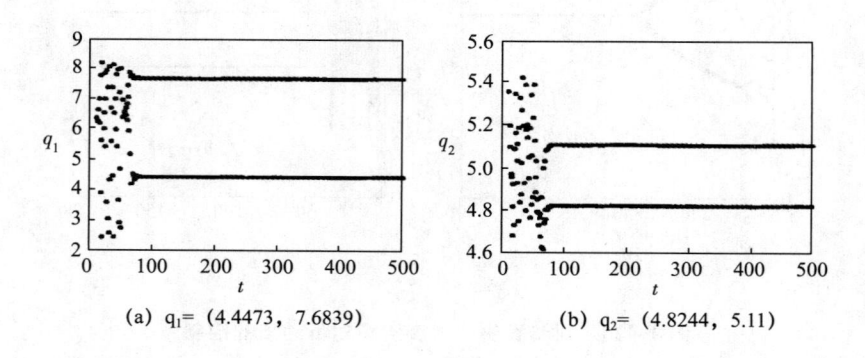

(a) q_1 = (4.4473, 7.6839)

(b) q_2 = (4.8244, 5.11)

图4-21 延迟变量反馈控制系统到2P轨道

三 目标定向过程中的多周期控制

混沌经济系统的控制目前遇到的一个难题是,大多数成熟但复杂的混沌控制方法能否或者如何通过经济主体的行为得到实现。

下面我们运用直接反馈控制方法来研究系统式(4.11)的混沌控

制，我们不用它来实现对不稳定不动点的控制，而是研究企业在为实现平衡态的逐步纠偏过程中其行为对市场演化动态的影响。

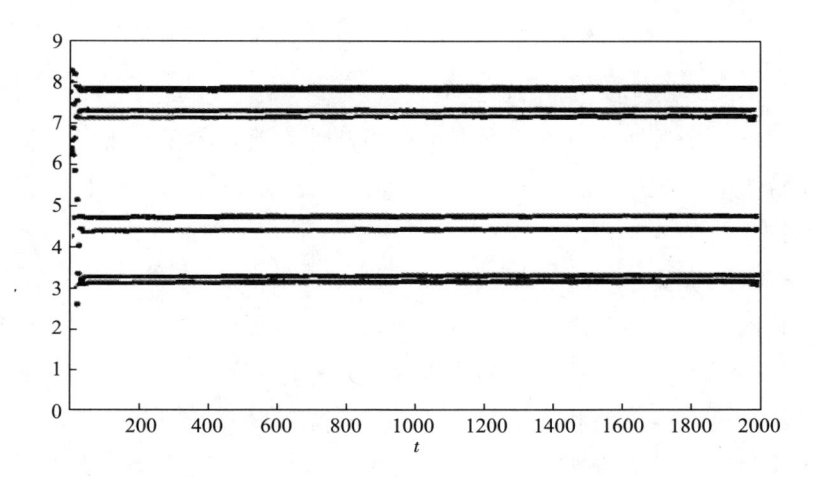

图 4-22 企业为实现平衡态过程中的自适应行为所实现的多周期控制

在实际市场竞争中，一旦混沌出现，企业总会采取一些措施来稳定市场。企业会将其现有状态与平衡态进行对比，并以此决定调控力度。但这样的过程不可能一步到位，而是在逐步"试错"中实现的。即如果：

$$\begin{cases} q_1(t+1) = q_1(t) + \alpha_1 q_1(t)[a - c_1 - 2bq_1(t)] - bq_2(t) + k_1[q_1(t) - q_1] \\ q_2(t+1) = vq_2(t) + (1-v)\dfrac{[a - c_2 - bq_1(t)]}{2b} + k_2[q_2(t) - q_2] \end{cases}$$

则企业会不断地调整 k 以求实现控制目标。实验发现，很多时候，选取不同的 k；或者没有效果或者会使系统稳定在不同的周期态。如当 $k_1 = 0.05$，$k_2 = 0.04$ 时会使系统稳定在 7P 轨道上（见图 4-22），而当 $k_1 = 0.07$，$k_2 = 0.08$ 时则会使系统稳定在 4P 轨道上。这表明，企业的自适应调整行为在一些情况下的确可以削弱波动。

第二节　多寡头产量博弈的复杂
　　　　动力学分析与混沌控制

双寡头产量博弈可推广到多个有限理性寡头竞争的情形，下面简单地介绍浦小松三寡头和四寡头产量博弈的复杂动力学分析与混沌控制。[①]

一　三寡头

我国三寡头垄断市场较普遍，例如，石油领域的中国石油、中国石化和中国海油；通信领域的中国移动、中国联通和中国电信等；空调市场的格力、美的和海尔都是"三足鼎立"的竞争格局。浦小松则进一步研究了三寡头博弈的复杂动力学。近年来，对寡头博弈的动力学行为的研究越来越多。在相关文献的研究基础上，通过假设二次逆需求函数和三次总成本函数，建立了一个非线性三寡头古诺博弈模型。市场的总产出为：

$$Q(t) = q_1(t) + q_2(t) + q_3(t)$$

逆需求函数为：

$$P = P[Q(t)] = m - nQ^2(t)$$

采用微观经济学中类似于三次函数形式的总成本函数为：

$$C_i[q_i(t)] = a_i + b_i q_i(t) + c_i q_i^2(t) + d_i q_i^3(t), \quad i = 1, 2, 3$$

书中考虑基于不同预期的产量博弈模型，假设第一个企业采取静态预期，即：

$$q_i(t+1) = q_i^*(t)$$

第二个企业采取自适应预期，即：

$$q_i(t+1) = q_i(t) + \alpha[q_i(t) - q_i^*(t)], \quad -1 < \alpha < 0$$

第三个企业采取有限理性预期，即：

[①] 浦小松：《一类寡头垄断市场产量博弈及混合模型的动力学研究》，博士学位论文，天津大学，2012年。

$$q_i(t+1) = q_i(t) + \beta q_i(t)\frac{\partial \pi_i(t)}{\partial q_i(t)}, \ 0 < \beta < 1,$$

三寡头动态博弈模型不同预期条件下的动力系统：

$$\begin{cases} q_1(t+1) = \dfrac{1}{3n+3d_1}\{-2n[q_2(t)+q_3(t)]-c_1+\sqrt{M}\} \\ q_2(t+1) = q_2(t)+\alpha\left\{q_2(t)-\dfrac{1}{3n+3d_2}[-2n(q_1(t)+q_3(t))-c_2+\sqrt{N}]\right\} \\ q_3(t+1) = q_3(t)+\beta q_3(t)\{-3(n+d_3)q_3^2(t)-[4nq_1(t)+4nq_2(t) \\ \qquad\qquad +2c_3]q_3(t)-n[q_1(t)+q_2(t)]^2+m-b_3\} \end{cases}$$

(4.12)

该模型的复杂动力学特性解析。为了识别系统式（4.12）的混沌行为，以下给出产量随着 α 和 β 变化的分岔图。参数取值为：$m=5$，$n=1$，$b_1=0.4$，$c_1=-0.03$，$d_1=0.005$，$b_2=0.35$，$c_2=-0.025$，$d_2=0.006$，$b_3=0.3$，$c_3=-0.02$，$d_3=0.007$，三家企业的初始产量分别取 0.2、0.5、0.8。

这表明当企业采取自适应预期时，负反馈因子的绝对值越小，越有利于市场的稳定。对比图 4-23 和图 4-24 可以发现，较小的产量调整速度可以使系统稳定在纳什均衡点。

图 4-25 显示，企业 2 的产量具有极强的稳定性，自始至终没有发生分岔现象，一直稳定在纳什均衡点的产量水平 0.5581 左右，说明采取负反馈机制的自适应企业对经济系统具有稳定效应。当 $\alpha=0.1$，$\beta=0.57$ 时，混沌状态的系统吸引子如图 4-26 所示。

本部分研究目的是通过对三维系统详细的理论分析和数值模拟，深入挖掘应用不同预期规则的三寡头博弈的内在复杂性，为经济决策提供参考。

分析系统式（4.12）的丰富动力学行为后，下面分析对市场混沌状态的有效控制策略。系统式（4.12）可记为：

$$\begin{cases} q_1(t+1) = f[q_1(t), q_2(t), q_3(t)] \\ q_2(t+1) = g[q_1(t), q_2(t), q_3(t)] \\ q_3(t+1) = h[q_1(t), q_2(t), q_3(t)] \end{cases}$$

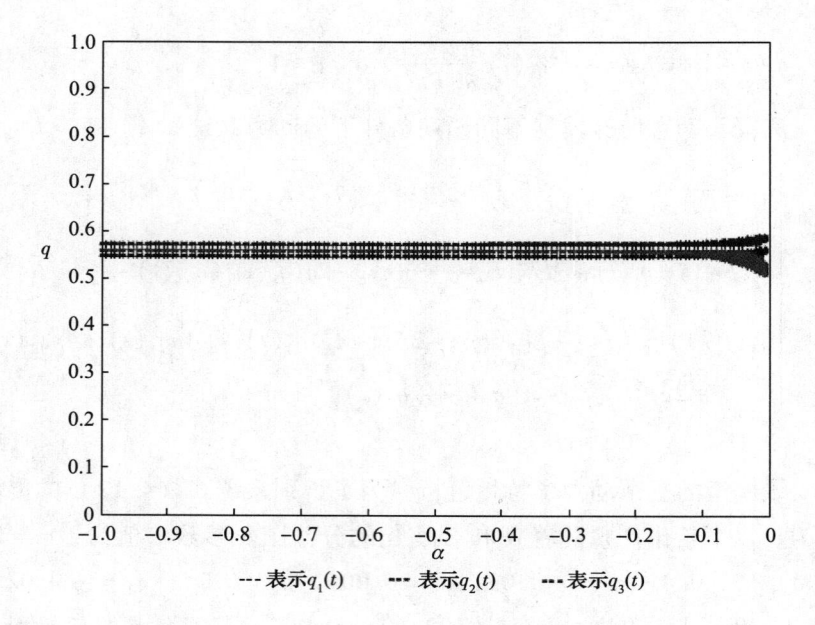

--- 表示$q_1(t)$ --- 表示$q_2(t)$ --- 表示$q_3(t)$

图 4-23　$\beta=0.1$ 时系统随 α 变化的产量分岔

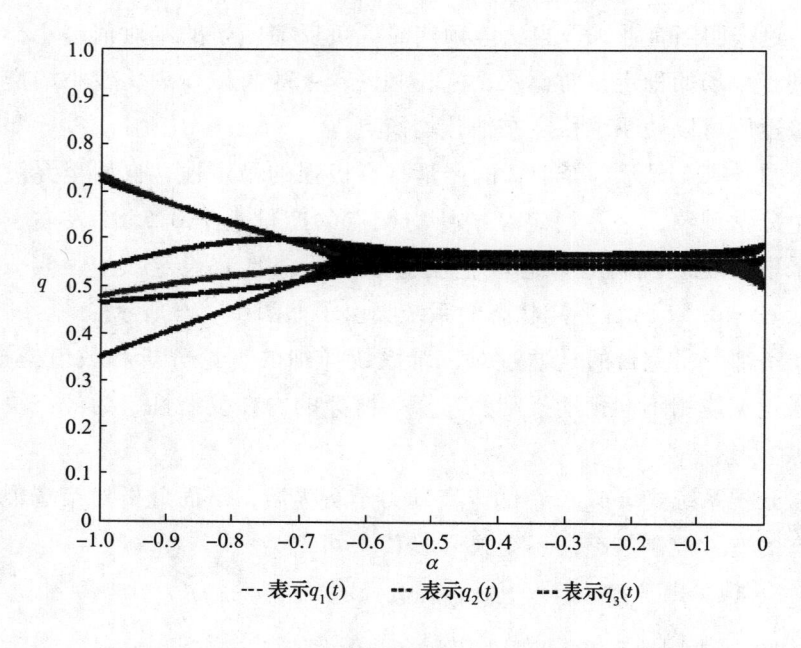

--- 表示$q_1(t)$ --- 表示$q_2(t)$ --- 表示$q_3(t)$

图 4-24　$\beta=0.25$ 时系统随 α 变化的产量分岔

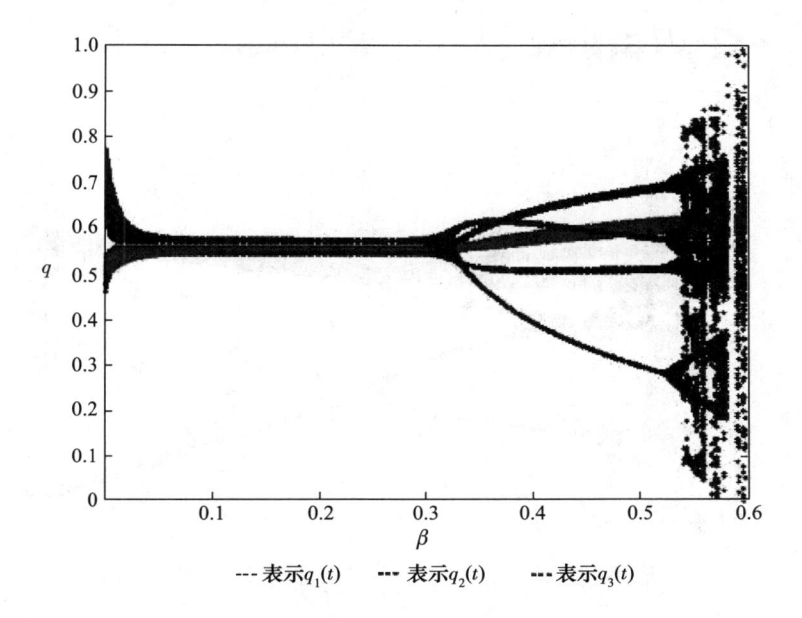

第四章 寡头市场产量博弈模型及其动力学分析 | 155

--- 表示$q_1(t)$ --- 表示$q_2(t)$ --- 表示$q_3(t)$

图 4-25 $\alpha = -0.1$ 时系统随 β 变化的产量分岔

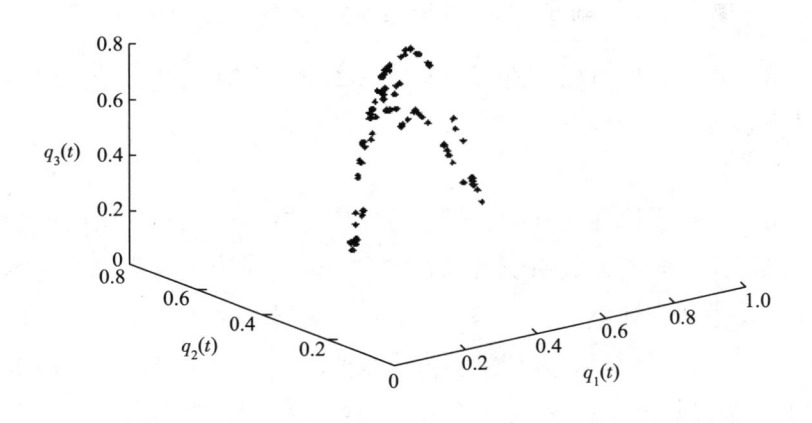

图 4-26 混沌状态的吸引子

则假设是第一个企业采取控制措施,即有:

$$\begin{cases} q_1(t+1) = f[q_1(t), q_2(t), q_3(t)] \\ q_2(t+1) = g[q_1(t), q_2(t), q_3(t)] \\ q_3(t+1) = h[q_1(t), q_2(t), q_3(t)] - kq_3(t) \end{cases}$$

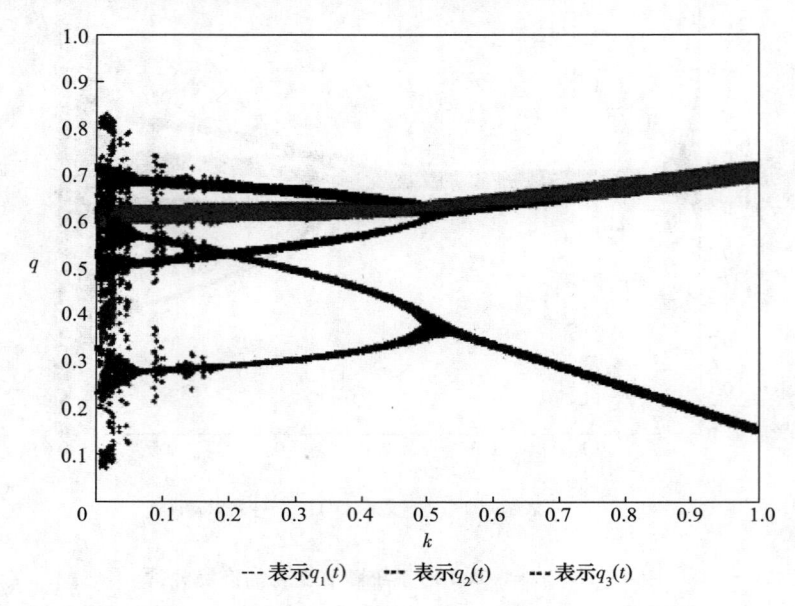

该受控系统随控制参数 k 变化的产量演化趋势如图 4-27 所示。

--- 表示 $q_1(t)$ --- 表示 $q_2(t)$ --- 表示 $q_3(t)$

图 4-27 $\alpha = 0.1$，$\beta = 0.57$ 时受控系统随 k 变化的产量分岔

从图 4-27 中可以看出，当 k > 0.52 时分岔现象消失，系统的混沌状态被控制到稳定状态。

二　四寡头

由于高维系统内在复杂性分析的理论还有待于完善，国内外学者在自然科学领域对高维系统的研究较多。因而对于三寡头以上的博弈模型复杂性研究还不多见。基于自然科学领域文献的启示，把延迟有限理性引入古诺模型，以产量作为决策变量，仍然假设二次逆需求函数和三次总成本函数，建立一个四寡头博弈模型。本书考虑每个企业为了计算自己的期望产出而形成不同的预期策略。同三寡头情形类似，假设第一个企业采取静态预期，第二个企业采取自适应预期，第三个企业采取有限理性预期，而第四个企业采取延迟有限理性预期。研究假设第四个企业考虑先前产量的信息，其预期产量为：

$$q_4^e(t+1) = \omega q_4(t) + (1-\omega) q_4(t-1)$$

市场的总产出为：

$$Q(t) = q_1(t) + q_2(t) + q_3(t) + \omega q_4(t) + (1-\omega)q_4(t-1)$$

逆需求函数为：

$$P = P[Q(t)] = m - nQ^2(t)$$

仍然采用三次总成本函数：

$$C_i[q_i(t)] = a_i + b_i q_i(t) + c_i q_i^2(t) + d_i q_i^3(t), \quad i = 1, 2, 3$$

$$C_4[q_4(t)] = a_4 + b_4[\omega q_4(t) + (1-\omega)q_4(t-1)] + c_4[\omega q_4(t) + (1-\omega)q_4(t-1)]^2 + d_4[\omega q_4(t) + (1-\omega)q_4(t-1)]^3$$

第四个企业采取延迟有限理性预期，即：

$$q_4(t+1) = q_4(t) + \gamma q_4(t)\frac{\partial \pi_4(t)}{\partial q_4}, \quad 0 < \gamma < 1 \tag{4.13}$$

其中，γ 是产量调整速度参数。系统式（4.12）和式（4.13）构成四寡头系统式（4.14）。

为方便研究，设：

$$r(t+1) = q_4(4) \tag{4.14}$$

我们把系统式（4.14）改写成一个等价的五维形式的系统。随后详细研究了该模型的复杂动力学，并对系统混沌状态施加有效控制，使市场重新回到稳定状态。

应用前面介绍的状态反馈和参数调整控制法对系统施加控制，假设原系统为：

$$\begin{cases} q_1(t+1) = f_1[q_1(t), q_2(t), q_3(t), q_4(t), r(t)] \\ q_2(t+1) = f_2[q_1(t), q_2(t), q_3(t), q_4(t), r(t)] \\ q_3(t+1) = f_3[q_1(t), q_2(t), q_3(t), q_4(t), r(t)] \\ q_4(t+1) = f_4[q_1(t), q_2(t), q_3(t), q_4(t), r(t)] \\ r(t+1) = f_5[q_1(t), q_2(t), q_3(t), q_4(t), r(t)] \end{cases} \tag{4.15}$$

对式（4.15）施加控制，受控系统为：

$$\begin{cases} q_1(t+m) = \mu\{f_1^{(m)}[q_1(t), q_2(t), q_3(t), q_4(t), r(t)]\} + (1-\mu)q_1(t) \\ q_2(t+m) = \mu\{f_2^{(m)}[q_1(t), q_2(t), q_3(t), q_4(t), r(t)]\} + (1-\mu)q_2(t) \\ q_3(t+m) = \mu\{f_3^{(m)}[q_1(t), q_2(t), q_3(t), q_4(t), r(t)]\} + (1-\mu)q_3(t) \\ q_4(t+m) = \mu\{f_4^{(m)}[q_1(t), q_2(t), q_3(t), q_4(t), r(t)]\} + (1-\mu)q_4(t) \\ r(t+m) = \mu\{f_5^{(m)}[q_1(t), q_2(t), q_3(t), q_4(t), r(t)]\} + (1-\mu)q_5(t) \end{cases}$$

不同预期决策规则下四寡头博弈模型的复杂动力学行为类似于三寡头的情形，预期的不同将导致系统动力学行为的复杂性。采取自适应预期的企业对市场具有稳定作用，即负反馈因子的绝对值越小，市场越稳定；而有限理性企业产量的快速调整可能使系统失衡，甚至陷入混沌状态。通过加入延迟有限理性，提高了系统的稳定性。当市场陷入混沌状态时，由于"蝴蝶效应"的存在，企业将很难做出长期战略规划，也不能获得稳定的利润。我们通过对系统施加状态反馈和参数调整控制法，市场的倍周期分岔和混沌现象的出现都被明显推迟，甚至消失，使市场重新回到有序的竞争状态。

第三节 考虑排污权交易的双寡头博弈模型复杂性分析

作为产量博弈复杂动力学的应用，下面讨论排污权交易的双寡头博弈模型。排污权交易是环境治理的一种经济手段，在污染物总量控制的条件下，调剂排污量，从而达到减少排污量、保护环境的目的。排污权交易制度利用市场机制实现污染物的排放控制，弥补了排污收费制度的缺陷，当产品市场和排污权市场完全竞争时，它是减少环境污染的一种有效机制。对环境问题的日益重视促进了国内外排污权交易的理论研究和实践的发展，国内学者自 20 世纪 90 年代起逐渐开展对排污权交易的相关理论研究。但是，排污权交易可能严重依赖于行业的市场结构，完全竞争市场的情况不适用于寡头垄断市场。因此，有必要对于寡头垄断条件下考虑排污权交易的产量博弈进行分析。

近年来，关于有限理性条件下的寡头博弈的研究工作引起了越来越多的经济学者的兴趣。Ahmed、Agiza 和 Hassan 等把 Puu 的模型修改成具有非线性成本的有限理性多寡头博弈模型和不同行为规则的寡头非线性博弈的混沌动力学，观察到了分叉、混沌行为等复杂现象。易余胤、盛昭瀚、肖条军研究了具有溢出效应以及不同行为规则下的有限理性双寡头博弈的动态演化。达庆利等比较分析了具有相异成本的耐用品寡头垄断市场的两企业动态古诺模型。胡荣研究了具有学习效应的有限理性古诺竞争模型。姚洪兴等分析了差异化策略的两组动态古诺模型，并进行了稳定性控制。但是，排污权交易寡头博弈分析很少是基于有限理性假设。文献把排污权交易和有限理性引入经典的古诺模型中，分析了排污权交易对系统的稳定性的影响，赵令锐与张骥骥在同质有限理性双寡头古诺动态博弈模型中纳入了碳排放权交易。本书在现有文献的基础上，把碳排放权交易推广到更一般的污染排放权交易，进一步讨论排放权交易价格、污染治理水平和治污成本系数的影响，并对出现混沌现象的动态模型进行混沌控制，以期对现实寡头垄断市场中企业产量决策提供理论指导。

一 模型

假设寡头垄断不完全竞争市场中有两个企业生产同质的产品，两个企业的线性反需求函数为：

$$P = a - b(q_1 + q_2) \tag{4.16}$$

式中，常系数 $a > 0$，$b > 0$，取线性成本函数：

$$c_i(q_i) = c_i q_i + r_i, \quad c_i > 0, \quad i, j = 1, 2 \tag{4.17}$$

企业生产过程中产生污染，污染产生系数为 e_i，污染物的数量为 $q_i e_i$；企业 i 的污染治理水平为 a_i，其污染物处理量为 $a_i q_i$，β_i 为治污成本系数，则治污成本为 $\beta_i a_i q_i$。另外，假定企业 i 免费分配的初始排污权为 y_i^0，其排污权的交易量为 $q_i(e_i - a_i) - y_i^0$，交易价格为 p，若 $q_i(e_i - a_i) - y_i^0 < 0$，表示企业 i 出售剩余的排污权；反之，表示企业 i 购买不足的排污权，且 $q_j(e_j - a_j) - y_j^0 = y_i^0 - q_i(e_i - a_i)$，$i, j = 1, 2, i \neq j$。

第 i 个企业在第 t 期的产出的利润函数为：

$$\pi_i(t) = \{a - b[q_1(t) + q_2(t)]\}q_i(t) - c_i q_i(t) - r_i - \beta_i a_i q_i(t) - pq_i(t)(e_i - a_i) + py_i^0 \tag{4.18}$$

企业在一个期间的边际利润为：

$$\frac{\partial \pi_i(t)}{\partial q_i(t)} = a - d_i - b[2q_i(t) + q_j(t)] \tag{4.19}$$

式中，$d_i = c_i + p(e_i - a_i) + \beta_i a_i$，即为企业 i 总边际变动成本，

由单位产品的生产成本与排污成本两部分构成。第 i 个企业用自己所掌握的有限信息进行决策，即如果当期的边际利润为正，则它会增加生产；反之则减少生产，则它在第 $t+1$ 期的生产调整过程为：

$$q_i(t+1) = q_i(t) + \alpha_i q_i(t) \frac{\partial \pi_i(t)}{\partial q_i(t)} \tag{4.20}$$

式中，α_i 为第 i 个企业的生产调整速度。把式（4.19）代入式（4.20）得到有限理性双寡头博弈产量模型：

$$q_i(t+1) = q_i(t) + \alpha_i q_i(t)\{a - d_i - b[2q_i(t) + q_j(t)]\}, \ i, j = 1, 2, \ i \neq j, \tag{4.21}$$

二 模型分析

从经济学的观点看，只有非负均衡才有意义。在系统式（4.21）中，令 $q_i(t+1) = q_i(t)$，$i = 1, 2$ 得到非线性系统式（4.21）的 4 个均衡解为：

$$E_0 = (0, 0), \ E_1 = \left(\frac{a-d_1}{2b}, 0\right), \ E_2 = \left(0, \frac{a-d_2}{2b}\right), \ E^* = \left(\frac{a-2d_1+d_2}{3b}, \frac{a-2d_2+d_1}{3b}\right)$$

显然，E_0、E_1、E_2 为有界均衡点（鞍点），当 $a + d_i > 2d_j$ 时，非负均衡 E^* 为纳什均衡点。

下面着重讨论纳什均衡 E^* 的局部稳定性。先计算 E^* 点处的雅可比矩阵为：

$$J = \frac{1}{3}\begin{bmatrix} 3 - 2\alpha_1(a - 2d_1 + d_2) & -\alpha_1(a - 2d_1 + d_2) \\ -\alpha_2(a - 2d_2 + d_1) & 3 - 2\alpha_2(a - 2d_2 + d_1) \end{bmatrix}$$

其特征方程为：

$$f(\lambda) = \lambda^2 - \lambda \cdot trJ + detJ = 0$$

这里，trJ 为雅可比矩阵的迹，$detJ$ 为雅可比矩阵的行列式，表示如下：

$$trJ = 2 - \frac{2}{3}\alpha_1(a - 2d_1 + d_2) - \frac{2}{3}\alpha_2(a - 2d_2 + d_1)$$

$$detJ = 1 - \frac{2}{3}\alpha_1(a - 2d_1 + d_2) - \frac{2}{3}\alpha_2(a - 2d_2 + d_1) + \frac{1}{3}\alpha_1\alpha_2(a - 2d_1 + d_2)(a - 2d_2 + d_1)$$

当 $a + d_i > 2d_j$ 时，

$$(trJ)^2 - 4detJ = \frac{4}{9}\left[\alpha_1(a-2d_1+d_2) - \frac{2}{3}\alpha_2(a-2d_2+d_1)\right]^2 + \frac{4}{9}\alpha_1\alpha_2(a-2d_1+d_2)(a-2d_2+d_1) > 0$$

这说明纳什均衡 E^* 对应的特征值是实数。那么，纳什均衡 E^* 的局部稳定的充分必要条件 $|\lambda_i| < 1$（$i=1,2$）可由朱利条件给出：

$$\begin{cases} f(1) = 1 - trJ + detJ > 0 \\ f(-1) = 1 + trJ + detJ > 0 \end{cases}$$

即：

$$4\alpha_1(a-2d_1+d_2) + 4\alpha_2(a-2d_2+d_1) - \alpha_1\alpha_2(a-2d_1+d_2)(a-2d_2+d_1) < 12 \tag{4.22}$$

上式定义了 E^* 的一个稳定区域，这个稳定区域由一段双曲线与 α_1、α_2 的正半轴界定。纳什均衡 E^* 在这个区域内是稳定的均衡点，但 α_1、α_2 一旦超出这个区域，E^* 就变得不稳定。鉴于式（4.22）难以求解，我们用具体的数值模拟系统式（4.21）的稳定域（见图 4-28），图 4-28 的边界曲线与坐标轴的交点的坐标分别是：

$$\left(\frac{3}{a-2d_1+d_2}, 0\right), \left(\frac{3}{a-2d_2+d_1}\right)$$

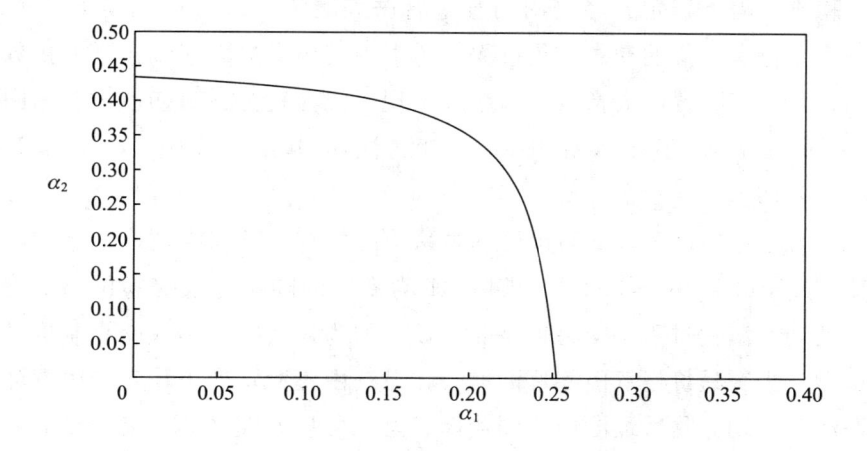

图 4-28 纳什均衡点的稳定域

显然，E^* 的稳定性依赖于系统参数 a、b 和 d_i。事实上，若增加确保 E^* 局部稳定的参数 α_1、α_2 的值，使 α_1、α_2 离开稳定区域，即产量调整速度超过临界值，系统就会由倍周期分岔进入混沌状态，市场出现不可预测性，此时，双寡头都无法决定长期动态调整后的产量。企业 i 总边际变动成本 d_i 对系统有重要影响，排污权交易价格 p、污染产生系数 e_i、污染治理水平 a_i 与治污成本系数 β_i 不仅会影响寡头企业的均衡产量，而且会影响系统的稳定性。

三 数值模拟

为了更好地了解系统的动态行为，我们借助 Matlab 软件对双寡头非线性博弈模型式（4.21）进行数值模拟，描绘出系统式（4.21）的动态演化过程和对初始条件的敏感依赖性等图形，并计算了系统的最大李雅普诺夫指数。为方便研究平衡点的局部稳定性，若无特殊说明，以下假设参数值为：

$a = 16$，$b = 4$，$c_1 = 3$，$c_2 = 5$，$\alpha_1 = 0.1$，$p = 1$，$e_1 = 0.4$，$e_2 = 0.5$，$a_1 = 0.5$，$a_2 = 1.2$，$\beta_1 = 0.6$，$\beta_2 = \dfrac{5}{6}$。

图 4-29 为有限理性双寡头博弈动态演化图，当参数 $\alpha_1 = 0.1$ 时，第二个企业对市场的反应速度 α_2 由零逐渐增大，纳什均衡点 E^* 由稳定变得不稳定，经倍周期分岔后进入混沌态；当 α_2 固定时，第一个企业有类似的动态演化过程。图中也给出了最大李雅普诺夫指数图，正的李雅普诺夫指数表示系统出现了混沌行为，对初值敏感。图 4-30 为有限理性双寡头博弈的混沌吸引子，其中，$\alpha_1 = 0.2$，$\alpha_2 = 0.18$。

为了考察排污权交易价格 p 对系统的影响，其他参数取上述值不变，$\alpha_1 = 0.1$，$\alpha_2 = 0.42$，图 4-31 为系统的随排污权交易价格 p 变化的动态演化过程。交易价格 p 为零，即为未实施排污权交易制度的情形。当交易价格 p 由零逐渐增大，系统由不稳定变得稳定，由混沌态经倍周期分岔后逐渐恢复到均衡状态。可见，较高的交易价格 p 有助于市场的稳定，而 p 是企业的不可控因素，一般可通过政府政策、市场调节等手段加以调控。

○ 表示 q_1 ● 表示 q_2

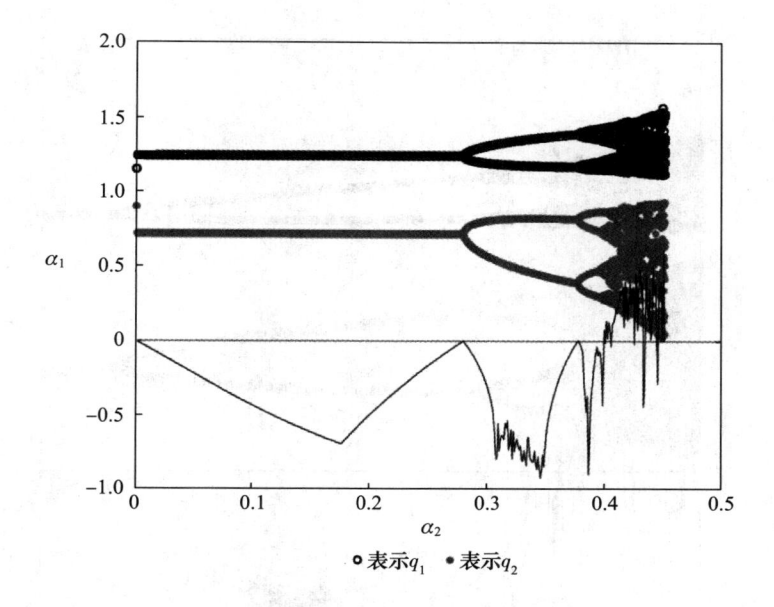

图 4-29 有限理性双寡头博弈模型动态演化

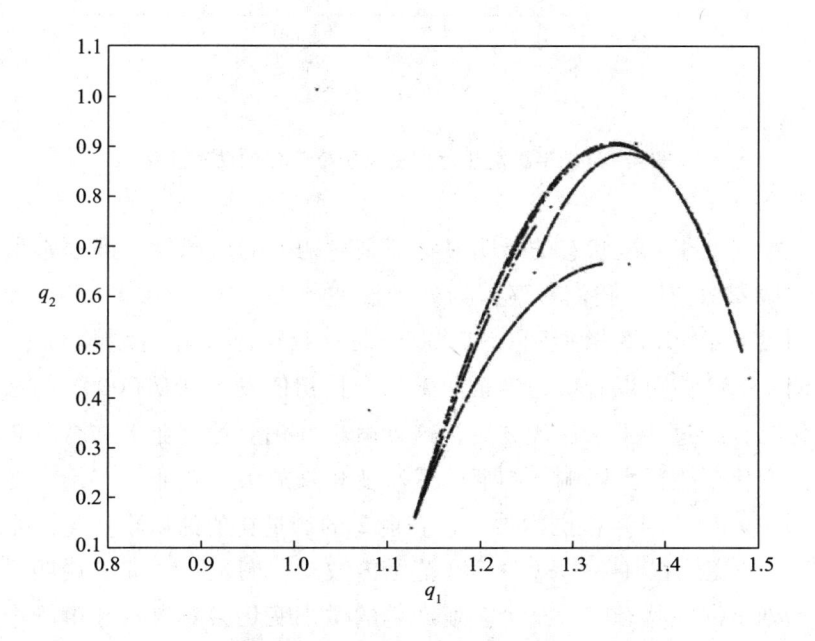

图 4-30 有限理性双寡头博弈模型混沌吸引子

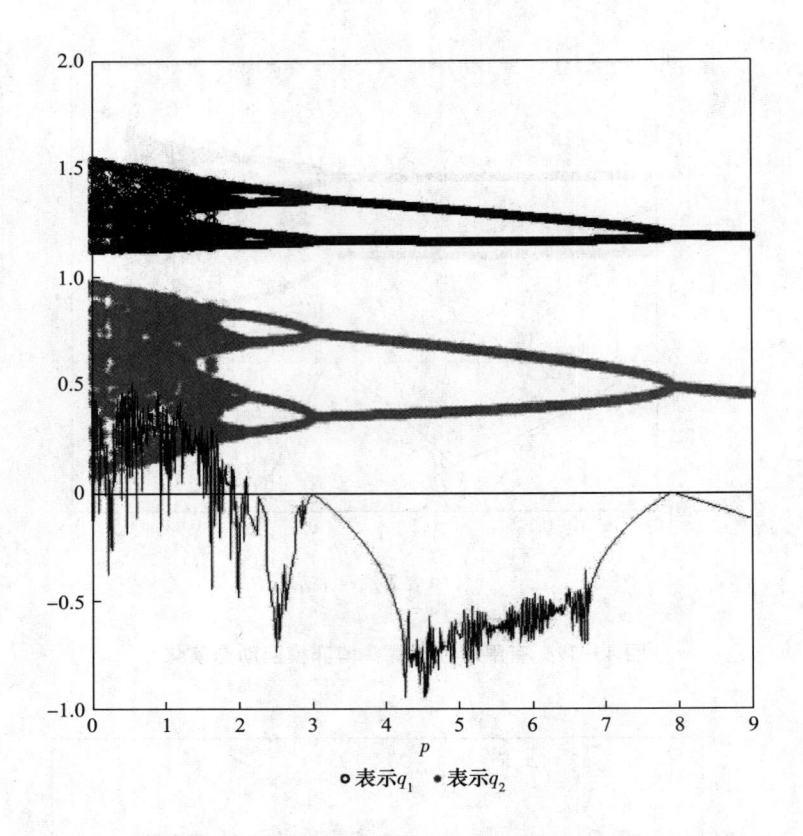

图 4-31　系统随排污权交易价格变化的动态演化

　　系统处于混沌状态的最明显特征是对初值的敏感性，即通常所说的"蝴蝶效应"，我们考察市场处于混沌状态（0.8，0.9）下企业 1 的初始产量由 0.8 增加到 0.8000001 时这种微小变化对系统的影响。从图 4-32 中可以看出，当企业 1 的产量初值发生 0.0000001 的微小变化时，经过若干次迭代之后，这种微小变化会对企业 1 和企业 2 的产量变化产生巨大影响。初期的微小变化被放大，企业 1 产量的变化在（-0.4，0.4）范围内波动，企业 2 的产量初值的微小变化使企业 2 产量的变化在（-0.8，0.8）范围内波动。图 4-32 充分说明，当市场处于混沌状态时，某个企业产量的微小变化会对自身和市场中其他寡头产生巨大影响，下一期的产量对当期产量的变化具有极强的敏感性。当企业处于这种状态的市场中时，决策者很难对未来市场变化做出准确判断，对于身处瞬息万变市场的企业来说，产量决策就更难把握。混沌的出现是敏感的依赖于系统的初始条件的，初始条件的细微变化能够导致系统未来长期运动轨迹之间的巨大差异。因此，为使市场处于平衡态，企业应当慎重选择博弈的初始条件。

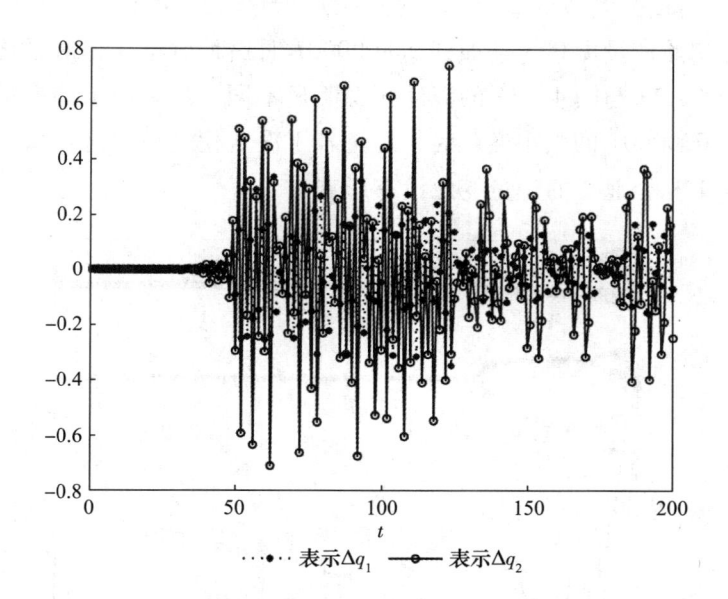

图 4-32 控制前企业产量对初始产量的敏感依赖性

四 混沌控制

由图 4-29 可知，双寡头的产量调整参数出稳定区域后，系统将经倍周期分岔进入混沌。当系统陷入混沌状态时，市场波动很大，企业自身将难以做出长期的战略规划，也不可能获得稳定利润，企业会因为跟不上市场的变化而陷入困境，所以，企业对自身的调整参数进行适当的控制是很有必要的。

因此，下面运用状态反馈和参数调整控制法对系统式（4.21）施加控制，控制后系统为：

$$q_i(t+1) = (1-\mu)\{q_i(t) + \alpha_i q_i(t)[a - d_i - b(2q_i(t) + q_j(t))]\} + \mu q_i(t) \quad (4.23)$$

图 4-33 描绘了 $\alpha_1=0.1$、$\alpha_2=0.42$ 时，双寡头有限理性产量博弈模型的混沌控制图。从图中可以看出，控制因子 μ 很小时，系统处于混沌状态；随着 μ 的逐步增大至 $\mu>0.27$ 时，系统式（4.23）便由混沌状态经过分岔后重新回到了纳什均衡状态。图 4-34 描绘了当 $\alpha_1=0.1$、$\alpha_2=0.42$、$\mu=0.3$，企业初始产量为（0.8，0.9）时，企业 1 的初始产量由 0.8 增加到 0.8000001 时这种微小变化对系统的影响。图 4-33 与图 4-31 的混沌状态明显不同，当企业 1 的产量初值发生 0.0000001 的微小变化时，经过若干次迭代之后，这种微小变化对企业 1 和企业 2 的产量变化没有影响。

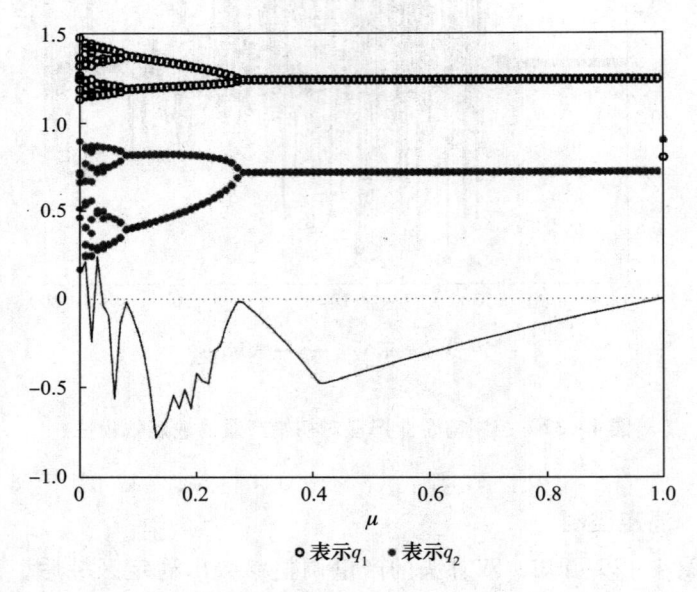

图 4-33　双寡头博弈混沌控制

五　结论

本章基于有限理性假设，建立了考虑排污权交易的双寡头产量博弈模型，对该模型进行了稳定性分析。分析发现，当企业进行排污权交易后，排污权交易价格、污染产生系数、污染治理水平和治污成本系数不仅会影响企业在均衡点的产量，还会影响均衡点的稳定性，而初始排污权对系统的稳定性无影响，只影响到企业最后的利润。

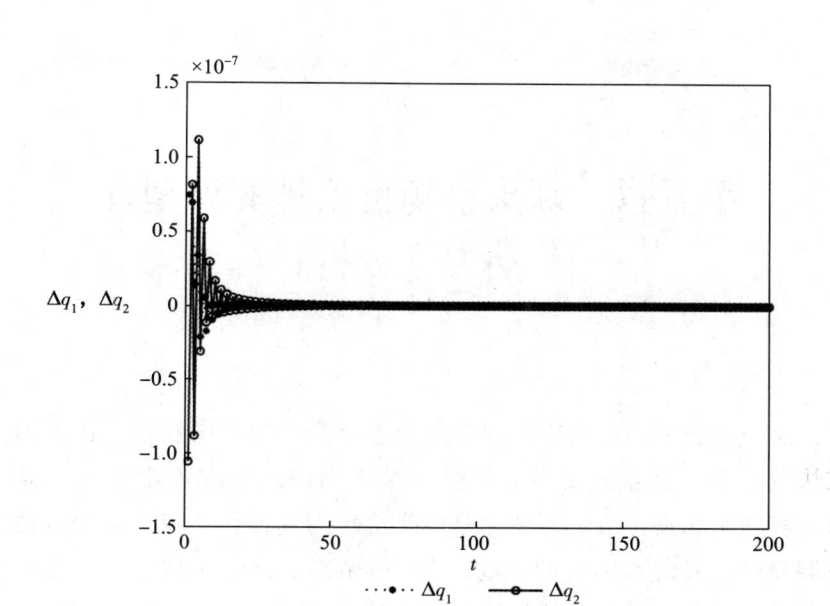

图 4-34 控制前企业产量对初始产量的敏感依赖性

数值模拟结果表明，若调整速度太大超过某一临界值，多次博弈后双寡头产量竞争将会进入分岔或混沌状态。而混沌市场中的博弈双方初始条件的细微变化都会极大地影响最终结果，使双寡头都无法对长期的产量决策进行预测调整。较高的交易价格有助于市场的稳定，对于市场机制不健全中国而言，引入并实施排污权交易制度有可能导致竞争性行业成为垄断或寡头垄断，排污权交易价格较高时，具有足够资金来源的排污企业可能会通过获得排污权而占据市场势力，而具有不完全竞争的行业会成为垄断者或者使其竞争度进一步递减。同时，运用状态反馈和参数调整控制可以有效地使系统从混沌状态重新回到均衡状态。此外，本书的结论也可推广到多个有限理性寡头竞争的情形。

第五章 寡头市场价格博弈模型及其动力学分析

前一章研究的寡头模型都是企业选择产量的古诺模型,在中国西式快餐市场,双寡头麦当劳和肯德基之间的竞争在价格上频频做文章,胶卷市场富士激战柯达也是以降价作为利器,还有几年前由格力空调降价引发的家用空调市场"价格大战"。这些实例表明,有必要探讨寡头企业选择价格的伯特兰模型的动力学机制,并就此探讨混沌的出现对市场的影响,并为企业在混沌市场中生存发展提供理论参考。

第一节 双寡头价格博弈的复杂动力学分析与混沌控制

一 模型分析

假设 $p_i(t)$ 是第 i 个寡头在时期 t 的价格,$i, j = 1, 2$,t 时期的产量 q 是由双方的价格决定的一个线性逆需求函数为 $q_i(p_i, p_j) = a - p_i + bp_j$,其中,常系数 $a > 0$,$b < 0$ 表示两企业的产品是互补的;$b > 0$ 表示两企业的产品是可替代的。两个企业的成本函数为非线性形式 $c_i(q_i) = cq_i^2$。为简化讨论起见,假设两个企业的生产方式类似,那么,第 i 个企业的利润函数为:

$$\Pi_i(p_i, p_j) = p_i q_i - cq_i^2 \qquad \Pi_i(p_i, p_j) = p_i q_i - cq_i^2$$

假设每个寡头企业都是有限理性的,它们进行重复的伯特兰双寡头博弈,它们都不完全清楚需求函数,只是在每一期根据对"边际利润"（这里"边际利润"是指利润对价格的敏感性）的估计来更新它们的生产策略：在 t 时期，如果估计的"边际利润"是正（负）的，那么企业将增加（减少）第 t+1 期的价格。每一期的"边际利润"按如下估计：

$$\phi_i(t) = \frac{\partial \Pi_i}{\partial p_i} = a(1+2c) - 2(1+c)p_i + (1+2c)bp_j, \quad i, j = 1, 2, \quad i \neq j \tag{5.1}$$

其中，

$$-\frac{2(1+2c)}{1+c} < b < \frac{2(1+2c)}{1+c} \tag{5.2}$$

那么，描述伯特兰双寡头重复博弈的价格动态调整机制可以表示为：

$$p_i(t+1) = p_i(t) + \alpha_i(p_i)\phi_i \quad i, j = 1, 2$$

这里，函数 $\alpha_i(p_i) > 0$，表示第 i 个企业相当于它所估计的"边际利润"的价格调整幅度。有了这个动态调整机制，完全理性博弈的两个假设条件就可以放宽了：双寡头不需要需求函数的完全信息，只需要推断价格发生小变化时市场如何反应。价格的变化由对"边际利润"的估计决定。显然，对"边际利润"的局部估计要比获得需求函数的完全信息容易得多。这种每一期重新决定价格的动态调整机制比传统经济学的瞬间调整更贴近现实，因为现实的市场经济中，价格决策不可能在瞬间改变。

假设函数 $\alpha_i(p_i)$ 为线性函数，$\alpha_i(p_i) = \alpha_i p_i$，$i = 1, 2$ 即假设价格的相对变化与"边际利润"是成比例的，即：

$$[p_i(t+1) - p_i(t)]/p_i(t) = \alpha_i \phi_i$$

式中，α_i 表示价格调整速度的正常数，代表企业对每单位价格利润信号的反应速度。那么，动态系统可以写为如下形式：

$$p_i(t+1) = p_i(t) + \alpha_i p_i(t)[a(1+2c) - 2(1+c)p_i + (1+2c)bp_j] \tag{5.3}$$

从经济学观点看，只有非负均衡才有意义。可以定义这个有限理性双寡头重复博弈的均衡点为系统式（5.3）非负定点，则在系统式

(5.3) 中，令 $p_i(t+1) = p_i(t)$, $i = 1, 2$ 得到非线性系统式 (5.3) 的 4 个均衡解为：

$$E_0 = (0, 0), \quad E_1 = \left(\frac{a(1+2c)}{2(1+c)}, 0\right), \quad E_2 = \left(0, \frac{a(1+2c)}{2(1+c)}\right), \quad E^* = (p^*, p^*)$$

式中，$p^* = \dfrac{a(1+2c)}{2(1+c) - (1+2c)b} > 0$，即 $b < \dfrac{2(1+c)}{1+2c}$。

不妨称均衡点 E_0、E_1、E_2 为有界均衡，均衡点 E^* 为纳什均衡。下面研究这些均衡的局部稳定性。先计算系统式 (5.3) 的雅可比矩阵，即：

$$J = \begin{bmatrix} 1 + \alpha_1 a(a+2c) - 4(1+c)p_1 + b(1+2c)p_2 & a_1 b(1+2c)p_1 \\ a_2 b(1+2c)p_2 & 1 + \alpha_2 a(a+2c) - 4(1+c)p_2 + b(1+2c)p_1 \end{bmatrix}$$

在有界均衡点 E_0 处雅可比矩阵为：

$$J = \begin{bmatrix} 1 + \alpha_1 a(1+2c) & 0 \\ 0 & 1 + \alpha_2 a(1+2c) \end{bmatrix}$$

它的特征值为 $\lambda_1 = 1 + \alpha_1 a(1+2c)$ 和 $\lambda_2 = 1 + \alpha_1 a(1+2c)$，显然，$\lambda_1 > 1$，$\lambda_2 > 1$ 不稳定。

在有界均衡点 E_1 处雅可比矩阵为：

$$J = \begin{bmatrix} 1 + \alpha_1 a(1+2c) & \dfrac{\alpha_1 ab(1+2c)^2}{2(1+c)} \\ 0 & 1 + \alpha_2 a(1+2c) + \dfrac{ab(1+2c)^2}{2(1+c)} \end{bmatrix}$$

它的特征值为：

$$\lambda_1 = 1 + \alpha_1 a(1+2c), \quad \lambda_2 = 1 + \alpha_2 a(1+2c) + \frac{ab(1+2c)^2}{2(1+c)}$$

它们的特征值向量为：

$$r_1^{(1)} = (1, 0), \quad r_1^{(2)} = \left(1, \frac{2(\alpha_1 + \alpha_2)(1+c)^2 + a_2 b(1+2c)^2}{a_1 b(1+2c)^2}\right)$$

因此，E_1 只是一个鞍点。

下面研究纳什均衡 $E^* = (p^*, p^*)$ 的局部稳定性。先计算 E^* 点处的雅可比矩阵为：

$$J = \begin{bmatrix} 1 + \alpha_1 x & \alpha_1 b(1+2c)p^* \\ \alpha_2 b(1+2c)p^* & 1 + \alpha_2 x \end{bmatrix}$$

式中，$x = \alpha(1+2c) + [(1+2c)b - 4(1+c)]p^*$，特征方程为：

$$P(\lambda) = \lambda^2 - trJ + detJ = 0$$

式中，trJ 为雅可比矩阵的迹，$detJ$ 为雅可比矩阵的行列式，表示如下：

$trJ = 2 + (\alpha_1 + \alpha_2)x$，$detJ = 1 + (\alpha_1 + \alpha_2)x + \alpha_1\alpha_2[x^2 - b^2 p^{*2}(1+2c)]$

因为 $trJ^2 - 4detJ = (\alpha_1 - \alpha_2)^2 x^2 + 4\alpha_1\alpha_2 b^2 p^{*2}(1+2c) > 0$，这说明纳什均衡 E^* 的特征值是实的。那么，下面给出纳什均衡 E^* 稳定的充分必要条件。纳什均衡的局部稳定性可以用朱利条件给出，即：

（1）$1 - trJ + detJ = a\alpha_1\alpha_2(1+2c)[a(1+2c) + 2b^2 p^{*2}(1+2c)] > 0$

当且仅当 $b > -\dfrac{2(1+c)}{1+2c}$，符合式(5.2)；

（2）E^* 的局部渐近稳定的充分条件是：

$1 - trJ + detJ > 0$，即 $4 + 2(\alpha_1 + \alpha_2)x + \alpha_1\alpha_2[x^2 - b^2 p^{*2}(1+2c)] > 0$

上面这个方程定义了 E^* 的一个稳定区域，这个稳定区域由一段双曲线与 α_1、α_2 的正半轴界定。纳什均衡 E^* 在这个区域内是稳定的均衡点，但 α_1、α_2 一旦超过这个区域，E^* 就变得不稳定，并在点 $A_1 = \left(-\dfrac{2}{x}, 0\right)$ 和 $A_2 = \left(0, -\dfrac{2}{x}\right)$ 处出现分岔。显然，E^* 的稳定性依赖于系统参数。事实上，若增加确保局部 E^* 稳定的参数 α_1、α_2 的 α_1、α_2 值，使 α_1、α_2 离开稳定区域，都将引起分岔。

二 数字模拟及结论

本节通过数字模拟显示这个有限理性双寡头博弈非线性系统式 (5.3) 的动态演化。图 5-1 为有限理性伯特兰双寡头博弈动态演化图。参数值为 $a = 3.5$，$b = -0.25$，$c = 0.5$，$a_1 = 0.33$，图中也给出了最大李雅普诺夫指数图，正的李雅普诺夫指数表示系统出现了混沌行为，对初值敏感，当 $\alpha_2 = 0.3421$ 时，李雅普诺夫指数第一次为正，表明系统进入混沌；之后会有偶尔的情况李雅普诺夫指数小于 0，表示混沌区中的周期窗口。图 5-2 为有限理性伯特兰双寡头博弈的混

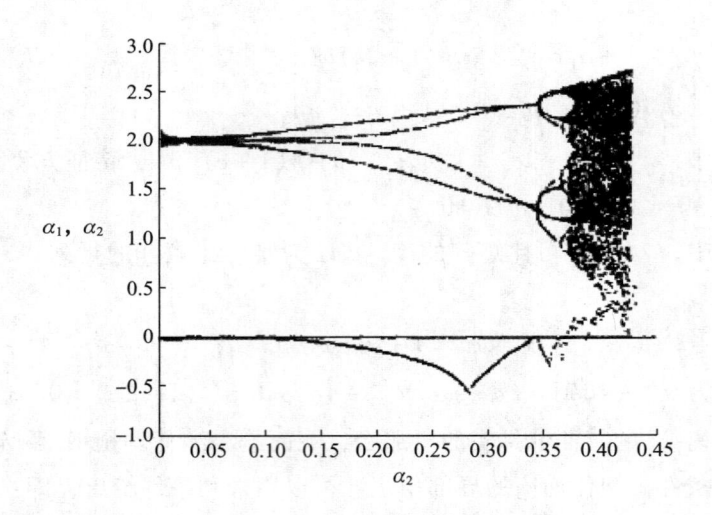

图 5-1　有限理性伯特兰双寡头博弈动态演化

沌吸引子。参数值为 $a=3.5$，$b=-0.25$，$c=0.5$，$\alpha_1=0.33$，$\alpha_2=0.43$，价格调整速度起着一个扰动作用，增加它的值可能使纳什均衡不再稳定，而且还会出现更为复杂的混沌现象。从图 5-1 和图 5-2 中可以看出，混沌的出现是敏感的依赖于系统的初始条件的，初始条件的细微变化能够导致系统未来长期运动轨迹之间的巨大差异。在本书研究中，价格调整速度的最大值就是混沌出现的临界值，只要有限理性双寡头估计的价格调整速度小于这个临界值，竞争双方的价格在重复博弈多次后都会动态地趋向于均衡状态。然而，一旦超过这个临界值，价格调整就进入到混沌状态，市场出现不可预测性，此时，双寡头都无法决定长期动态调整后的价格。因此，为使市场处于平衡态，企业应当慎重选择博弈的初始条件。

　　近几年，有文献研究了一些有限理性双寡头重复博弈模型，但它们研究的寡头模型都是企业选择产量的古诺模型。本节建立的寡头模型则是企业选择价格的伯特兰动态模型，它比经典的伯特兰模型更贴近现实，并且本书中得到的结论是有益的。当然，双寡头基于不同预期可选取不同的生产决策，本书中的结论也可推广到多个有限理性寡头竞争的情形。

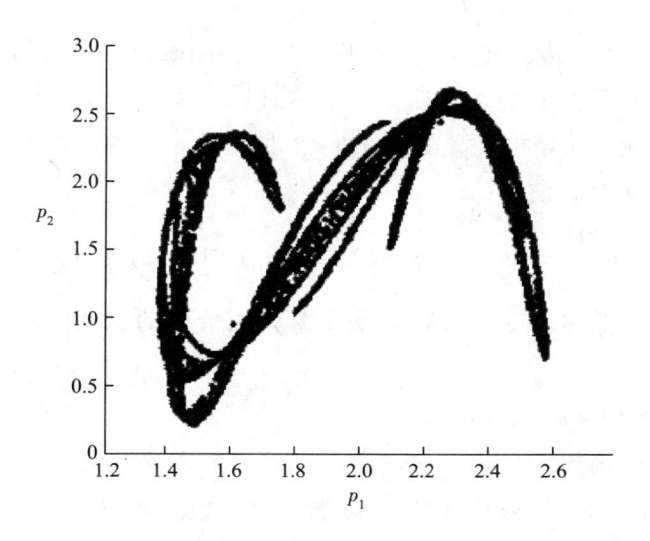

图 5-2　有限理性伯特兰双寡头博弈混沌吸引子

三　滞后效应

已有研究的寡头模型大都是企业选择产量的古诺模型，市场上价格战的频频发生表明，有必要探讨寡头企业选择价格的有限理性伯特兰模型的动态演化，而滞后效应将增加博弈达到纳什均衡的可能性，影响市场混沌的发生和控制。以下先分析 n 个寡头的伯特兰模型。

（一）模型分析

假设 $p_i(t)$ 是第 i 个寡头在 t 时期的价格，i = 1, 2, …, n，t 时期的产量 q 是由各方的价格决定的一个线性逆需求函数为 $q_i(p_1, p_2, …, p_n) = a - p_i + P$，i = 1, 2, …, n，i ≠ j（下同），$P = \sum_{j=1, j \neq i}^{n} b_j p_j$，其中，常系数 a > 0，$b_j < 0$ 表示两个企业的产品是互补的，$b_j > 0$ 表示两个企业的产品是可替代的。企业的成本函数为非线性形式 $c_i(q_i) = cq_i^2$，即为简化讨论，假设各企业的生产方式类似。第 i 个企业的利润函数为：

$$\Pi_i(p_1, p_2, …, p_n) = p_i q_i - cq_i^2$$

假设每个寡头企业都是有限理性的，它们进行重复的伯特兰寡头博弈，它们都不完全清楚需求函数，只是在每一期根据对"边际利润"(这里的"边际利润"是指利润对价格的敏感性)的估计来更新它们的生产策略:在 t 时期,如果估计的"边际利润"是正(负)的,那么企业将增加(减少)第 t+1 期的价格,每一期的"边际利润"按如下公式估计:

$$\Phi_i(t) = \frac{\partial \Pi_i}{\partial p_i} = a(1+2c) - 2(1+c)p_i + (1+2c)bP \tag{5.4}$$

那么,描述伯特兰双寡头重复博弈的价格动态调整机制可以表示为:

$$p_i(t+1) = p_i(t) + \alpha_i(p_i)\Phi_i \tag{5.5}$$

这里,函数 $\alpha_i(p_i) > 0$,它表示第 i 个企业相当于它所估计的"边际利润"的价格调整幅度。显然,对"边际利润"的局部估计要比获得需求函数的完全信息容易得多。这种每一期重新决定价格的动态调整机制比传统经济学的瞬间调整更贴近现实,因为现实的市场经济中,价格决策不可能在瞬间改变。

假设函数 $\alpha_i(p_i)$ 为线性函数,$\alpha_i(p_i) = \alpha_i p_i$,即假设价格的相对变化与"边际利润"是成比例的,这里,α_i 表示价格调整速度的正常数,代表企业对每单位价格利润信号的反应速度。动态系统式(5.5)可以写为如下形式:

$$p_i(t+1) = p_i(t) + \alpha_i p_i(t)[a(1+2c) - 2(1+c)p_i + (1+2c)bp_j] \tag{5.6}$$

从经济学观点看,只有非负均衡才有意义。可以定义这个有限理性寡头重复博弈的均衡点为系统式(5.6)的非负定点,则在系统式(5.6)中令 $p_i(t+1) = p_i(t)$,即得到非线性系统式(5.6)的 $2^n - 1$ 个有界均衡解 $p = (p_1, p_2, \cdots, p_n)$,其中,$p_j = \frac{a(1+2c) + P}{2(1+c)} > 0$,含有 m 个零分量,$m = 1, 2, \cdots, n$;由 $\Phi_i = 0$,得到非线性系统式(5.6)的 1 个纳什均衡 $p^* = (p_1, p_2, \cdots, p_n)$,特别地,当 $b_j = b$,$j = 1, 2, \cdots, n$ 时,$p_j = p^*$,其中,$p^* = \frac{a(1+2c)}{2(1+c) - (n-1)(1+2c)b} > 0$。

经济学中离散时间动力系统的滞后效应主要基于以下考虑:经济

决策者第 t 期的决策值通过预期反馈依赖变量以前的观测值,而且模型的函数关系不仅取决于当前的经济状态,同时也取决于以前的经济状态。企业的预期价格 $p^e(t+1)$ 通常取决于前一期的价格 $p(t+1)$,更合理的是,它也不同程度地依赖于前几期的价格 $p(t-1)$,$p(t-2)$,…,$p(t-T)$,于是该动力系统可设为:

$$p_i(t+1) = p_i(t) + \alpha_i[p_i(t)]\frac{\partial \Pi_i(p^d)}{\partial p_i}, \quad i = 1, 2, \cdots, n, \quad p^d = (p_1^d, p_2^d, \cdots, p_n^d) \tag{5.7}$$

式中,$p_i^d = \sum_{l=0}^{T} p_i(t-l)w_l, w_l \geq 0, \sum_{l=0}^{T} w_l = 1, w_l$ 表示前 T 期价格的权重。

简单地取 $T=1$,$n=1$,则式(5.7)为:

$$p(t+1) = p(t) + \alpha p(t)\{a(1+2c) - 2(1+c)[wp(t) + (1-w)p(t-1)]\}, \quad 0 < w \leq 1 \tag{5.8}$$

下面研究系统式(5.8)的稳定性,式(5.8)可写成二维形式:

$$q(t+1) = p(t)$$
$$p(t+1) = p(t) + \alpha p(t)\{a(1+2c) - 2(1+c)[wp(t) + (1-w)q(t)]\} \tag{5.9}$$

系统式(5.9)有两个均衡点,$E_0 = (0, 0)$,$E^* = (q^*, p^*) = \left(\frac{a(1+2c)}{2(1+c)}, \frac{a(1+2c)}{2(1+c)}\right)$,$E^*$ 是系统式(5.9)的纳什均衡。先计算系统式(5.9)的雅可比矩阵,即:

$$J(q, p) = \begin{bmatrix} 0 & 1 \\ -2\alpha p(1-w)(1+c) & 1+\alpha\{a(1+2c)-2(1+c)[up+(1-w)q]\} - 2\alpha pw(1+c) \end{bmatrix}$$

在有界均衡点 E_0 处,雅可比矩阵为:

$$J = \begin{bmatrix} 0 & 1 \\ 0 & 1+\alpha a(1+2c) \end{bmatrix}$$

它的特征值为 $\lambda_1 = 0 < 1$,$\lambda_2 = 1 + \alpha a(1+2c) > 1$,故 E_0 为鞍点。

纳什均衡 E^* 点处的雅可比矩阵为:

$$J = \begin{bmatrix} 0 & 1 \\ -a\alpha(1-w)(1+2c) & 1 - a\alpha w(1+2c) \end{bmatrix} \tag{5.10}$$

式 (5.10) 特征方程为：
$$p(\lambda) = \lambda^2 + [a\alpha w(1+2c) - 1]\lambda + a\alpha(1-w)(1+2c) = 0$$

纳什均衡 E^* 稳定的充分必要条件 $|\lambda| < 1$，可以用朱利条件给出，即 $a\alpha(1+2c) - 1 < a\alpha w(1+2c) < 1 + \dfrac{a\alpha(1+2c)}{2}$，否则倍周期分叉将导致混沌。

（二）数字模拟及结论

本节通过数字模拟显示这个有限理性寡头博弈非线性系统式 (5.9) 的动态演化。图 5-3 为具有滞后效应有限理性伯特兰寡头博弈动态演化图（$w = 0.7$）。图 5-4 为不具有滞后效应有限理性伯特兰寡头博弈动态演化图（$w = 1$）。参数值为 $a = 3.5$，$c = 0.5$。在本书中，产量调整速度起着一个扰动作用，增加它的值可能使纳什均衡不再稳定，而且还会出现更为复杂的混沌现象。从图 5-3 和图 5-4 可以看到，滞后效应增强了系统的稳定性。

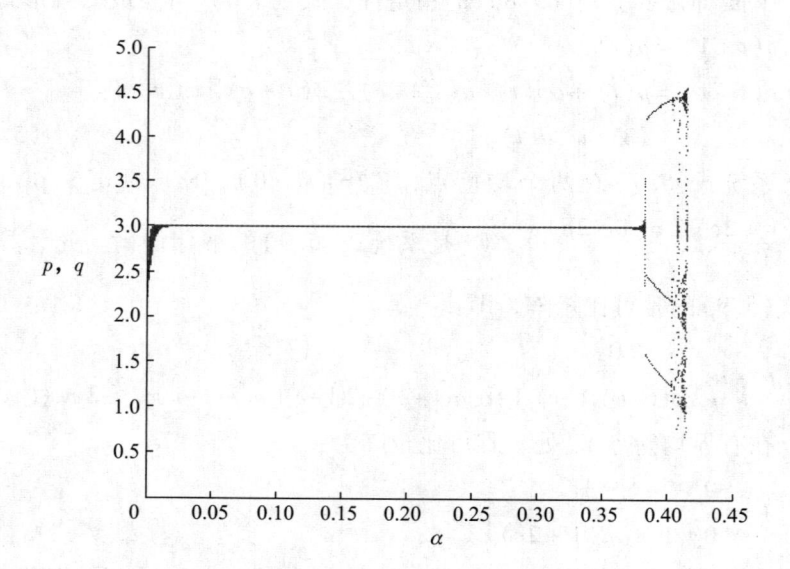

图 5-3 具有滞后效应有限理性伯特兰寡头博弈动态演化

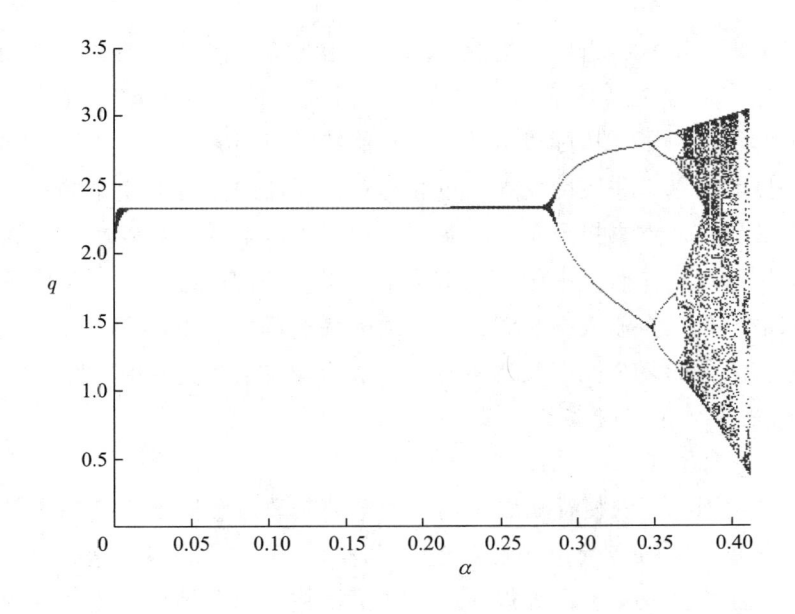

图 5-4 不具有滞后效应有限理性伯特兰寡头博弈动态演化

研究双寡头竞争的文献国内外非常多,但它们基本上都是建立在完全理性的基础之上讨论静态均衡。近几年有文献研究了一些有限理性双寡头重复博弈模型,但它们研究的寡头模型都是企业选择产量的古诺模型。本书建立的寡头模型则是企业选择价格的具有滞后效应的有限理性伯特兰模型,它比经典的伯特兰模型更贴近现实,滞后效应将增加博弈达到纳什均衡的可能性,因此,企业在预期价格时,应尽可能地多参考前几期的价格。为了讨论简单起见,本书只考虑了 T = 1、n = 1 的情形,也可进一步讨论其他更复杂的情形。

四 中国空调市场的双寡头伯特兰模型的复杂动力学和混沌控制[①]

许多研究者已经研究了具有有界理性的古诺模型的复杂性,如周期性、分岔和混沌。与古诺模型相比,伯特兰模型因充分考虑到产品

---

① Yi, Q. G. and Zeng, X. J., "Complex Dynamics and Chaos Control of Duopoly Bertrand Model in Chinese Air-conditioning Market", *Chaos Solitons & Fractals*, Vol. 76, 2015.

之间的差异而更接近实际情况。然而，很少有文献报告伯特兰模型的复杂性。参考文献基于线性成本函数研究了伯特兰模型的混沌动力学。彭等分析了零边际成本的三寡头伯特兰模型的动力学。

目前，基于非线性成本函数的有限合理性的伯特兰模型的复杂性很少被研究。本书提出了一种基于二次成本函数的伯特兰模型，该模型更接近现实。假设中国空调市场企业生产相似的产品，为了实现其利润最大化，企业根据它们上期的边际利润调整价格。数值模拟显示了系统演化的复杂性以及如何通过调整参数控制系统的稳定性。

（一）双寡头博弈模型

1. 模型

自我国实行农村补贴农民购置家电补贴政策和以旧换新家电补贴政策以来，国内空调市场已经进入调整阶段。在2014年国庆之前，空调行业将爆发史上最大规模的一次价格战，国内销售规模在前十位的空调企业中有一半以上将参战。此次价格战实属无奈，空调行业库存高企，面临危机，而价格战的结果可能是强者更强，二、三线品牌遭到血洗。

空调巨头格力、美的在各地纷纷打出了促销海报，格力宣称"20年首次发起空调价格战"，美的则宣称"30年一遇的龙卷风"。奥克斯、志高紧随其后，迅速在部分区域市场上跟进，奥克斯空调打出"一价回到十年前"的标语，志高空调则高喊"裸价豪礼，心花怒放"。

北京格力、美的此番促销的定价比通常的促销价低出500元左右，而且双方咬得很紧，格力打出变频空调最低2499元，美的则打出最低2399元。空调企业在家电领域中一直活得很滋润，利润颇高，格局稳定，不爱打价格战。业内普遍认为，这次价格战或将成为空调行业由盛而衰的分水岭。

2014年空调库存高企，经销商手里都不宽裕，空调全行业库存有2800万台左右。"这意味着，如果2014年下半年，不能消化库存问题，企业就会很危险。"业内人士说。由于美的、格力两家的市场份额占空调全行业的一半以上，因此，这一次价格战的爆发可能会血洗部分二、三线品牌的市场空间。此次两大龙头品牌动辄近千元的降价，几乎让二、三线品牌无路可退，如果跟进就会赔本，不跟就会被淘汰。

中国空调品牌在过去的十年已经淘汰了95%。格力和美的是目前排名前两位的品牌，它们的市场份额仍在继续调整。空调市场几乎被双头垄断。

我们假设格力、美的两个企业用指数1和2代表，在空调市场生产类似产品，企业选择利润最大化的最优价格。企业 i 的产品的价格是 $p_i(t)$，需求是 $q_i(t)$，所处的时期是 t = 0，1，2，…，并且 $q_i(t)$ 由 $p_i(t)$ 确定，需求函数是：

$$q_i(p_i, p_j) = a_i - d_i p_i + b_i p_j, \quad i, j = 1, 2, i \neq j \tag{5.11}$$

式中，a_i，$d_i > 0$，$0 \leq b_i \leq 1$，$i = 1, 2$。参数 b_i 表示可替代性，当该参数增大时，产品可替代性的程度会增加，即产品差异化的程度随参数的上升而减小。因此，我们在单一期间获得第 i 个企业的利润为：

$$\pi_i(t) = p_i(t) q_i(t) - c_{i0} - r_i q_i(t) - c_i q_i^2(t), \quad i, j = 1, 2, i \neq j \tag{5.12}$$

实际上，企业预期可能是更复杂的有限理性。决策是在上一期博弈结果的基础上进行调整的过程。它们根据边际利润确定生产价格。t 时期企业 i 的边际利润是：

$$\frac{\partial \pi_i(t)}{\partial p_i(t)} = a_i(1 + 2c_i d_i) + r_i d_i - 2d_i(1 + c_i d_i) p_i(t) +$$
$$b_i(1 + 2c_i d_i) p_j(t), \quad i, j = 1, 2, i \neq j \tag{5.13}$$

因此，动态调整机制可以建模为：

$$p_i(t+1) = p_i(t) + \alpha_i p_i(t) \frac{\partial \pi_i(t)}{\partial p_i(t)}, \quad i = 1, 2 \tag{5.14}$$

式中，α_i 是企业 i 的价格调整速度，将式（5.13）代入式（5.14），得到：

$$p_1(t+1) = p_1(t) + \alpha_1 p_1(t) [A_1 - B_1 p_1(t) + D_1 p_2(t)]$$
$$p_2(t+1) = p_2(t) + \alpha_2 p_2(t) [A_2 - B_2 p_2(t) + D_2 p_1(t)] \tag{5.15}$$

式中，$A_i = a_i(1 + 2c_i d_i) + r_i d_i$，$B_i = 2d_i(1 + c_i d_i)$，$D_i = b_i(1 + 2c_i d_i)$，$i = 1, 2$。

2. 平衡点和局部稳定性

为了研究非线性差分式(5.15)的解的定性行为,我们将动态双寡头博弈的平衡点定义为式(5.15)的非负不动点,即 $p_i(t+1) = p_i(t)$,$i = 1, 2$ 的解。因此,获得了四个不动点:$E_0(0, 0)$、$E_1(0, A_2/B_2)$、$E_2(A_1/B_1, 0)$ 和 $E^*(p_1^*, p_2^*)$,其中,$p_i^* = (A_iB_j + A_jD_i)/(B_iB_j - D_iD_j)$,$i, j = 1, 2$,$i \neq j$。显然,$E^*$ 不同于其他有界均衡,是唯一的纳什均衡。

为了分析均衡点的局部稳定性,我们估计式(5.15)的雅可比矩阵 J 如下:

$$J = \begin{pmatrix} 1 + \alpha_1[A_1 - 2B_1p_1(t) + D_1p_2(t)] & \alpha_1 D_1 p_1(t) \\ \alpha_2 D_2 p_2(t) & 1 + \alpha_2[A_2 - B_2p_2(t) + D_2p_1(t)] \end{pmatrix}$$

可以通过考虑雅可比矩阵 J 分析四个不动点的局部稳定性,E_0 是一种不稳定的节点,E_1 和 E_2 都是鞍点。

有界均衡(节点或鞍点)都是不稳定的,代表企业的短期行为,我们关注的是纳什均衡。

$E^*(p_1^*, p_2^*)$ 的雅可比矩阵是:

$$J^* = \begin{pmatrix} 1 + \alpha_1[A_1 - 2B_1p_1^*(t) + D_1p_2^*] & \alpha_1 D_1 p_1^* \\ \alpha_2 D_2 p_2^* & 1 + \alpha_2[A_2 - B_2p_2^* + D_2p_1^*] \end{pmatrix}$$

J^* 的特征多项式是:

$$f(\lambda) = \lambda^2 - Tr(J^*)\lambda + Det(J^*)$$

朱利给出的纳什均衡的局部稳定性条件是:

$$\begin{cases} f(1) = 1 - Tr(J^*) + Det(J^*) > 0 \\ f(-1) = 1 + Tr(J^*) + Det(J^*) > 0 \\ 1 - Det(J^*) > 0 \end{cases}$$

纳什均衡点的局部稳定区域由上述不等式定义,它表示正的 (α_1, α_2) 对应双曲线有界区域,$\alpha_i(i = 1, 2)$ 为可控参数,式(5.15) 其他参数如下:$a_1 = a_2 = 3.5$,$b_1 = b_2 = 0.25$,$c_1 = c_2 = 0.5$,$d_1 = d_2 = 1$,$r_1 = r_2 = 0$。然后,我们得到纳什均衡点为 (2.8, 2.8),其稳定区域如图 5-5 所示。

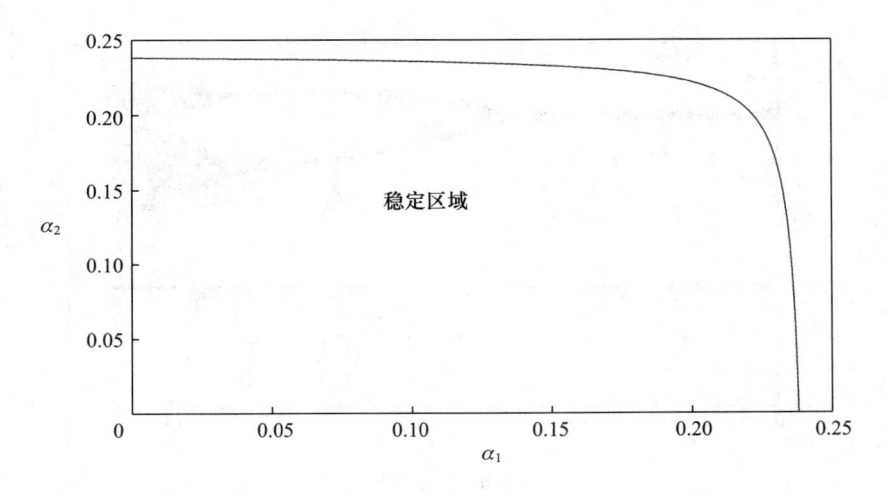

图 5-5　平面 (α_1, α_2) 中纳什均衡点的稳定区域

可以看出，两个企业最初选择的价格无论是不是在局部稳定区域，它们最终都会将在有限的博弈之后达到纳什均衡价格。在现实中，为了增加它们的利润，这两个企业可能会加快价格调整速度。

在稳定区域内，一旦一方调整价格速度过快，该系统将变得不稳定，乃至陷入混乱。然而，价格调整参数的值不会改变纳什均衡点。

3. 价格调整速度对系统的影响

进行数值模拟以表明系统的复杂行为（稳定性、倍周期分岔、对初始条件的敏感性、奇异的吸引子和混沌）。以企业 2 为例，图 5-6 显示了式（5.15）在 $\alpha_1=0.23$ 的分岔图和最大李雅普诺夫指数。

由图 5-6 可知，当 α_1 在稳定区域内变化时，系统收敛于纳什均衡。随着 α_1 超过 0.2381，垄断价格的演变始于平衡状态，通过倍周期分岔，最后进入混乱状态。同时，当出现倍周期分岔时，最大李雅普诺夫指数从负数增加到零。而混沌发生时，最大李雅普诺夫指数为正。

图 5-7 显示了 $\alpha_1=0.23$、$\alpha_2=0.328$ 时的混沌吸引子。分形维数可以用来描述混沌吸引子相邻轨道的分离速度。李雅普诺夫维的混沌吸引子 $D_L = 1+\lambda_1/|\lambda_2| = 1+0.4299/|-0.4485| = 1.9585$。

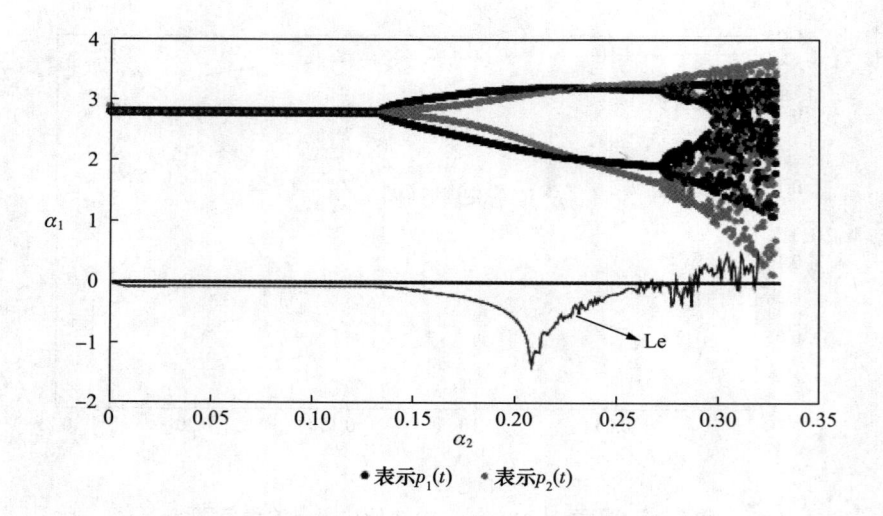

图 5-6 式 (5.15) 在 $\alpha_1 = 0.23$ 的分岔图和最大李雅普诺夫指数

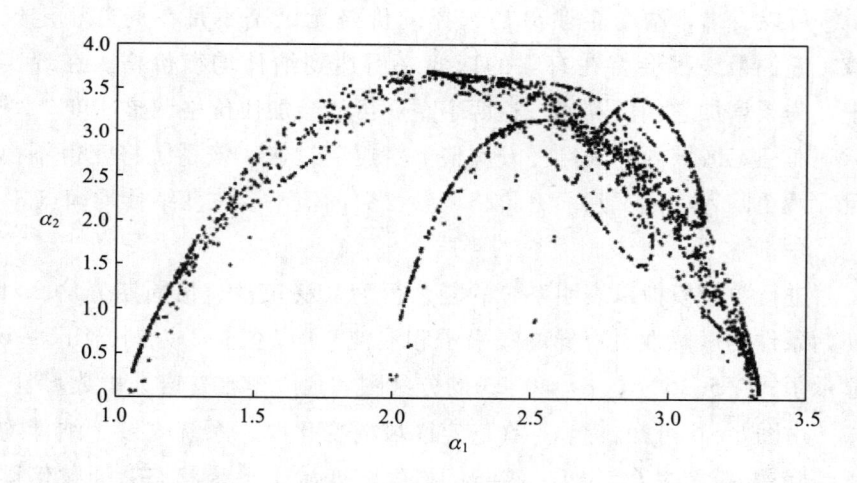

图 5-7 在 $\alpha_1 = 0.23$、$\alpha_2 = 0.328$ 时系统式 (5.15) 的混沌吸引子

系统的混沌行为的另一个证据是对初始条件的敏感性。图 5-8 显示了具有初始点 $(p_1, p_2) = (2.7, 2.9)$ 和 $(p_1, p_2) = (2.7000001, 2.9)$ 的两个轨道之间的相应价格差 $[\Delta p_i(t), i=1, 2]$ 的演变。可以很容易地注意到，在 p_2 固定的情况下，初始 p_1 的微小变化将在 30 次迭代（博弈）之后，双寡头价格却出现了巨大差异。

它完全验证了式（5.15）的初始条件的敏感性。当 α_2 固定时，我们可以观察到类似的动态行为。

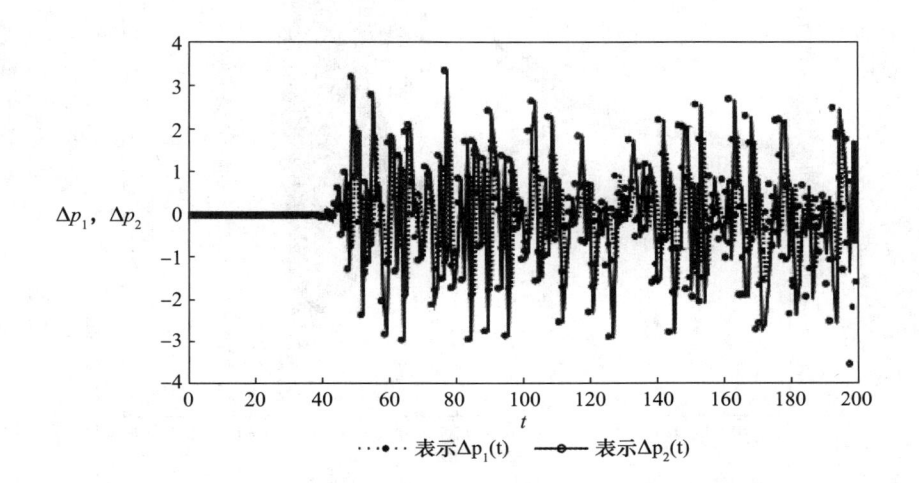

图 5-8 初始条件敏感性，当（$\alpha_1 = 0.23$、$\alpha_2 = 0.328$）时，两个轨道的初始点（2.7，2.9）和（2.7000001，2.9）

为了便于讨论产品可替代性大小对系统的影响，不妨假设 $b_1 = b_2 = b$，从图 5-9 可知，随着产品可替代性 b 增加，系统由稳定逐渐陷入混沌。由于严重的同质性和单一的竞争手段，价格大战是不可避免的。格力宣称"20 年首次发起空调价格战"，美的则宣称"30 年一遇的龙卷风"，两者分别将空调价格下调30%。人们普遍认为，由行业领先的格力发起的价格战将持续到 2015 年。

（二）混沌控制

经济系统的混沌是不希望发生的，甚至是毁灭性的。因此，经济学家找到一些方法来控制经济系统的混沌行为。

如上所述，随着价格调整速度的加快，价格经历了倍周期分岔，最终陷入混沌。因此，参数调整方法用于控制参数对系统式（5.15）的影响。受控系统由以下方程给出：

$$p_1(t+1) = (1-\mu)\{p_1(t) + \alpha_1 p_1(t)[A_1 - B_1 p_1(t) + D_1 p_2(t)]\} + \mu p_1(t)$$

图中:
· 表示$p_1(t)$ ● 表示$p_2(t)$

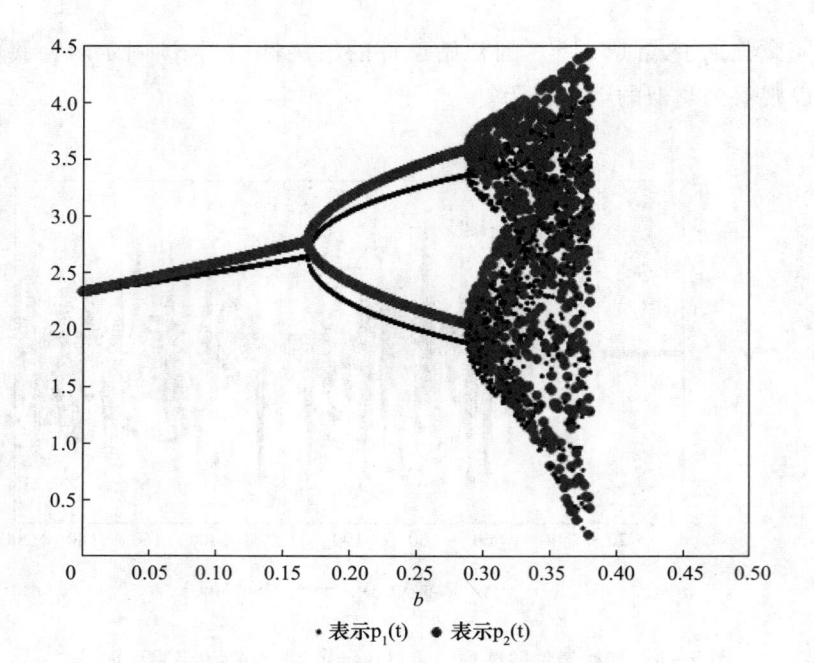

图 5-9 b 增加时的系统趋势

$$p_2(t+1) = (1-\mu)\{p_2(t) + \alpha_2 p_2(t)[A_2 - B_2 p_2(t) + D_2 p_1(t)]\} + \mu p_2(t) \tag{5.16}$$

式中，$\mu \in [0, 1]$ 是一个控制参数，其他参数与上述相同。受控系统式（5.16）在 $\mu = 0$ 时即为原始系统式（5.15）。

从图 5-10 可以看出，当 $\alpha_1 = 0.23$、$\alpha_2 = 0.328$ 时，随着 μ 的增加，混沌系统逐渐被控制到 8 个周期，4 个周期，2 个周期和均衡点。当 $\mu \in [0.2741, 1]$ 时，受控系统稳定在纳什均衡点。相应的最大李雅普诺夫指数在该范围内为负；当 $\mu \in [0, 0.2741]$ 时，大多数李雅普诺夫指数是非负，很少是负数。

图 5-11 显示了当 $\mu = 0.5$ 时受控系统的稳定态行为，这表明价格博弈可以从混沌轨道转换到规则的周期轨道或平衡状态。因此，通过这些数值模拟可以得知，该参数调整方法能够控制混沌。

为了分析相应的混沌控制过程的实际意义，当 $c_i = 0$ 时，受控系统式（5.16）也可以是系统参数调整的变形。

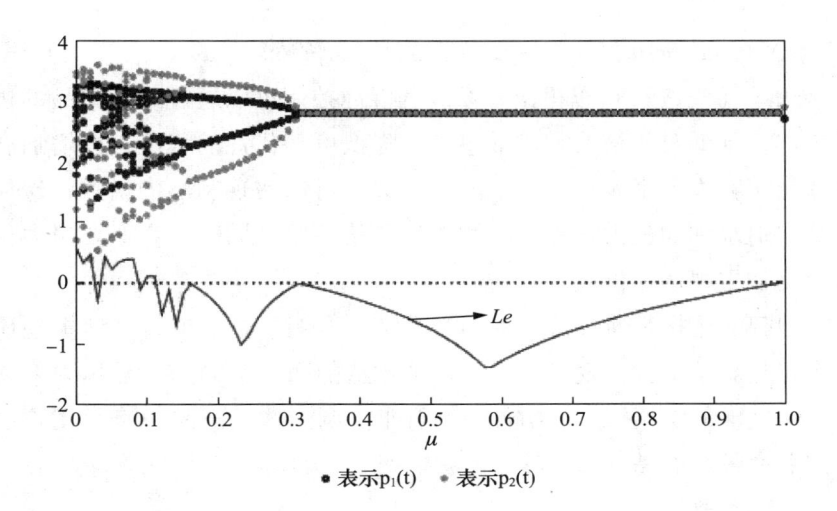

图 5-10 μ增加时的系统趋势（$\alpha_1 = 0.23$，$\alpha_2 = 0.328$），$\mu \in [0, 1]$

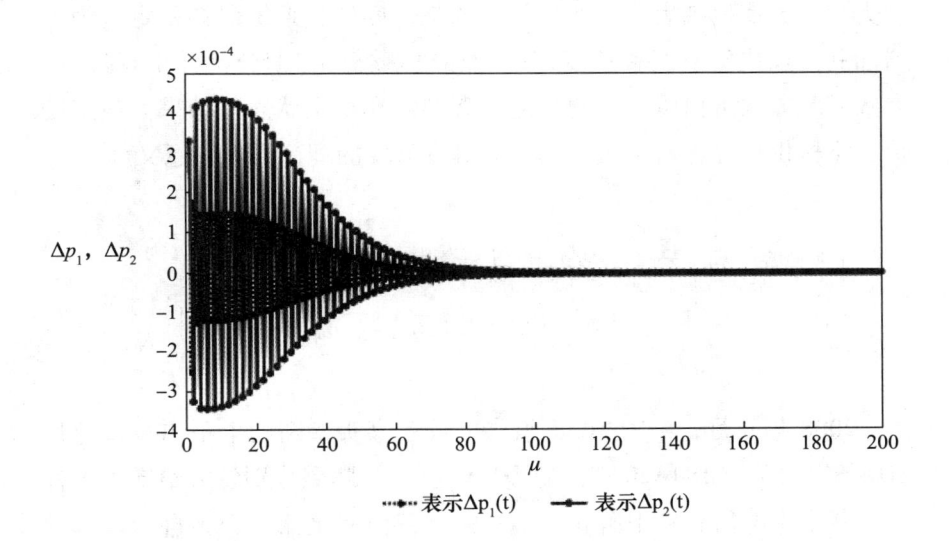

图 5-11 $\mu = 0.5$ 时受控系统的稳态行为

$$p_1(t+1) = p_1(t) + \alpha_1 p_1(t)[a_1 + (d_1 - \Delta d_1)(r_1 - \Delta r_1) - 2(d_1 - \Delta d_1)p_1(t) + (b_1 - \Delta b_1)p_2(t)]$$

$$p_2(t+1) = p_2(t) + \alpha_2 p_2(t)[a_2 + (d_2 - \Delta d_2)(r_2 - \Delta r_2) - 2(d_2 - \Delta d_2)p_{22}(t) + (b_2 - \Delta b_2)p_1(t)] \quad (5.17)$$

式中，$\Delta r_i = \mu a_1 / (d_1 - \mu d_1)$，$\Delta d_1 = \mu d_1$，$\Delta b_1 = \mu b_1$。

从式（5.17）可以得出，系统的混沌控制可以通过降低产品的边际成本，降低对价格的需求敏感性，降低可替代性的程度，即增加产品差异化程度等来实现。较少的边际成本可以实现利润的增加，这使寡头在追求利润最大化方面不侧重于价格调整。同时，企业要努力使客户更加重视产品价值。

理智的选择是通过价格推动产品结构升级。企业通过持续关注研发来建立竞争优势，发展产品价值的创造能力。美的的口号是"一晚低至一度电的空调"，格力推出太阳能空调。这些产品一直是用户品牌知名度较高的品牌。

（三）结论

本书通过线性需求函数和非线性成本函数分析了垄断价格博弈的动力学。数值模拟表明，产品价格调整速度低，系统保持稳定；为了增加利润加快价格调整速度，可能导致系统倍周期分岔并出现混乱。参数调整方法可以将系统的混沌状态控制在稳定状态。结果为制定定价策略提供指导，对中国空调企业具有重要的理论和现实意义。

第二节 多寡头价格博弈的复杂动力学分析与混沌控制

2008年8月，中国3G重组，形成三寡头垄断的电信市场，并将TD-SCDMA、CDMA2000、WCDMA 3张3G牌照分别发放给新中国移动、新中国电信和新中国联通，三家运营商三足鼎立，各自运营自己的3G业务。作为双寡头价格博弈复杂模型的推广及应用，下面简要地介绍我国3G市场三寡头博弈过程复杂性分析，陈芳基于伯特兰模型建立了三运营商的动态价格博弈模型，对三维离散动力系统的动态演化过程进行理论分析，利用数值模拟的方法模拟了它的演化过程，其动态演化的复杂程度要比二维离散动力系统更为复杂。通过采用系统变量的状态反馈和参数调节的控制策略，控制了三寡头垄断电信

3G 市场中离散非线性动力系统的倍周期分岔和混沌吸引子中不稳定的周期轨道,并通过系统分岔图以及李雅普诺夫指数验证了混沌控制过程。验证了系统变量的状态反馈和参数调节的控制方法的实用性。为了使理论能够指导实际,将混沌控制模型进行数学变换,将变形后的混沌控制模型与原 3G 市场三寡头博弈模型进行比较,发现模型的变化体现在边际成本的减小、价格对需求量的敏感度的减小以及替代率的减小上,可见,可以通过这些参数的变化来实现混沌的控制。这使混沌控制有了更广泛的应用性。以下简要介绍该研究。①

假设三个运营商出售同质商品,各商品存在替代性。假设第 $i(i=1,2,3)$ 个企业分别为新中国电信、新中国移动和新中国联通,$P_i(t)$ 是第 i 个企业在 t 时期的价格,故新中国电信需求量 $Q(t) = a_1 - b_1 P_1(t) + c_1 P_2(t) + d_1 P_3(t)$,其他运营商需求模型依此类推。设 $C_i(t)$,$i=1,2,3$ 为总成本。设 $\frac{\partial C_i}{\partial Q_i} = f_i$,$f_i > 0$,$i=1,2,3$,利润为:

$$L_1(t) = P_1(t) Q(t) - C_1$$

设新中国电信基于价格的博弈模型为:

$$P_1(t+1) = P_1(t) + \alpha_1 P_1(t) \frac{\delta L_1}{\delta P_1}$$

式中,α_1 为价格调整速度及力度。故基于有限理性的电信 3G 市场三寡头价格竞争模型为:

$$\begin{cases} P_1(t+1) = P_1(t) + \alpha_1 P_1(t) [a_1 + f_1 b_1 - 2b_1 P_1(t) + c_1 P_2(t) + d_1 P_3(t)] \\ P_2(t+1) = P_2(t) + \alpha_2 P_2(t) [a_2 + f_2 c_2 + b_2 P_1(t) - 2c_2 P_2(t) + d_2 P_3(t)] \\ P_3(t+1) = P_3(t) + \alpha_3 P_3(t) [a_3 + f_3 b_3 + b_3 P_1(t) + c_3 P_2(t) - 2d_3 P_3(t)] \end{cases}$$

(5.18)

对三寡头非线性博弈模型式(5.18)进行数值模拟,描绘出系统式(5.18)的动态演化过程、吸引子等图形,并计算系统的最大李雅普诺夫指数。设参数值为:

---

① 陈芳:《寡头垄断电信市场价格博弈模型及其复杂性研究》,博士学位论文,天津大学,2008 年。

$a_1 = 1$,$b_1 = 0.5$,$c_1 = 0.15$,$d_1 = 0.1$,$f_1 = 2$
$a_2 = 1.2$,$b_2 = 0.12$,$c_2 = 0.4$,$d_2 = 0.18$,$f_2 = 1$
$a_3 = 0.8$,$b_3 = 0.1$,$c_3 = 0.1$,$d_3 = 0.5$,$f_3 = 3$

图 5-12 是当 $\alpha_1 \in [0,1]$ 时 P_1 的李雅普诺夫指数图,图 5-13 到图 5-15 表示其他参数固定($\alpha_1 = 0.5$,$\alpha_2 = 0.5$,$\alpha_3 = 0.55$),依次调整反应速度 α_i(i = 1,2,3)的变化引起的分支现象。从图 5-12 可以看出假设 $\alpha_2 = 0.5$,$\alpha_3 = 0.55$,当 $\alpha_1 < 0.6558$ 时,纳什均衡点,E = (1.576,5.411,2.999)是稳定的,但随着 α_1 的增大,当 $\alpha_1 = 0.6558$ 时,E 的稳定性将改变,发生倍周期分岔,然后四周期分岔、八周期……最终进入混沌状态。图 5-16(a)、(b)分别为 $\alpha_1 = 0.92$、$\alpha_2 = 0.5$、$\alpha_3 = 0.55$、$\alpha_1 = 1.0$、$\alpha_2 = 0.5$、$\alpha_3 = 0.55$ 时系统的吸引子。

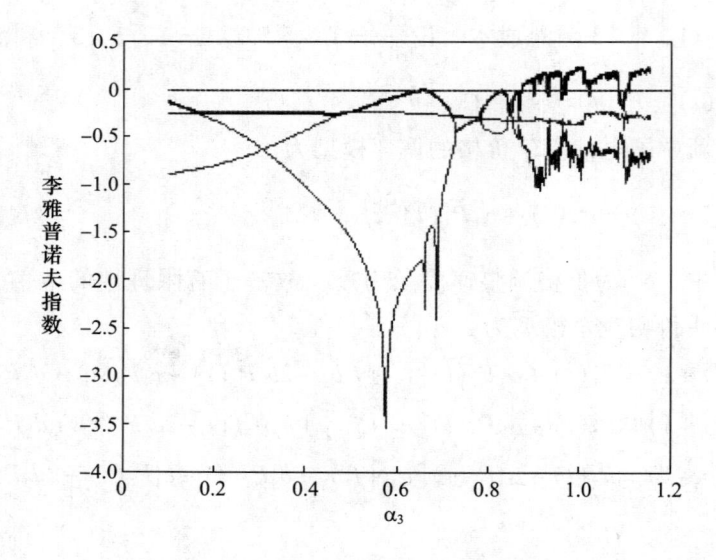

图 5-12 P_1 的李雅普诺夫指数

李雅普诺夫指数是定量描述混沌系统的重要指标,它反映了相空间内系统相邻轨道收敛和发散的长期平均水平,系统最大李雅普诺夫指数为正即意味发生了混沌现象。图 5-12 到图 5-14 分别给出了系

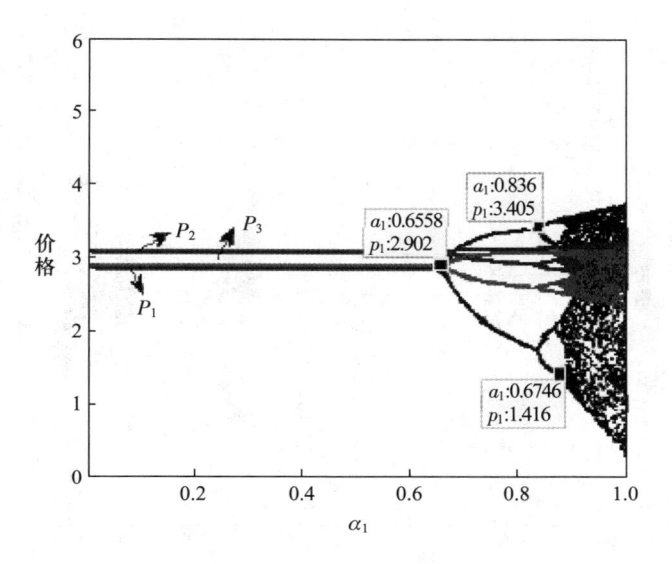

图 5-13 系统随 α_1 的演化

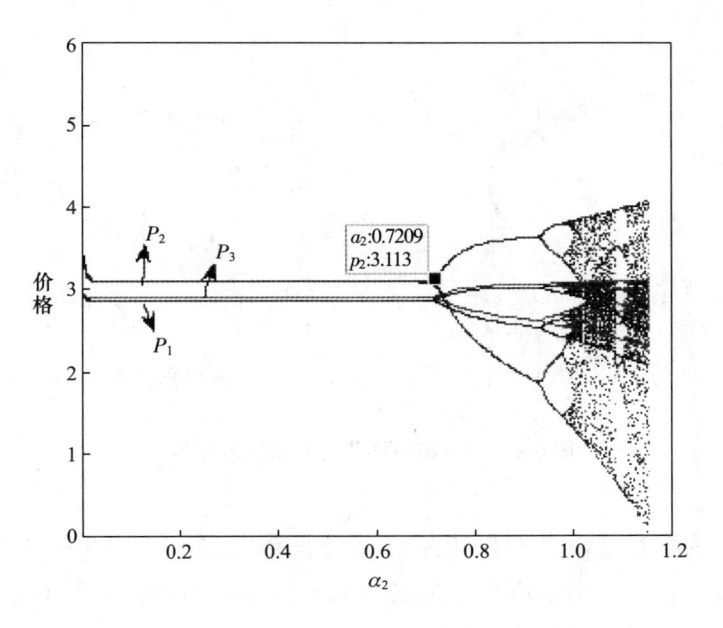

图 5-14 系统随 α_2 的演化

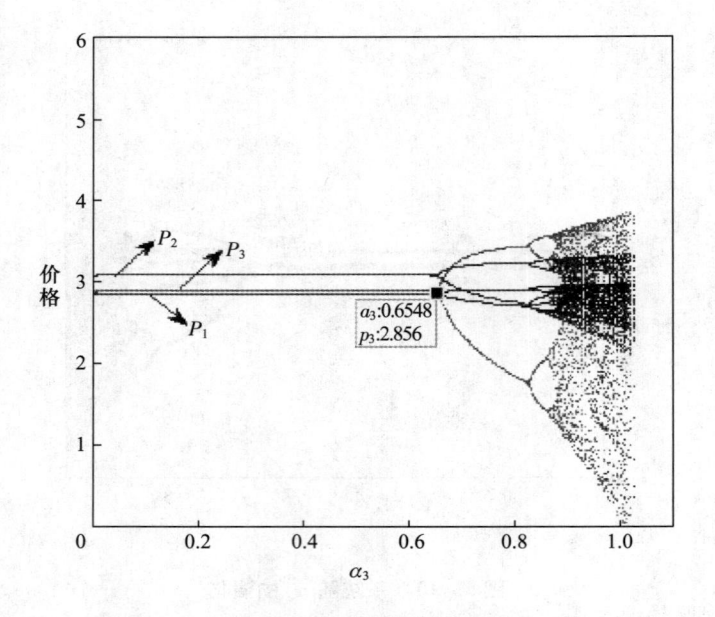

图 5-15 系统随 α_3 的演化

(a) $\alpha_1=0.92$, $\alpha_2=0.5$, $\alpha_3=0.55$

(b) $\alpha_1=1.0$, $\alpha_2=0.5$, $\alpha_3=0.55$

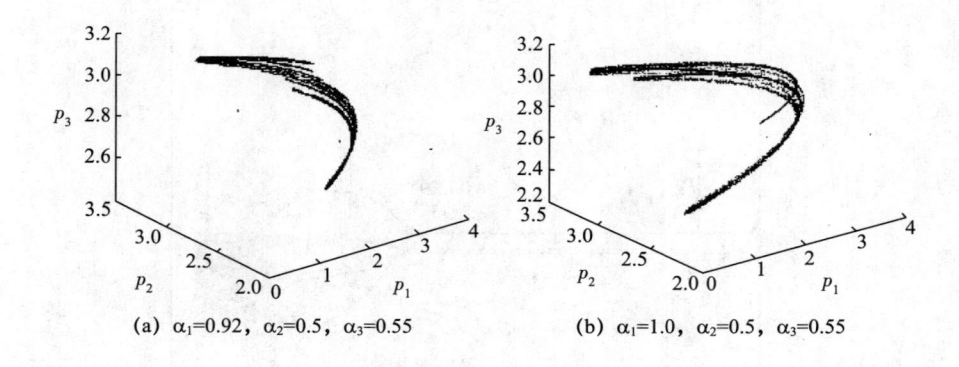

图 5-16 α 取不同值时的系统度化情况

统的最大李雅普诺夫指数和参数 α_i 之间的关系。从图 5-12 中我们可以看出，第一个李雅普诺夫指数为 0 的点所对应的 $\alpha_3=0.6548$ 正是图 5-15 中第一次分岔点，可见从李雅普诺夫指数图也可看出系统从稳定到倍周期分岔再到混沌的复杂动力学现象。

根据以上理论分析，当企业为了争取更多的利润而进行价格博弈时，可能会导致市场的混沌状态，市场将会变得不稳定，对未来价格及收益无法做出判断，运营商将无法进行决策，直至恶性循环。产生混沌状态的原因有：首先，在过分追求利润的同时，各大运营商忽略了对用户满意度的重视，这样将陷入集体利润损失的困境。其次，同质化竞争导致用户忠诚度低，运营商在片面追求利润的同时，会损失一部分客户，这使运营商更难做出博弈策略抉择，各运营商的有限理性层次不同，所选择博弈策略参差不齐，最终容易导致混沌。最后，技术变革常常伴随着市场洗牌。电信运营业是一个网络外部性很强的行业，一旦在技术变革期被竞争对手占据了优势，自己将处于一种很尴尬的境地。因此，3G发展初期的竞争程度异常激烈，博弈次数更为频繁，即各运营商策略调整速度加大，这将导致混沌状态的提早进入。因此，政府及各运营商应该在充分吸收有关国家经验的基础上，研究3G的发展策略，控制3G市场混沌状态的产生，保证3G业务的健康发展。

第三节　古诺—伯特兰模型的复杂动力学分析与混沌控制

古诺模型和斯塔克尔伯格模型研究的是企业间产量的竞争，伯特兰模型研究的是企业间价格的竞争，在同一市场中，企业的决策变量相同。而在现实的市场竞争环境中，企业的类型很可能是不同的，即有的企业以价格取胜，有的企业靠大规模的生产和销售来增加利润。古诺—伯特兰混合模型中，一家企业以产量为决策变量，是古诺型寡头；另一家企业以价格为决策变量，是伯特兰型寡头。该模型由于更加符合真实的市场竞争情况而引起了学者的关注。研究表明，在一定的需求和成本条件下，当产品具有替代性时，占优策略是两个企业都采取产量竞争而不是价格竞争。当两家企业的产品完全同质时，完美的竞争结果是古诺型企业供给市场中的全部产品，伯特兰型企业则退出市场；而拥有高质量产品的企业采取价格竞争要比产量竞争获得更多的利润。

浦小松进一步研究了古诺—伯特兰混合模型的复杂动力学,率先应用非线性动力学的相关理论对古诺—伯特兰混合模型进行深入细致的研究。模型中企业1是古诺型寡头,以产量为决策变量;企业2是伯特兰型寡头,以价格为决策变量。由于产品质量、服务水平、地理位置等条件的不同,使两家企业的产品之间具有差异性。假设两家企业的逆需求函数如下:

$$p_1(t) = a_1 - b_1 q_1(t) - d q_2(t)$$
$$p_2(t) = a_2 - b_2 q_2(t) - d q_1(t)$$

式中,$a_1 > 0$,$a_2 > 0$,$b_1 > 0$,$b_2 > 0$,$d \in [0, 1]$。d是产品差异程度参数,当$d = 0$时,两个企业产品之间没有替代性,此时每个企业都是垄断者;当$d = 1$时,两个企业产品是无差别的。也就是说,d趋于0时,产品差异性增大;d趋于1时,产品差异性减小。

假设两个企业都采取有限理性预期,即:

$$q_1(t+1) = q_1(t) + \alpha q_1(t) \frac{\partial \pi_1(t)}{\partial q_1(t)}$$

$$p_2(t+1) = p_2(t) + \beta p_2(t) \frac{\partial \pi_2(t)}{\partial p_2(t)}$$

进而得到古诺—伯特兰混合模型:

$$\begin{cases} q_1(t+1) = q_1(t) + \alpha q_1(t) \left\{ a_1 - \dfrac{a_2 d}{b_2} - 2\left[b_1 - \dfrac{d^2}{b_2} q_1(t) + \dfrac{d}{b_2} p_2(t) - c_1 \right] \right\} \\ p_2(t+1) = p_2(t) + \beta p_2(t) \left\{ \dfrac{1}{b_2}[a_2 + c_2 - 2p_2(t) - d q_1(t)] \right\} \end{cases}$$

(5.19)

式中,α是企业1的产量调整速度,β是企业2的价格调整速度,$0 < \alpha < 1$,$0 < \beta < 1$,$a_1 > 0$,$b_1 > 0$,$a_2 > 0$,$b_2 > 0$,$c_1 \in (0, a_1)$,$c_2 \in (0, a_2)$,$d \in [0, 1]$。

对三寡头非线性博弈模型式(5.18)进行数值模拟,描绘出系统式(5.19)的动态演化过程、吸引子等图形(见图5-17、图5-18和图5-19),并计算了系统的最大李雅普诺夫指数。部分参数值为:

$a_1 = 5$,$b_1 = 2$,$c_1 = 0.5$,$a_2 = 7.1$,$b_2 = 2.12$,$c_2 = 0.6$,$q_1(0) = 0.2$,$p_2(0) = 2$

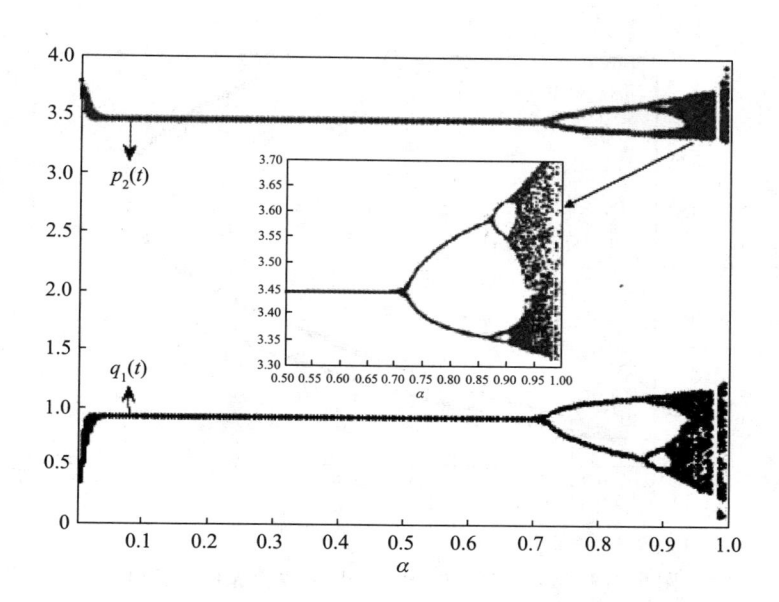

图 5-17　$\beta=0.3$、$d=0.9$ 时系统随 α 变化的产量和价格分岔

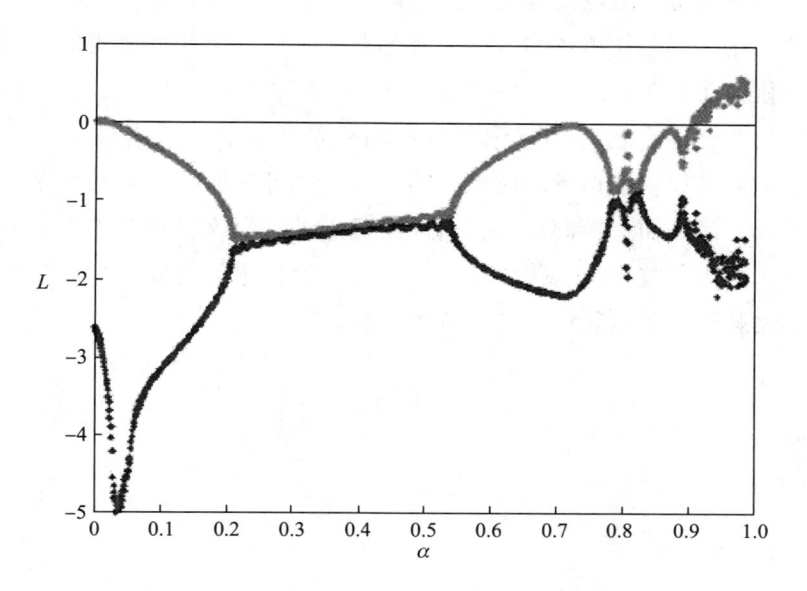

图 5-18　$\beta=0.3$、$d=0.9$ 时系统随 α 变化的李雅普诺夫指数

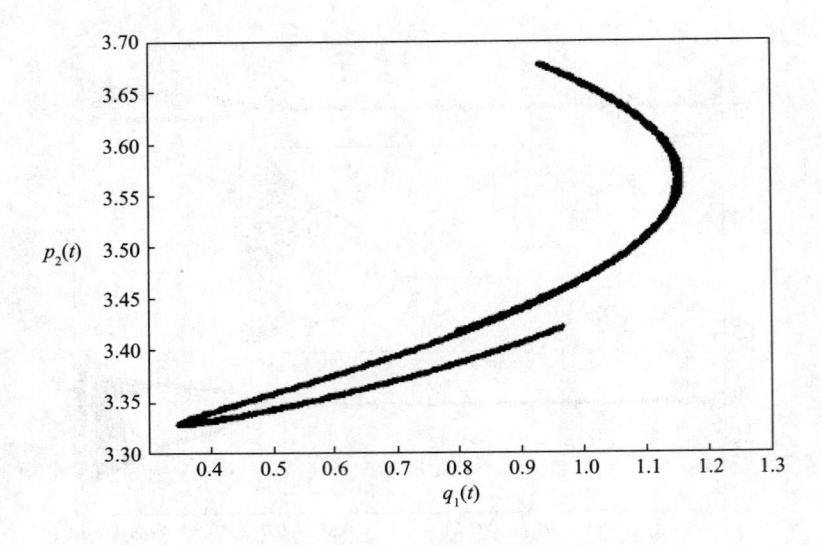

图 5-19　$\alpha=0.95$、$\beta=0.3$、$d=0.9$ 时系统的吸引子

研究发现，暂时稳定的纳什均衡点在激烈的市场竞争中会失去稳定性，无论是产量调整速度、价格调整速度，还是企业间产品差异程度的变化，都会使市场陷入混沌状态。任何一个企业产量或价格的微小变化就能使市场发生剧烈波动，令决策者难以把握市场，为了跟上市场的变化，企业会加速调整自身的产量或价格，或者改变产品设计，从而又加剧了市场的波动，陷入恶性循环。所以，有必要采取控制措施，诸如通过控制成本，引导消费需求进而改变企业需求函数的斜率，加大科技投入，优化产品结构，通过自主创新发展具有自身特色的品牌产品等途径增强自身竞争优势。

第六章 演化博弈

传统博弈论中一个重要的假设就是博弈双方行为人的理性假设，它假设博弈人是完全理性的，这是一条非常严格的假设，是现实世界中无法通过保证的假设。目前，包括合作博弈理论和非合作博弈理论的主流博弈论，在理性基础方面，采用的是一种"完全理性"的假设。完全理性比新古典经济学以"个体理性"基础的"理性经济人假设"要求理性程度还要高。因为完全理性不仅要求行为主体始终以自身最大利益为目标，具有在确定性和非确定性环境中追求自身利益最大化的判断和决策能力，还要求人们具有在存在交互作用的博弈环境中完美的判断和预测能力；不仅要求人们自身有完美的理性，还要求人们相互信任对方的理性，有"理性的共同知识"。这种完全理性假设的现实性明显是有问题的，因为它不仅意味着博弈方绝对不会犯错误，决不会冲动和不理智，即使在复杂的多层次交互推理中也不会糊涂，不会相互对对方的理性、能力、信任等有任何怀疑和动摇。事实上，人们在大多数比较复杂的决策问题中表现出来的理性，都无法满足这种"完全理性"的要求，甚至连新古典经济学"理性经济人假设"的要求都很难满足。不仅人们的个人选择经常会犯错误，集体决策同样也经常会犯错误。人类社会频繁发生各种战争冲突，企业选择领导人的盲目性等，都是人类集体选择决策理性不完全的证据。

因此，博弈论分为经典博弈论和演化博弈论两个重大分支，而两者的根本区别在于：经典博弈论假定每个局中人都是理性的，与此不同，演化博弈论是结合生态学、社会学、心理学及经济学的最新发展成果，从决策者的有限理性的事实出发来分析人的决策行为到精确的认识过程。

演化博弈理论是生态学家梅纳德·史密斯和普赖斯（Maynard

Smith and Price, 1973) 在结合生物进化论与传统博弈理论的基础上提出的,以演化博弈理论的最基本均衡概念——演化稳定策略的提出为诞生的标志。演化博弈理论创立之初是生物学家用来研究生物进化的。近些年来,由于它在生物学上的巨大成就而被引入经济学,成为经济学常用的博弈论的一个热点领域。传统的博弈论由于对参与者完全理性的假定,得出的结果往往与实际相差很远。这也要求博弈论学者有时必须假定参与者的理性是有限的才能更好地应用和发展博弈论。也正是在这种情况下,演化博弈的出现无疑给博弈论注入了新的活力,也克服了传统博弈论在理论上和应用上遇到的尴尬局面。

演化博弈理论源于对生态现象的分析和解释。生态学家从动植物进化的研究中发现,动植物进化结果在多数情况下都可以用博弈论的纳什均衡概念来解释。然而,博弈论是研究完全理性的人类互动行为时提出来的,为什么能够解释根本无理性可言的动植物的进化现象呢?我们知道动植物的进化遵循达尔文"优胜劣汰"生物进化理论,生态演化的结果却能够利用博弈理论来给予合理的解释,这种巧合意味着我们可以去掉经典博弈理论中理性局中人的假定。此外,20世纪60年代生态学理论研究取得突破性的进展,非合作博弈理论研究成果也不断地涌现并日趋成熟。上述理论思想的共同推动是产生演化博弈理论的现实及理论基础。

演化博弈论最初是由费雪(Fisher,1930)为了解释哺乳动物的性别比接近1:1这一现象而逐步建立起来的,尽管费雪(1930)当时并没有用到博弈论术语,但费雪(1930)的解释本质上可以理解为现在的演化博弈论。莱温汀(Lewontin,1961)开始运用博弈理论的思想来研究生态问题。梅纳德·史密斯(1972)首次给出标志着演化博弈理论诞生的重要概念——演化稳定性策略(Evolutionarily Stable Strategy,ESS),然而,这一重要概念在梅纳德·史密斯和普赖斯(1973)论文发表之后才得以广为传播。此后,生态学家泰勒和荣克(1978)在考察生态演化现象时首次提出了演化博弈理论的基本动态概念——动态复制(Replicator Dynamics)。演化稳定性策略和动态复制目前仍然是演化博弈理论的两个基本分析方法。1982年,梅纳德·

史密斯的开创性著作 *Evolution An the Theory of Games* 正式出版，1984年 Robea Axelrod 的优秀著作 *The Evolution Cooperation* 出版发行。经过上述一系列的奠基性工作，演化博弈论在经济学、社会科学和人类学中得到了广泛深入的研究和应用，其中，演化博弈论与金融学的结合形成的演化金融学最近得到了蓬勃发展。

同样，作为演化博弈论均衡概念的演化稳定策略在演化博弈的研究中也是至关重要的。不过，两者之间却存在着很大的差别。经典博弈论的各种均衡都是建立在参与者是理性的基础上，而演化稳定策略则是演化博弈考虑参与者为有限理性的基础上的均衡结果。演化稳定策略都是完全理性博弈的纳什均衡，是纳什均衡中对有限理性具有稳健性的一部分。因此，演化稳定策略可以看作对纳什均衡的一种选择精练。演化博弈在应用方面非常广泛。例如，可以研究国际政治、军事中关于战争与和平的选择，解释企业家选择的机制和企业文化的发展演进等。正是由于演化博弈论有非常重要的作用和价值，给人们带来了克服理性局限给完全理性博弈分析造成困难的希望，而且拓展了非常广阔的理论研究和应用领域。因此，自 1970 年开始，许多经济学家，包括 1994 年诺贝尔经济学奖得主莱恩哈德·泽尔滕等经济学家，都积极地投入对演化博弈论的研究。1980 年以来以，完全理性为基础的博弈论遇到的理论困难，更进一步加强了学者对演化博弈论的研究热情。

第一节 演化博弈基本动态理论

一 演化博弈理论基本均衡概念

（一）演化博弈理论

演化博弈论研究起源于生物学领域，其目的是解决动物和植物的冲突及合作，为达尔文的自然选择过程提供数理基础。演化博弈理论结合经典博弈理论及生态理论研究成果，以有限理性的参与者群体为研究对象，利用动态分析方法研究影响参与者行为变化的各种趋势。

莱温汀（1960）用于解释生态现象，特别是梅纳德·史密斯和普莱斯（1973）以及梅纳德·史密斯（1974）提出该理论的基本均衡概念——演化稳定策略以后，并且基于该理论在生物物种与种群的竞争进化演变规律分析中的成功，众多学者纷纷将其概念和前提加以修正，将其广泛应用于经济领域、社会领域来解释并预测人的群体行为的演化过程及其结果。

演化博弈理论从有限理性的个体出发，以群体为研究对象，认为现实中个体并不是行为最优化者，个体的决策是通过个体之间模仿、学习和突变等动态过程来实现的。演化博弈理论强调系统达到均衡的动态调整过程，认为系统的均衡是达到均衡过程的函数，也就是说，均衡依赖于达到均衡的路径。而传统的博弈论由于对参与者完全理性的假定，得出的结果往往与实际相差很远。这也要求博弈论学者有时必须假定参与者的理性是有限的，才能更好地应用和发展博弈论。也正是在这种情况下，演化博弈的出现无疑给博弈论注入了新的活力，也克服了传统博弈论在理论和应用上遇到的尴尬局面。

（二）演化稳定策略

传统的博弈论中有许多均衡概念，例如，纳什均衡、子博弈精练纳什均衡、贝叶斯纳什均衡、精练贝叶斯均衡、恰当纳什均衡、完美纳什均衡等，对这些均衡的研究一直是博弈论的核心内容。

1. 演化稳定策略的定义

演化稳定策略是由梅纳德·史密斯和普赖斯在研究生态演化问题时提出来的，其直观思想是：如果一个群体（原群体）的行为模式能够消除任何小的突变群体，那么这种行为模式一定能够获得比突变者群体高的支付，随着时间的演化，突变者群体最后会从原群体中消失，原群体所选择的策略就是演化稳定策略。系统选择演化稳定策略时所处的状态即是演化稳定状态，此时的均衡就是演化稳定均衡，通常把梅纳德·史密斯和普赖斯（1973）定义的演化稳定策略称为原初演化稳定策略。

演化稳定策略是演化博弈理论的一个基本概念，它是指如果群体中的所有成员都采取同种策略，那么，在自然选择的影响下，将没有突变策略来侵犯这个群体。也就是说,在重复博弈中,具备有限信息的个体根据其现有利益不断地对其策略进行调整以追求自身利益的改善,最终达到一种动态平衡状态,在这种平衡状态下,任何一个个体都不再愿意单方面改变其策略,我们称这种平衡状态下的策略为演化稳定策略。

演化稳定策略是学者在研究生态现象时提出的,生态学中每一个种群的行为都可以看作一个策略,所有种群就可以看作一个大群体,而群体中个体之间进行的是对称博弈。下面以对称博弈为例来介绍演化稳定策略的定义。

下面给出梅纳德和普瑞斯对演化稳定策略的定义[①],用符号表示如下:

如果 $\forall y \in A$,$y \neq x$,存在一个 $\bar{\varepsilon}_y \in (0, 1)$,不等式 $u[x, sy + (1-s)x] > u[y, sy + (1-s)x]$ 对任意 $\varepsilon \in (0, \bar{\varepsilon}_y)$ 都成立,那么,$x \in A$ 是演化稳定策略。

其中,S 表示群体中个体进行博弈时采取的策略集;y 表示突变策略;$\bar{\varepsilon}_y$ 是一个与突变策略 y 有关的常数,称为正的入侵阻碍;$sy + (1-s)x$ 表示由选演化稳定策略的群体与选择突变策略的群体所组成的混合系统。$1 - \bar{\varepsilon}_y \in (0, 1)$ 相当于该吸引子对应吸引域的半径,也就是说,演化稳定策略考察的是系统落于该均衡吸引域范围之内的动态性质,而不考虑落于吸引域范围之外的,因此,它描述系统的局部动态质。

设进行对称博弈的两个博弈者 1 和 2 各自的策略为 s_1 和 s_2,策略 s_1 可以理解为博弈者的行动,而策略 s_2 则理解为突变者的行动。当双方的策略组合为 (s_1, s_2) 时,他们的得益分别为 $u_1(s_1, s_2)$ 和 $u_2(s_2, s_1)$。假如双方采用突变者的策略 s_2 的概率均为 ε,则任何一方采用策略 s_2 和 s_1 的期望得益分别为:

---

① 付立群:《进化博弈论:经济学方法论的一次革命》,《武警工程学院学报》2004 年第 8 期;于全辉:《投资者情绪与证券市场价格互动关系研究》,博士学位论文,重庆大学,2009 年。

$$(1-\varepsilon)u_i(s_2, s_1) + \varepsilon u_i(s_2, s_2)$$
$$(1-\varepsilon)u_i(s_1, s_1) + \varepsilon u_i(s_1, s_2)$$

为了将所有的突变者驱逐出种群，根据演化稳定策略的要求，必须使任一个突变者的期望得益小于正常生物体的期望得益：

$$(1-\varepsilon)u_i(s_1, s_1) + \varepsilon u_i(s_1, s_2) > (1-\varepsilon)u_i(s_2, s_1) + \varepsilon u_i(s_2, s_2)$$

由演化稳定策略的定义，可以得到如下三个性质：

性质 6.1 如果策略 s 是演化稳定策略，那么对任何 $s' \in S$ 都有 $u(s, s) \geq u(s', s)$。

这意味着对于任何一个个体来说，策略 s 是相对于其自身的最优反应策略之一。如果策略 s 是演化稳定策略，那么，当选择突变策略的个体在与选择策略 s 的个体进行博弈时，他就会获得较少的利益，从而不能侵入选择演化稳定策略的群体中，只能从群体中"被驱逐"。

性质 6.2 如果策略 s 是演化稳定策略，且对任何策略 s' 满足 $u(s, s) = u(s', s)$，那么必有 $u(s, s') > u(s', s')$。

这一性质又被称为演化稳定策略的弱概念，这是因为，如果满足 $u(s, s) = u(s', s)$，说明入侵者不会被驱逐。如果满足 $u(s, s') > u(s', s')$，就意味着选择演化稳定策略的群体可以侵入突变者群体中，从而使选择突变策略者在演化过程中从群体中"被驱逐"。

性质 6.3 如果策略 $s \in S$ 满足：

1) 对任何 $s' \neq s$ 且 $s' \in S$，有 $u(s, s) \geq u(s', s)$；
2) $u(s, s) = u(s', s)$ 隐含了 $u(s, s) > u(s', s)$。

那么策略 s 就是演化稳定策略。

从性质 6.3 可以得到如下结果：如果 (s, s) 是一个严格的纳什均衡，那么 s 是演化稳定的，从而不存在另外的最优反应。性质 6.3 的两个条件一起刻画了演化稳定性，此后，许多有关演化博弈的理论都把此性质作为对演化稳定策略的正式定义。

2. 演化稳定策略的拓展

原初演化稳定策略为以后的研究者提供了理论基础，但它是建立在许多理想化假定之上的，存在许多不够完善的地方。因此，博弈论理论家对演化稳定策略的概念在不同的条件下做了改进和拓展。针对原初演化稳定策略只适用于对称博弈的缺点，泽尔滕（1980）通过引入角色限制行为提出了适用于非对称博弈的演化稳定策略概念。后来斯温克尔斯（Swinkels，1992）给出了考虑突变策略组合的演化稳定标准，定义了适用于非对称博弈的策略稳健性概念。

（三）演化博弈中的动态概念

演化博弈理论从有限理性的个体出发，以群体为研究对象，认为现实中个体并不是行为最优化者，个体的决策是通过个体之间模仿、学习和突变等动态过程来实现的。动态概念在演化博弈理论中占有相当重要的地位，许多博弈理论家对群体行为调整过程进行了广泛而深入的研究。

由于每个学者考虑问题的角度不同，对群体行为调整过程的研究重点也不同，提出的动态模型也就不同，如韦布尔（Weibull，1995）提出了模仿动态模型，认为人们常常模仿其他人的行为尤其是能够产生较高支付的行为；伯格斯和沙林（Börgers and Sarin，1995，1997）等提出并应用强化动态来研究现实中参与者的学习过程；弗里德曼和罗伯特（Friedman and Robert，1986）为了解释在实验中观察到的偏离纳什均衡的现象，他们利用两群体、双线性重复匿名博弈而引入了迁移动态，并对实验现象做出了合理的解释；斯基尔姆斯（Skyrms，1986）利用进化模型对哲学中的理性问题进行了讨论，由此引入了意向动态；斯温克尔斯（1993）提出了近似调整动态；伯格斯和沙林（1995）提出了刺激—反应动态等。

可是，到目前为止，在演化博弈理论中，应用得最多的还是由泰勒和荣克（1978）在对生态现象进行解释时首次提出的模仿者动态。模仿者动态是演化博弈理论的基本动态，它能较好地描绘出有限理性个体的群体行为变化趋势，由它得出的结论能够比较准确地预测个体的群体行为，因而备受博弈论理论家的重视，本章第二节将介绍模仿者动态概念、模型及其简单应用。

二 演化博弈模型

（一）模仿者动态模型

一般而言，演化博弈模型主要是基于选择机制和突变机制两个方面而建立起来的。模仿者动态模型是一种典型的基于选择机制的确定性和非线性的演化博弈模型,在此模型的基础上加入个体的策略随机变动行为,就构成了一个包含选择机制和变异机制的综合演化博弈模型①,由此得出的结论能够比较准确地预测个体的群体行为,因而受到演化博弈论者的高度重视。下面介绍模仿者动态模型的表述形式。

考虑在某个时点上某种群中各个不同的群体准备分别选择不同的策略进行博弈。为了研究这些群体的演化,假定只有适应性最强的群体才能生存下来,如果某个群体的得益水平超过了种群的平均水平,那么该群体中的个体数量就会增加。② 相反,如果该群体的得益水平低于平均水平,那么,它在整个种群中的比重就会下降,直至最终"被淘汰"出局。

为方便起见,我们将博弈者的纯策略限定为 s 和 s′ 两个,在此基础上可以直接拓展至多博弈策略的情形。模仿者动态存在离散模型和连续模型两种类型,离散模型用差分方程建模,连续模型用微分方程建模。

假设 n_t 和 n'_t 分别表示在 t 时点选择策略 s 和策略 s′ 的博弈者的数量,令 N_t 表示总博弈者数量,$u_t(s)$ 是其得益函数,S 表示策略集。③

对于离散模型有:$n_{t+1}(s) = n_t[1 + u_t(s)]$ （6.1）

对于连续模型有:$\overline{n}_t(s) = n_t u_t(s)$ （6.2）

令 $x_t(s)$ 为 t 时刻选择策略 s 的博弈者在总体中的比重为:

$$x_t(s) = \frac{n_t}{N_t} \quad (6.3)$$

准备选择策略 s 的博弈者的期望得益为:

$$u_t(s) = x_t(s)u_t(s, s) + x_t(s')u_t(s, s') \quad (6.4)$$

---

① 黄凯南:《演化博弈与演化经济学》,《经济研究》2009 年第 2 期。
② 谌小平:《基于演化博弈论的低碳供应链形成机制研究》,硕士学位论文,广东工业大学,2014 年。
③ 武红梅:《房地产企业实施绿色营销的博弈研究》,硕士学位论文,中北大学,2015 年。

因此，所有博弈者的平均得益为：
$$\bar{u}_t(s) = x_t(s)u_t(s) + x_t(s')u_t(s') \tag{6.5}$$

将式（6.3）、式（6.4）和式（6.5）代入式（6.1）和式（6.2），于是得到：

$$x_{t+1}(s) = x_t(s)\frac{1 + u_t(s)}{1 + \bar{u}_t(s)} \tag{6.6}$$

$$\frac{\mathrm{d}x_i}{\mathrm{d}t} = F(x_i) = [u(s_i, x) - \bar{u}(x, x)]x_i \tag{6.7}$$

其中，式（6.6）表示离散的和连续的模仿者动态方程。式（6.7）表示连续的模仿者动态方程。u(s_i, x) 表示群体中个体进行随机匹配匿名博弈时，群体中选择纯策略 s_i 的个体所得的期望得益。$\bar{u}(x,x) = \sum x_i u(s_i,x)$ 表示群体平均期望得益。

演化博弈理论的动态模型大体上可以分为三大类：第一类是支付导向型动态模型。该类模型认为，所有获得高于群体平均支付的纯策略都有正的增长率，所有获得低于群体平均支付的纯策略都有负的增长率。第二类是凸单调动态。把混合策略纳入模型中，即认为如果混合策略能够获得比纯策略更高的支付，那么它就比纯策略有更高的增长率。第三类是弱支付导向动态。该类模型认为，只要存在获得高于群体平均支付的纯策略，它就可以获得正的增长率。显然，第三类动态包含前两类动态。博弈论理论家研究得最多的是第一类动态模型。

按所研究的群体数目不同，演化博弈动态模型可分为单群体动态模型和多群体动态模型两类。单群体动态模型是指所考察的对象只含有一个群体，并且群体中个体都有相同的纯策略集，个体与虚拟的参与者进行对称博弈。博弈中个体选择纯策略所得的支付随着群体状态的变化而变化。多群体动态模型是指所考察的对象中含有多个群体，不同群体个体可能有不同的纯策略集，不同群体个体之间进行的是非对称博弈。博弈中个体选择纯策略所得的支付，不仅随其所在群体的状态变化而变化，而且也随其他群体状态的变化而变化。下面主要介绍单群体模仿者动态模型和多群体动态模仿者动态模型。

1. 单群体模仿者动态模型

单群体模仿者动态模型是由泰勒和荣格（1978）在考察生态演化现象时首次提出的。他们把一个生态环境中所有的种群看作一个大群体，而把群体中每个种群都想象或程式化为一个特定的纯策略。群体在不同时刻所处的状态一般用混合策略来表示。所谓模仿者动态，是指使用某一纯策略的人数所占比例的增长率等于使用该策略时所得支付与群体平均支付之差，或者与平均支付成正比例。为了说明的方便，本书首先给出一些符号，然后给出泰勒和荣格（1978）模仿者动态公式的推导过程。

假定群体中每一个个体在任何时候只选择一个纯策略，比如，第 j 个个体在某时刻选择纯策略 s_j（当然由于突变或策略转移，同一个体在不同时刻可以选择不同的纯策略）。

$S_k = \{s_1, s_2, \cdots, s_k\}$ 表示群体中各个体可供选择的纯策略集；N 表示群体中个体总数；$n_i(t)$ 表示在 t 时刻选择纯策略 i 的个体数。

$x = (x_1, x_2, \cdots, x_k)$ 表示群体在 t 时刻所处的状态，其中，x_i 表示在 t 时刻选择纯策略 i 的人数在群体中所占的比例，即 $x_i = n_i(t)/N$。

$f(s_i, x)$ 表示群体中个体进行随机配对匿名博弈时，群体中选择纯策略 s_i 的个体所得的期望支付。

$f(x,x) = \sum_i x_i f(s_i, x)$ 表示群体平均期望支付。

下面给出连续时间模仿者动态公式，此时，动态系统的演化过程可以用微分方程来表示。在对称博弈中，每一个个体都认为其对手来自状态为 x 的群体。事实上，每个个体所面对的对手是代表群体状态的虚拟个体。假定选择纯策略 s_i 的个体数的增长率等于 $f(s_i, x)$，那么可以得到如下等式：

$$\frac{dn_i}{dt} = n_i(t) \cdot f(s_i, x)$$

由定义可知，$n_i(t) = x_i \cdot N$，两边对 t 微分可以得到：

$$N\left(\frac{dx_i}{dt}\right) = \frac{dn_i(t)}{dt} - x_i \sum_i \frac{dn_i(t)}{dt} = \frac{dn_i(t)}{dt} - x_i \sum_i f(s_i, x) n_i(t)$$

两边同时除以 N 得到：

$$\frac{dx_i}{dt} = [f(s_i, x) - f(x, x)] \cdot x_i$$

上式就是对称博弈模型中模仿者动态公式的微分形式。可以看出，如果一个选择纯策略 s_i 的个体得到的支付少于群体平均支付，那么选择纯策略 s_i 的个体在群体中所占比例将会随着时间的演化而不断减少；如果一个选择策略 s_i 的个体得到的支付多于群体平均支付，那么选择策略 s_i 的个体在群体中所占比例将会随着时间的演化而不断地增加；如果个体选择纯策略 s_i 所得的支付恰好等于群体平均支付，则选择该纯策略的个体在群体中所占比例不变。

从上面的公式推导过程可以看出，泰勒和荣格提出的模仿者动态仅仅考虑到纯策略的遗传性，而没有考虑到混合策略的可继承性。鲍姆泽（Bomze，1986）证明了如果允许混合策略也可以被继承，那么在模仿者动态下，演化稳定策略等价于渐近稳定性。另外，下面不加证明地给出霍尔鲍尔等（Hofbauer et al.，1979）、齐曼（Zeeman，1980）提出并证明的一个命题：在模仿者动态下，对称博弈中每一个 ESS 都是渐近稳定的。这个命题的逆命题并不成立，下面用富登伯格（Fudenberg，1995）的一个反例来给予说明，考察左边矩阵所示的对称博弈。

0	1	1
-2	0	4
1	1	0

该博弈有唯一对称的纳什均衡 $\left(\frac{1}{3}, \frac{1}{3}, \frac{1}{3}\right)$，且均衡时的期望支付为 $\frac{2}{3}$。这个均衡并不是演化稳定均衡，因为它能够被策略 $\left(0, \frac{1}{2}, \frac{1}{2}\right)$ 侵入；又因为在平衡点处，雅可比安行列式的特征根是 $-\frac{1}{3}$ 和 $-\frac{2}{3}$，该均衡状态是动态系统的汇，因此均衡是渐近稳定的，所以，对称博弈的渐近稳定均衡并不一定是演化稳定均衡。

2. 多群体模仿者动态模型

泽尔滕（1980）引入角色限制行为而把群体分为单群体和多群体，不同群体是根据个体可供选择的纯策略集不同来划分的。在多群体时，不同群体中的个体有不同的纯策略集，有不同的群体平均支付及不同的群体演化速度。因而多群体模仿者动态公式的推导比较复杂，下面给出多群体模仿者动态方程：

$$\frac{dx_i^j}{dt} = [f(s_i^j, x) - f(x^j, x^{-j})] \cdot x_i^j$$

式中，上标 $j(j=1, 2, \cdots, K)$ 表示第 j 个群体，其中，K 表示有 K 个群体；x_i^j 表示第 j 个群体中选择第 $i(i=1, 2, \cdots, N_j)$ 个纯策略的个体数占该群体总数的比例；x^j 表示群体 j 在某时刻所处的状态，x^{-j} 表示第 j 个群体以外的其他群体在 t 时刻所处的状态；s_i^j 表示群体 j 中个体行为集中的第 i 个纯策略；x 表示混合群体的混合策略组合，$f(s_i^j, x)$ 表示混合群体状态为 x 时群体 j 中个体选择纯策略 s_i^j 时所能得到的期望支付；$f(x^j, x^{-j})$ 表示混合群体的平均支付。

多群体模型并不是对单群体模型的简单改进，由单群体到多群体涉及一系列如均衡及稳定性等的变化。泽尔滕（1980）证明了"在多群体博弈中演化稳定均衡都是严格纳什均衡"的结论，这就说明在多群体博弈中，传统的演化稳定均衡概念存在的局限性。同时，在模仿者动态下，同一博弈在单群体和多群体中也会有不同的演化稳定均衡。

（二）随机动态的深入研究

以上给出模仿者动态理论及其相关的结论，为了进一步了解演化博弈动态理论的最新研究成果，下面简要地介绍博弈论理论家对进化动态模型所做出的最新研究。

福斯特和扬格（Foster and Young, 1990）首次把随机因素纳入进化动态模型中，开创了对随机动态系统研究的先河。他们认为，现实中，按对系统影响因素是确定性还是随机性分，进化动态模型可以分为确定性动态模型与随机性动态模型。确定性动态是指系统仅受到确定性因素影响，或者受到可以忽略的随机性因素影响且按照一种确定的方式进行行为调整的动态。随机性动态是指把系统向均衡演化过程中受到不可忽略的随机冲击影响纳入动态模型的动态。模仿者动态是确定性动态，也是描述随机动态系统的基础。确定性模仿者动态能够较简单地描述系统的长期行为，利用它所得到的结果可以很好地预测群体行为，因而其应用非常广泛。然而，确定性模仿者动态也存在其固有的缺陷：从理论意义上说，在确定性动态下，所有纳什均衡都是动态系统的不动点，并且所有严格纳什均衡都是渐近稳定的不动点，因此，不利于系统在严格纳什均衡之间的选择。从现实意义上说，经济系统常常会受到许多随机冲击的影响，环境的不断变化会引起个体行为支付不确定性变化；在任何给定时期，各种类型的参与者个体数也是不断变化的；经济系统中个体常常会不断地进行试验（由于个体对自己支付的不确定性）及新旧更替（因为新来者可能并不熟悉原群体所处的状态）等因素都会对群体行为产生随机影响，仅用确定性模仿者动态来描述系统行为的变化是不够的。要更准确地描绘一个系统的动态变化，就必须对随机动态系统进行研究。

虽然随机因素对系统的影响很小，但这些影响却可能产生累积的效果，从而定量地改变动态系统的渐近行为，因而忽略随机因素对系统的影响而研究确定性动态系统是不对的。福斯特和扬格利用维纳过程来描述随机因素的影响，并把这种随机影响直接加到确定性模仿者动态的群体分布水平上，同时提出了"随机稳定性"这一描述随机系统均衡的概念。这个概念的提出把传统确定性动态模型中的 ESS 拓展到随机性动态系统中，它是一个比演化稳定策略更精练的概念。

富登伯格和哈里斯（1992）认为，福斯特和扬格的模型存在不足之处。第一，他们把随机冲击直接加到确定性模仿者动态群体分布水平上是不妥的，因为一旦在动态系统中引入随机因素，累积状态演化的确定性部分应该与不考虑随机因素时是一样的，但在他们的模型中，这种关系不明显；第二，他们仅考虑到随机过程中方差独立于群体分布的情形，而最中性的假定应该是随机过程的方差以某种特定的方式依赖于群体的分布。在单个群体增长率水平上，如果方差是常数，那么在多群体分布水平上，方差就不会是常数。第三，他们认为，策略单纯性的边界起反射作用是由于群体中个体的迁移和突变等随机因素影响造成的，这种解释是没有说服力的。富登伯格和哈里斯通过假定支付函数受到群体水平或者累积冲击的影响，利用与福斯特和扬格同样的维纳过程引入了随机因素。

M. Kandori、G. Mailath 和 R. Rob（1992）利用福斯特和扬格的处理技巧，首次分析了有限数目个体的离散随机动态系统。他们对个体行为规则做出了如下三个假设即 KGM 假设：

（1）并不是所有个体都能对所处的环境做出迅速的反应（惯性假说：由于个体对支付的不确定性及调整成本的存在，个体是基于某种常规或学习、模仿等方式进行决策的）。

（2）个体近视的互动作用（近视假说：世界是复杂的，个体不可能计算出其所处环境的最优策略，他们只能通过观察其他人的选择结果，从而推断出什么是成功策略。所谓近视假说，就是说个体在学习、模仿时并不考虑策略选择的长远意义）。

（3）个体以较少的概率随机地改变自己的策略（试验、突变假说：现存的个体以一定的概率离开，新的个体只能随机地做出选择。另外，由于个体不能确定自己行为的支付，因而他们有时需要进行模仿、试验等活动来做出决策，这样，就不可避免地存在犯错误的可能）。

在以上三个假说的基础上，他们在达尔文动态系统中引入了从一个策略以不变概率跳跃到另一个策略的突变率，并且在个体水平上通过突变而引入随机因素。

伯金和巴顿（Bergin and Barton，1996）等在 M. Kandori、G. Mailath 和 R. Rob 研究的基础上进行了一定程度的改进。他们认为，KMR 假定突变率是常数，这一假设与现实是不相符合的。因为现实中，突变要么来自试验；要么来自计算、推理错误；要么来自个体的进出。如果认为突变来自试验，由于支付及个体的经验随着状态的变化而变化，因而突变率不会在不同状态独立且相同；如果认为突变来自计算、推理错误，显然，在更复杂情形中个体犯错误的可能性大于其他情形；如果认为突变来自个体的进出，那么，由于群体中的平均支付是不断变化的，因而在不同群体状态下，个体进出群体的概率也会不一样。因此，考察突变率随系统的状态变化而变化更具有现实意义。于是他们在随机动态系统中引入随系统状态变化而变化的随机因素。此后，有许多博弈论理论家从不同的方面对随机动态系统进行了深入的研究，并得出了许多有用的结论。

三　演化博弈和经典博弈的异同

动态概念在演化博弈理论和经典博弈理论都占有相当重要的地位，但它们却存在着根本的区别。进化动态把参与者行为演化过程看作一个时间演化系统，重点研究参与者行为的调整过程。经典博弈理论的动态概念是以参与者行动所传递的信息为依据，重点研究参与者在预期信息下的决策结果。

（一）理论基础不同

经典博弈理论的动态概念是建立在古典经济学理性人假定的基础上，通过引入参与者的互动行为而提出的一个新理论。经典博弈理论认为，理性人能够对环境的任何变化做出迅速、准确的反应，只要拥有决策所需的信息，经济系统就会迅速达到均衡。经典博弈理论所谓的动态是建立在参与者行动次序基础之上，认为：后行动者可以通过观察先行动者的行动来获得有关后者的偏好、支付函数等方面的信息以修正自己的信念，并由此来选择自己的最优行动；先行动者也会预期到自己的行动会暴露自己偏好、支付等方面的信息，因而他会在此预期下来最优化自己的决策。显然，经典博弈所谓的动态也就是考察理性人对信息传递的处理，这也是该理论动态理论的研究重点所在。在经典博弈动态理论中，占有相当重要的地位是经典博弈动态概念的出发点和基本内容。

演化博弈理论是建立在有限理性参与者假定的基础之上，认为现实中参与者并不能免费获得决策所需要的信息，也不具有无限的信息处理能力，所以，参与者并不满足理性要求。参与者的决策并不是最优化计算的结果，最优化只是影响决策的一个因素，参与者所处的社会环境对其决策会产生非常大的影响。现实中参与者需要经过非常复杂的模仿、试验、学习及创新等过程来做出决策。因此，经济系统达到均衡是需要很长时间的，对此过程的研究即研究系统达到均衡的路径也就成为该理论的研究重点。

（二）对动态的理解不同

与古典经济学理论一样，经典博弈理论来源于经典牛顿线性力学，认为时间是可逆的，即无论在什么时候，只要给定相同的条件，就会得出相同的结果。因为理性参与者具有无限的计算能力，在给定信息下，能够迅速地计算出最优决策，这种最优化结果只与外界的条件有关，而与时间无关。因此，经济系统常常处于均衡状态，系统能够迅速地从一个均衡走向另一个均衡，根本不需要对系统达到均衡的过程进行分析。经典博弈理论通过对不同均衡的比较来达到发现经济运行规律的目的，进而预测并指导参与者行动。该理论所说的动态也就是参与者信念调整的最优反应动态，根本不需要把时间纳入其模型之中，最多在参与者的策略互动过程中加入折现因子来考察参与者的最优反应。

演化博弈理论来源于生物进化论，认为有限理性的参与者并不能对环境变化做出迅速、准确的反应，而是通过试验、模仿及学习等方式来选择决策，其决策受其所处环境的影响。系统达到均衡并不能通过行为主体一次性决策来完成，而需要一个复杂的渐进过程。演化博弈理论强调系统达到均衡的渐进过程，认为系统一旦达到某一个均衡就可能被"锁定或稳定"于该均衡状态，除非来自外部强大的冲击，才能使系统离开原来的均衡。这种认为均衡是受达到均衡路径制约的观点与诺斯的路径依赖及混沌经济学的分析方法具有某种程度的相似之处。

（三）动态均衡概念不同

经典博弈理论的基本均衡概念——纳什均衡主要是针对完全信息静态博弈而提出来的，在动态博弈中显示出其局限性。这个定义只考虑到其他参与者决策对自己的影响而没有考虑自己的决策对其他人的影响。现实中，参与者的行动有先后顺序，后行动者自然会根据先行动者的选择所传递的信息来调整自己的选择；先行动者自然也会理性地意识到自己的行动会传递自己支付相关的信息（不完全信息时）。

泽尔滕（1965）把这种信息的传递过程纳入博弈模型中，提出了动态博弈的基本均衡概念——子博弈精练纳什均衡。与纳什均衡相比，子博弈精练纳什均衡虽然可以剔除静态博弈中不可置信的威胁，但不能够从根本上解决博弈中多重均衡问题，其最大的缺陷在于没有削弱参与者的理性要求。克雷普斯和威尔逊（1982）把信息和不确定性引入动态博弈中而提出"序贯均衡"，从而使子博弈精练均衡与贝叶斯均衡结合起来。在序贯均衡中，不仅要求参与者行为是理性的，而且要求参与者行为是序贯理性的，因而经典博弈的均衡概念与现实人相去越来越远了。

演化博弈理论则以参与者群体行为为研究对象，认为参与者的行为选择受到其所处的群体、环境等因素的影响，并重点研究群体行为的动态调整过程。其基本的均衡概念——演化稳定策略的直观思想是，如果一个群体的行为模式能够消除任何小的突变群体，那么这种行为模式一定能够获得比突变者群体更高的期望支付，那些选择获得较低支付策略的群体随着时间的演化最终会从原群体中消失。演化稳定策略是一个领域概念与动态系统的渐近稳定性及吸引子有相似的性质，主要描述系统局部的动态性质，因而可以把影响均衡过程的各种因素纳入博弈的动态模型中，特别是福斯特和扬格（1990）提出的随机稳定均衡概念把影响经济系统的各种随机因素都纳入其模型中，使由该理论均衡概念所得的预测结果更准确、更真实地描述参与者群体的行为。

（四）所用数学工具不同

经典博弈理论建立在信息可以免费获取、参与者有无限信息处理能力及参与者是完全理性的等假定下而得出经济系统常常处于均衡状态的结论，在任何时候、任何条件下都能够迅速解出最优决策。因此，在该理论中，主要利用微积分中最优化理论来分析参与者的决策行为，通过跨时期最优化计算来把静态理论动态化。演化博弈理论由于要考虑影响系统达到均衡的各种因素，并且主要考察系统在达到均衡过程中所受到的许多确定或随机的因素影响，因此，该理论需要使用较高深的数学工具如随机过程理论、微（差）分方程理论、混沌理论等来分析均衡过程。

四 演化博弈的借鉴意义

演化博弈论从有限理性人出发,强调系统达到均衡的过程而非均衡本身。演化博弈理论是完全摒弃传统理论中非现实的"理性人"假设,直接从有限理性参与者群体出发而提出的一种全新的动态分析方法。演化博弈论认为,经济系统达到均衡需要一个长期的渐进过程,均衡结果依赖于达到均衡的过程。

演化博弈论纳入了系统到达均衡的时间因素,有利于决策者控制系统向目标的进化。演化博弈理论的动态分析方法中一个显著特征就是把参与者的决策过程的时间及因素互动的时间纳入其基本模型之中,强调系统达到均衡的过程。这样,有利于决策者控制经济系统使之朝着既定的目标前进,也有利于决策者寻找能够最大限度地促进系统向意愿均衡转化的因素,使系统尽快达到有效率的均衡。

演化博弈理论引入突变因素较好地解决了多重均衡的选择问题,即系统最终会趋于哪一个均衡依赖于系统的初始状态。演化博弈理论的基本均衡概念——演化稳定均衡,描述了当经济系统一旦进入某一均衡的吸引域内,系统就会对其他突变策略具有一定程度的抵抗力。

第二节 演化博弈的应用

迄今为止,我们研究了具有许多不同特征的博弈如同时行动的与序贯行动的、零和支付的与非零和支付的、操纵博弈规则的策略性行动、一次性的与重复性的以及有许多人同时行动的集体行动博弈。然而,在所有讨论中,有一个不变的基本规定——在这些博弈中所有参与者都是理性的:每个参与者都有着内在一致的价值判断尺度,能够计算其在不同策略选择下的后果,并做出最有利于其自身利益的选择。

在应用这种理论时,我们仅仅沿袭了博弈论在大多数情况下所采用的方法。这些方法主要是由经济学家发展起来的。经济学是建立在理性行为和均衡的双重假定之上的。的确,这些假定在博弈论中也被证明是有用的。我们对其中参与者通过经验而知道什么是他们的最优选择且有规律地参与的博弈有了相当的理解。这些假定确保参与者不会被对手所利用。理论也为参与者应该如何进行博弈给出了一些指导。

然而，其他社会科学家对理性假设持有极大的怀疑，进而对建立在这一假设基础之上的博弈论也提出了质疑。经济学家指出，不应把理性假设视为理所当然的。麻烦的是，需要找到一种可行的替代性假设。尽管我们不能把有意识的和完全可计算的理性强加于参与者，但是，我们也不想放弃这样一种思想，即某些策略比起其他策略来说要好一些。我们要用较高的支付去奖赏好的策略；我们想要参与者对成功者进行观察和模仿，并用新的策略去进行尝试；当参与者从博弈中获得经验的时候，我们要求好的策略被经常使用，而不好的策略要更少地被使用。

一 研究框架

生物学中的进化过程为社会科学家使用博弈论提供了一种特别有吸引力的参考。进化论的三个基础性假定是异质性、适应性和选择。出发点是许多动物行为由基因决定：一个或几个基因（遗传型）的复合体控制着特定的行为模式，称为行为表现型。基因库的自然多样性保证了种群中表现型的异质性。某些行为比其他行为更能适应当前的环境，并且表现型的成功可以被量化为适应性。人们通常习惯于用众所周知但误导性的词汇"适者生存"去进行思考；然而，对生物学适应性的最终检验不仅要看生物能否成功地生存，而且还要看生物能否成功地繁衍后代。那就是使动物能够把它的基因传给下一代并且使其表现型能够世代传承的东西。于是，在下一代中更具适应性的表现型在数量上比起较不具有适应性的表现型来说就更多一些。这种选择过程是动态的，它改变着遗传型和表现型的组合结构，并且也许最终会达到一种稳定状态。

随着时间的推移，偶然因素会带来新的基因变异。许多这类变异产生了不适应环境的行为（表现型），它们最终将消亡。但是，偶尔有一种变异会带来一种较为适应环境的新的表现型，于是这样的一种变异基因就会成功地侵入一个种群，也就是说，它将扩散开来并且成为种群的一个重要组成部分。

在任何时候，种群可包含一些甚至其全部的生物学上可想象到的表现型，那些比其他表现型更具适应性的表现型在数量上将会增加，一些不具适应性的表现型则会消失，而且其他目前在种群中不存在的表现型会尝试着入侵它。当种群不能被任何变异成功地侵入时，生物学家就称该种群结构及其当前表现型是演化稳定的。这是一种静态检验，但经常使用一种更加动态的标准：从种群中任何一个表现型的复合体出发，如果某种群结构是动态选择的极限结果，那么该结构就是演化稳定的。

表现型适应性取决于个体或有机体与环境的关系。例如，一种特定鸟类的适应性就取决于它们翅膀的空气动力学特征。同时它还取决于存在于环境中的不同表现型比例的复杂性——相对于整个物种中其他种群来说，它的翅膀利用空气动力的程度。因此，一种特定动物的适应性以及它的行为特点，诸如攻击性和社会性，取决于种群中其他大多数成员是攻击性的还是温顺的，是群居的还是独行的，等等。从我们的研究角度来说，一种物种内部的不同表现型之间的这种相互作用是最令人感兴趣的方面。当然，有时一种物种中的个体也与其他物种中的成员发生相互作用，比如说，一种特定类型的羊的适应性就取决于当地狼群的现有特征。我们也考虑这种类型的相互作用，但仅仅是在我们研究完种群内部的情形之后。

生物进化过程发现了与博弈论中十分相似的概念。一种表现型行为可被看作动物在与其他动物相互作用中的一种策略——比如，是攻击还是退却。区别是这种策略的选择并非像在标准博弈论中那样是一种有目的的计算；相反，它是表现型的遗传性的先天本能。相互作用带给表现型支付。在生物学中，支付衡量进化或者繁殖的适应性。当我们在生物学之外应用这种思路时，它们在一些颇具争议的社会博弈、政治博弈和经济博弈中的成功便被赋予了新的意义。支付或适应性的数值可表示在恰如标准博弈那样的支付表中，某种动物的可想象出来的所有表现型按矩阵的各行排列，而其他动物则沿矩阵的各列排列。

因为种群是表现型的一种混合体，从中挑选出来的不同对表现型会给它们的互动带来不同的策略组合。表现型适应性的实际测度是其在与种群中其他表现型之间所有相互作用获得的平均支付。那些具有较强适应性的动物会有更大的进化成功机会。种群动态变化的最终结果将会是一种演化稳定的种群结构。

生物学家成功地运用了这一方法。攻击性行为与合作行为组合，巢穴的选址及其他无法用传统观点解释的更多的现象都可以理解为选择更具适应性的策略的一种进化过程的稳定结果。有趣的是，生物学家在使用已有的博弈论框架的时候发现了演化博弈思想，他们沿用了博弈论语言，但修改了参与者有意识地最大化以满足自身需求的假设。目前，博弈论专家又反过来运用从生物演化博弈研究中所得到的启示来丰富他们自己的学科。

的确，演化博弈理论放松了理性行为的假定，为新的博弈理论研究方法提供了一个现成的框架。根据演化博弈的这种观点，参与者并没有自己选择策略的自由，有的参与者天生就得选择某种策略，而其他参与者天生就会选择另外的策略。策略的遗传性思想在博弈论中可比在生物学中获得更加广泛的解释。在人类的相互作用中，有许多理由使策略是被嵌入参与者的大脑里的——不仅仅是由于遗传，还由于（并且可能是更加重要的）社会性、文化背景、教育及基于以往经验的归纳性法则。一种人群可能由具有不同背景或经验的不同个体的复合体组成，而这些个体先天性地被嵌入了不同的策略中。所以，有的政治家宁可放弃选举成功也要坚决地坚守一定的道德或伦理规范，而另外一些政治家却更关心他们自己能否连任。类似地，某些公司只追求利润，而另外一些公司追求的却是社会和生态的目标。我们可将那些按照这样的方式被牢牢固定下来的每一个可想象出来的策略称为参与者群体的表现型。

从具有先天性策略的异质性种群中随机挑选出若干对表现型组合与同一物种或不同物种的其他表现型组合重复地相互作用（进行博弈）。在每次相互作用中，参与者的支付取决于双方的策略；这种依赖性由通常的"博弈规则"所支配，并且在博弈表或博弈树中得到反映。我们可以将某一策略的适应性定义为该策略与种群中，所有其他策略博弈时的平均支付或总支付。相比于其他策略某些策略具有更高水平的适应性；在种群的下一代即下一轮博弈中，那些适应性更强的策略将会被更多的参与者使用并繁殖扩散开来；适应性较低的策略则只有较少的参与者使用，然后就失去活力，且逐渐消失。有时，某些个体会尝试或者采用过去没有使用过的策略，而这些策略是逻辑上可想象出来的。这就对应于变异的产生。倘若这样的新策略要比当前采用的策略更具适应性，它就会开始被群体中更大比例的个体所采用。核心问题是种群中特定策略的选择性繁殖扩散、失去活力且消失以及变异的过程是否有一个演化稳定的结果，并且如果是这样，稳定的结果又是什么。对于我们刚才谈及的例子，社会是否最终会变成所有政治家只关心各自能否连任和所有企业都只关心利润的情形呢？

尽管我们使用了生物学类比，但在社会经济博弈中具有较强适应性的策略会繁殖扩散开来以及具有较低适应性的策略会消失的理由与生物学中严格的遗传机制不尽相同：在前一回合中混得好的参与者会将信息传递给下一回合中的朋友或同事，而在前一回合中混得不怎么样的参与者会对成功的策略进行观察，然后去模仿它们，于是在随后的博弈中，参与者开始进行一些有目的的思考和对先前的经验法则的修正。在大多数策略博弈中，这种"社会的"和"教育的"传递机制远比任何生物学遗传显得更为重要。的确，这就是政治家连任目标和企业利润最大化动机如何得以增强的过程。最后，新的策略的有意识的试验代替了生物学博弈中的偶然变异。

生物博弈的演化稳定结构有两种类型。首先，某个表现型可比任何其他表现型更具适应性，并且种群会趋向于由其单独构成。这样一种演化稳定结果被称为单态型，即单一形式。此时，这种唯一出现的策略被称为是一种演化稳定策略。其次，两种或更多种表现型可能具有同样的适应性（并且比其他表现型更具适应性），故它们可以以一定比例共存。这时我们称种群表现出多态型，即形式多样化。在这个种群中，如果没有新的表现型或可行的变异比现有多态型种群中的表现型更具适应性，那么这种状态就是稳定的。

多态型与博弈论中的混合策略概念是密切相关的。但是，也存在一个重要区别。若要获得多态型，不需要个别参与者采用混合策略。每个参与者都选择纯策略，但是，种群却会因不同参与者选择不同纯策略而呈现一种混合策略。

种群及其可想象的表现型集合，表现型之间相互作用中的支付矩阵，以及在种群中占一定比例的各种表现型对进化的作用（当然，这与表现型的适应性相关）构成了一个演化博弈。

二 公司治理与演化博弈

（一）公司治理的特点

公司治理问题中的两个固有特点是传统的合作和非合作博弈方法无法考虑到的。

首先，公司治理的核心内容——剩余索取权和控制权分配——来自契约的不完备性，而契约的不完备性来自人只具有有限理性。所以，公司治理结构的安排正是为了填补由有限理性的"盲点"而产生的不完备契约的"空白"。从另一个角度看，在公司治理的概念提出之前，与之最近的是威廉姆森提出的治理结构。而威廉姆森的思想基石就是人的有限理性。由此，如果运用传统博弈论的完全理性来研究公司治理问题的有限理性，矛盾就会出现。

其次，随着公司制企业的产生和发展，公司治理结构的演进已有了数百年的时间。在这演进过程中，由于有限理性，当事人无法判断出建立何种公司治理结构最符合自己的利益要求。但他可以通过观察，了解到过去的种种博弈情况，并从中进行学习和调整。然而，这些学习和调整的过程在传统的博弈论中是无法体现的。

由于以上两个原因，演化博弈就有了"用武之地"。演化博弈的基本思路是：在具有一定规模的博弈群体中，博弈方进行着反复的博弈活动。由于有限理性，博弈方不可能在每一次博弈中都能找到最优的均衡点。于是，他的最佳策略就是模仿和改进过去自己和别人的最有利战略。通过这种长期的模仿和改进，所有的博弈方都会趋于某个稳定的策略。这种稳定的策略均衡就与生物进化的"演化稳定策略"（ESS）非常相似。演化博弈理论的应用方法很多，本书在接下来的讨论中将采用与公司治理结构演进过程相似的大群体反复博弈——复制动态演化博弈。

（二）基本假设与模型建立

一般来说，英美的公司治理结构是一种较为纯粹的"股东至上"的治理模式，仅有股东具有掌握企业所有权的资格；而德日模式则近似于"利益相关者合作"，除股东外，职工、债权人、协作伙伴等其他利益相关者均可以分享企业所有权。因此，不妨假设有两类博弈群体，一类由股东组成，用 g 表示；另一类由其他利益相关者组成，用 l 表示；两博弈群体的战略空间为，$S_g = \{s_y, s_n\}$，$S_l = \{s_y, s_n\}$，s_y 表示希望采用"股东至上"的公司治理结构，s_n 表示支持近似于"利益相关者合作"的公司治理结构。

由此构造博弈矩阵，如图 6-1 所示。

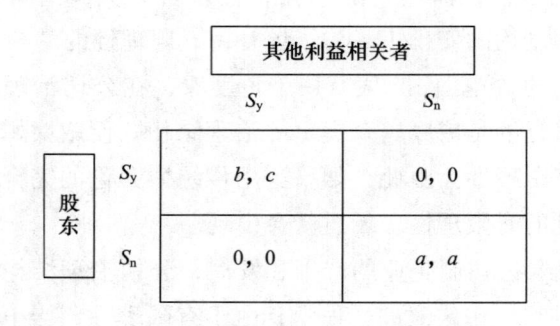

	其他利益相关者	
	S_y	S_n
股东 S_y	b, c	0, 0
股东 S_n	0, 0	a, a

图 6-1 股东与利益相关者的博弈矩阵

该矩阵中各项支付的含义为：

（1）所有支付来自公司股东和其他利益相关者投入公司的专用性资产而产生的可占用准租；

（2）当博弈各方的策略不同时，或者表现为该公司无法存在，或者表现为各方均不投入专用性资产，所以假定各方的支付均为 0；

（3）当各方都同意支持"利益相关者合作"的公司治理模式时，假定 $u_g(s_n, s_n) = u_l(s_n, s_n)$，令其为 a，a > 0；

（4）当各方都愿意以"股东至上"为治理原则时，毫无疑问，股东可以分享到可占用准租的大部分,但因为至少从激励和资源稀缺性角度考虑,其他利益相关者也可分享到部分可占用准租,即 $u_g(s_y, s_y) > u_l(s_y, s_y)$,分别令其为 b 和 c,b>0,c>0;

(5) 假定 $u_g(s_y, s_y) + u_l(s_y, s_y) = u_g(s_n, s_n) + u_l(s_n, s_n)$,即 b+c=2a,并且 b>a>c。这是因为,至今没有权威的资料表明哪种模式更好。

用传统的非合作博弈求解该模型,将出现三个纳什均衡。如果将该结论理解为实世界,那么,无论是英美模式还是德日模式将各有一部分公司选择"股东至上"和近似于"利益相关者合作"的公司治理结构。但现实情况却是英美公司普遍采用"股东至上"的治理结构,而德日公司则恰恰相反。对此,一些学者认为,公司治理结构的形成受各个国家具体的制度环境的影响。但我们要强调的是制度环境仅仅是诱因。理解制度的诱因作用,需要将该模型用非对称复制动态演化博弈求解。

首先,假设在博弈的初始时间,股东群体中,选择 s_y 的比例为 x,选择 s_n 的比例为 1-x;其他利益相关者选择 s_y 的比例为 y,选择 s_n 的比例为 1-y。那么,股东选择 s_y 的期望收益 u_{gy}、选择 s_n 的期望收益 u_{gn} 以及股东群体的平均收益 $\bar{u}_g$,分别为:

$$u_{gy} = by + 0(1-y) = by$$
$$u_{gn} = 0y + a(1-y) = a(1-y)$$
$$\bar{u}_g = u_{gy}x + u_{gn}(1-x) = a - ax - ay + (a+b)xy$$

构造股东的复制动态方程:

$$F(x) = dx/dt = x(u_{gy} - \bar{u}_g) = x(1-x)[(a+b)y - a] \quad (6.8)$$

复制动态方程反映了博弈方学习的速度和方向,当其为 0 时,表明学习的速度为 0,即此时该博弈已达到一种相对稳定的均衡状态。

那么,令 F(x)=0,得:当 y>a/(a+b) 时,x=0 和 x=1 是 x 的两个稳定状态;当 y<a/(a+b) 时,x=0 和 x=1 仍然是 x 的两个稳定状态,当 y=a/(a+b) 时,无意义。

但以上四个稳定状态并不都是演化稳定策略(ESS)。ESS 要求一个稳定状态必须具有抗扰动的功能,在数学上就是:$F'(x)$ 必须小于

0。于是，对式 (6.8) 求导，得：

$$F'(x) = (1 - 2x)[(a+b)y - a] \qquad (6.9)$$

由式 (6.9) 可知，当 y > a/(a+b) 时，F'(0) > 0，F'(1) < 0，即 x = 1 是 ESS；当 y < a/(a+b) 时，x = 0 是 ESS。

同理，计算其他利益相关者群体的三种期望收益，并构造其复制动态方程，求解可得，当 x > a/(a+c) 时，y = 1 是 ESS；当 x < a/(a+c) 时，y = 0 是 ESS。

将以上结论用坐标平面表示，就是图 6-2 所示的情形。

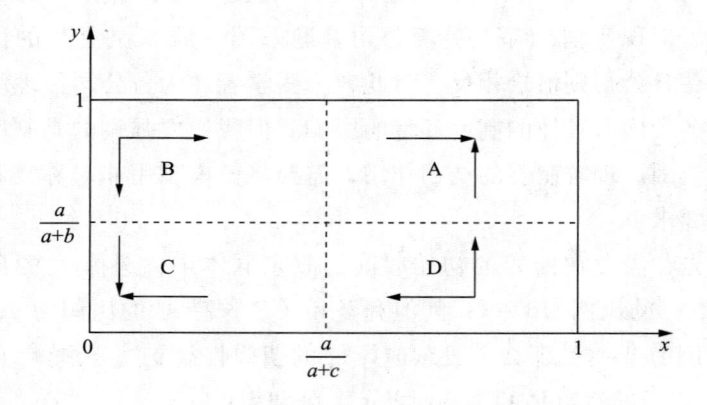

图 6-2 非对称复制动态演化博弈求解结论示意

在这个非对称复制动态演化博弈中，当初始状态落在 A 区域时，即博弈开始时，如果有多于 a/(a+c) 的股东和多于 a/(a+b) 的其他利益相关者选择支持"股东至上"的公司治理结构，该博弈将收敛于演化稳定策略 x = 1 和 y = 1，即"股东至上"的公司治理结构成为两个博弈群体中所有参与者的必然选择；而当初始状态落在 C 区域时，近似于"利益相关者合作"的公司治理结构成为所有博弈方的必然选择；当初始状态落在 B、D 区域时，则最终的均衡状态取决于博弈双方学习调整的速度。比如，当初始状态在 B 区域时，如果股东收敛 x = 1 的速度高于其他利益相关者收敛 y = 0 的速度，则博弈进入 A 区域，最终的演化稳定策略将是 x = 1 和 y = 1。

以上计算说明，博弈初始状况的不同，会导致不同的均衡结果。李维安从政治、历史和文化的影响、经济发展的影响和法律政策的影响三个方面，研究了英美公司和德日公司的生存环境。从中可以看到：首先，这些国家在早期基本没有直接规定公司治理结构安排的正式制度和非正式制度；其次，这三个方面都影响到了企业参与者对公司治理结构的看法；最后，在这三个方面中，英美两国和德日两国的确存在着许多截然不同的特征。

三 基于报酬率分配下的城市联盟演化博弈模型

（一）对称情况下具有平等报酬率分配下的城市联盟演化博弈模型

根据对称性，两个城市的静态博弈模型支付矩阵见表 6-1。

表 6-1 对称情况下具有平等报酬率分配下的城市联盟博弈支付矩阵

		城市 2	
		联盟	不联盟
城市 1	联盟	v/2 - p, v/2 - p	-p, 0
	不联盟	0, -p	0, 0

注：v 是城市联盟的总收益；p 是城市 1、城市 2 对城市联盟公共产品的供给。

根据对称性，城市 1 和城市 2 处于同一群体，设群体中选择联盟的城市所占比例为 $x(0 \leqslant x \leqslant 1)$，而选择不联盟的比例为 $1-x$，于是对于群体中任一城市：

其选择联盟的期望收益 u_y 为：$u_y = x(v/2 - p) - p(1 - x) = vx/2 - p$

选择不联盟的期望收益 u_n 为：$u_n = 0$

则群体中所有城市的平均收益 $\bar{u}$ 为：$\bar{u} = x(vx/2 - p) + (1 - x) \times 0 = vx^2/2 - px$

则城市的复制动态方程为：$F(x) = dx/dt = x(u_y - \bar{u}) = -vx/2(x - 2p/v)(x - 1)$

两个城市对公共产品的总供给为 2p，总收益为 v，故在一般情况下 $2p/v < 1$。

令 $F(x) = 0$，则 $x = 0$，$x = 2p/v$，$x = 1$ 皆为稳定状态，根据 ESS（计划稳定策略）的抗扰动性，$F'(x)$ 必须小于 0，对 $F(x)$ 求导，有：

$$F'(x) = 3vx^2/2 + vx + 2px - p$$

将 $x = 0$、$x = 2p/v$、$x = 1$ 分别代入上式，有 $F'(0)$、$F'(1) < 0$、$F'(2p/v) > 0$，故 $x = 0$、$x = 1$ 为 ESS。动态方程相位见图 6-3。

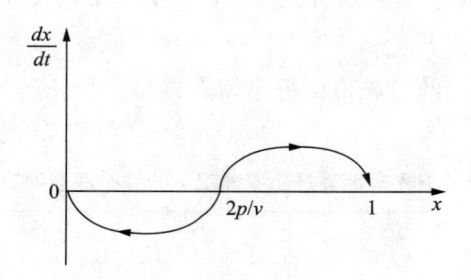

图 6-3 动态方程相位

在这个对称的复制动态演化博弈中，当初始状态落在上方即博弈开始时，如果群体中有多于 $2p/v$ 的城市选择联盟，该博弈将收敛于演化稳定策略 $x = 1$，即联盟将会成为所有城市的必然选择。

由上述结论可见，在这个复制动态演化博弈中，博弈初始时选择联盟的城市多少将会直接影响到均衡状态下选择联盟的城市数量。当 $2p/v$ 越小，即城市联盟的总收益越大于总投入时，该博弈就越容易向稳定策略 $x = 1$ 进化，这说明城市联盟的回报越大，城市就越趋向于选择联盟。除此之外，政府应该在适当的时候对城市联盟给予调控，使这个复制动态演化博弈向稳态 $x = 1$ 收敛，以促进城市联盟的进行。

（二）非对称条件下具有不平等报酬率分配下的城市联盟演化博弈模型

此时两个城市的静态博弈模型支付矩阵见表 6-2。

表 6-2　　　非对称条件下具有不平等报酬率分配下
的城市联盟博弈支付矩阵

		城市 2	
		联盟	不联盟
城市 1	联盟	$(v-p_1-p_2)\lambda_1$，$(v-p_1-p_2)\lambda_2$	$-p_1$，0
	不联盟	0，$-p_2$	0，0

注：v 是城市联盟的总收益，p_1、p_2 分别是城市 1 和城市 2 对城市联盟公共产品的供给，λ_1、λ_2 分别为城市 1 和城市 2 的报酬率。

设 $p_1 > p_2$、$\lambda_1 > \lambda_2$，即博弈方 1 中的所有城市（如城市 1）在联盟中处于主导地位，而博弈方 2 中的所有城市（如城市 2）在城市联盟中处于从属地位。

本书将该模型用非对称复制动态进化模型求解，首先设博弈方 1 中选择联盟的城市的比例为 x，则选择不联盟的比例为 1-x；博弈方 2 中选择联盟的比例为 y，选择不联盟的比例为 1-y。于是城市 1 选择联盟的期望收益 u_{1y}，不联盟的期望收益 u_{1n} 以及博弈方 1 群体的平均收益 $\bar{u}_1$ 分别为：

$u_{1y} = y(v-p_1-p_2)\lambda_1 - p_1(1-y)$

$u_{1n} = 0$

$\bar{u}_1 = xu_{1y} + (1-x)u_{1n} = xy(v-p_1-p_2)\lambda_1 - xp_1(1-y)$

构造博弈方 1 的复制动态方程为：

$F(x) = dx/dt = x(1-x)[y(v-p_1-p_2)\lambda_1 - p_1 + p_1y]$

令 $F(x) = 0$，得：当 $y \neq \dfrac{p_1}{(v-p_1-p_2)\lambda_1 + p_1}$，$x=0$，$x=1$ 为两个稳定状态；当 $y = \dfrac{p_1}{(v-p_1-p_2)\lambda_1 + p_1}$ 时，无意义。

但上面两个稳定状态不一定都是演化稳定策略（ESS），演化稳定策略要求一个稳定状态必须具有抗扰动的功能，在数学上需满足 $F'(x) < 0$，对 $F'(x)$ 求导，有：

$F'(x) = (1-2x)[y(v-p_1-p_2)\lambda_1 - p_1 + p_1y]$

根据上式，有：当 $y > \dfrac{p_1}{(v-p_1-p_2)\lambda_1+p_1}$ 时，$x=1$ 为 ESS；当 $y < \dfrac{p_1}{(v-p_1-p_2)\lambda_1+p_1}$ 时，$x=0$ 为 ESS。

同理，计算博弈方 2 的三种期望收益，并构成复制动态方程，求解可得：当 $x > \dfrac{p_2}{(v-p_1-p_2)\lambda_2+p_2}$ 时，$y=1$ 为 ESS；当 $x < \dfrac{p_2}{(v-p_1-p_2)\lambda_2+p_2}$ 时，$y=0$ 为 ESS。

将以上结论用相位图表示，如图 6-4 所示。

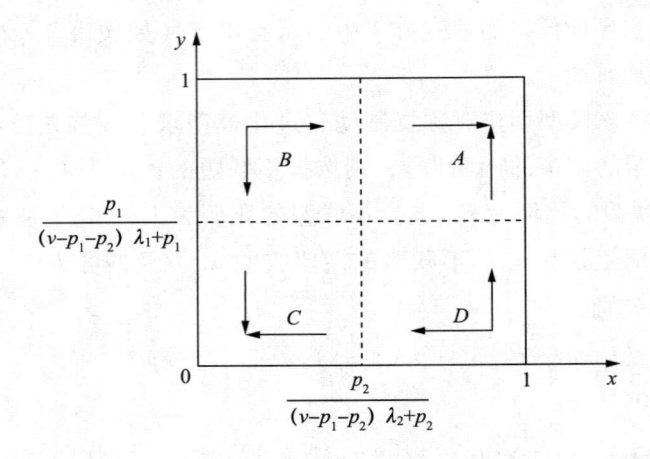

图 6-4　解的相位

在这个非对称复制动态演化博弈中，当初始状态落在 A 区域，即博弈开始时，如果博弈方 1 中有多于 $\dfrac{p_2}{(v-p_1-p_2)\lambda_2+p_2}$ 的比例选择联盟且博弈方 2 中有多于 $\dfrac{p_1}{(v-p_1-p_2)\lambda_1+p_1}$ 的比例选择联盟，该博弈将收敛于 $x=1$、$y=1$，即两个群体中的城市都将选择联盟；当初始状态落在 C 区域即博弈开始时，博弈方 1 选择联盟的比例小于 $\dfrac{p_2}{(v-p_1-p_2)\lambda_2+p_2}$ 且博弈方 2 中选择联盟的比例小于

$\dfrac{p_1}{(v-p_1-p_2)\lambda_1+p_1}$，该博弈将收敛于 x = 0、y = 0，即两个群体中的城市都将选择不联盟；当初始状态落在 B、D 区域的话，最终的均衡状态将取决于博弈双方的学习速度，如果在区域 B 内，博弈方 1 收敛于 x = 1 的速度要快于博弈方 2 收敛于 y = 0 的速度，那么博弈更易进入 A 区域，最终的稳定状态为 x = 1、y = 1。

由上述结论可以看到，在这个非对称复制动态演化博弈中，初始状态对于最终的均衡状态十分重要，在 λ_1、λ_2 给定的情况下，（v - p_{1-p_2}）越大，$\dfrac{p_1}{(v-p_1-p_2)\lambda_1+p_1}$ 和 $\dfrac{p_2}{(v-p_1-p_2)\lambda_2+p_2}$ 就越小，该博弈就更易收敛于稳态 x = 1、y = 1。这说明在不对称的情况下，城市联盟的回报越大，城市就越趋向于选择联盟。

如前面的分析，在实际情况中，如果初始状态落于 A 区域，那么该博弈在一般情况下将向稳态 x = 1、y = 1 收敛，在这种情况下，政府给予的调控可以相对较少；当初始状态落于 B、D 时，博弈双方的学习速度更易影响最终的均衡状态，在这种情况下，政府应尽可能采取较多的调控，使该博弈能进化到 A 区域，以最终使其收敛于 x = 1、y = 1；当初始状态落于 C 区域，政府给予调控的难度较前两者更大，具体如何调控，有待于进一步研究。

（三）带有优势掠夺下的城市联盟演化博弈分析

带有优势掠夺下的两个城市联盟的静态博弈模型支付矩阵见表 6 - 3。

表 6 - 3　　带有优势掠夺下的两个城市联盟的静态博弈支付矩阵

		城市 2	
		联盟	不联盟
城市 1	联盟	x_1，x_2	$-p_1$，0
	不联盟	0，$-p_2$	0，0

注：p_1、p_2 分别是城市 1 和城市 2 对城市联盟公共产品的供给，x_1、x_2 分别为城市 1 和城市 2 在联盟中的纯收益。

设 $x_1 > x_2$ 即博弈方 1 (如城市 1) 具有掠夺优势, 博弈方 2 (如城市 2) 处于被掠夺的地位。笔者仍将该模型用非对称复制动态演化博弈求解, 首先设博弈方 1 中选择联盟的城市比例为 x, 则选择不联盟的比例为 1−x; 博弈方 2 中选择联盟的比例为 y, 选择不联盟的比例为 1−y。于是城市 1 选择联盟的期望收益 u_{1y}、不联盟的期望收益 u_{1n} 以及博弈方 1 群体的平均收益 $\bar{u}_1$ 分别为:

$u_{1y} = x_1 y - p_1(1-y)$

$u_{1n} = 0$

$\bar{u}_1 = x u_{1y} + (1-x) u_{1n} = x x_1 y - x p_1 (1-y)$

构造博弈方 1 的复制动态方程为:

$F(x) = dx/dt = x(1-x)(x_1 y - p_1 + p_1 y)$

令 F(x) = 0, 得: 当 $y \neq \dfrac{p_1}{x_1 + p_1}$, x = 0, x = 1 为两个稳定状态;

当 $y = \dfrac{p_1}{x_1 + p_1}$ 时, 无意义。

对 F′(x) 求导, 有:

$F'(x) = (1-2x)(x_1 y - p_1 + p_1 y)$

根据上式, 有: 当 $y > \dfrac{p_1}{x_1 + p_1}$ 时, x = 1 为 ESS; 当 $y < \dfrac{p_1}{x_1 + p_1}$ 时, x = 0 为 ESS。

同理, 计算博弈方 2 的三种期望收益, 并构成复制动态方程, 求解可得: 当 $x > \dfrac{p_2}{x_2 + p_2}$ 时, y = 1 为 ESS; 当 $x < \dfrac{p_2}{x_2 + p_2}$ 时, y = 0 为 ESS。

将以上结论用相位图表示, 如图 6−5 所示。

与上小节非对称复制动态演化博弈模型类似, 当初始状态落在 A 区域即博弈开始时, 如果博弈方 1 中有多于 $\dfrac{p_2}{x_2 + p_2}$ 比例选择联盟且博弈方 2 中有多于 $\dfrac{p_1}{x_1 + p_1}$ 的比例选择联盟, 该博弈将收敛于 x = 1、y = 1, 即两个群体中的城市都将选择联盟; 当初始状态落在 C 区域即博弈

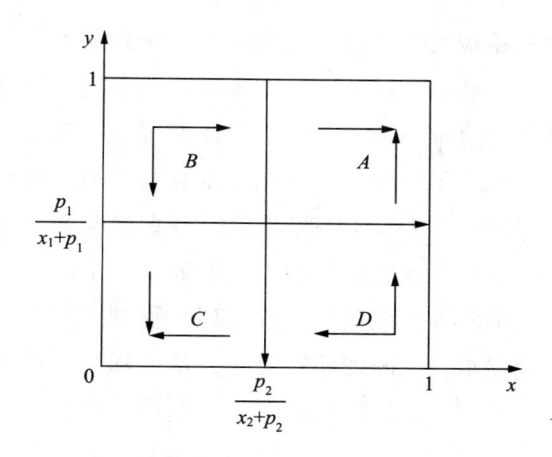

图 6-5 解的相位

开始时，博弈方 1 选择博弈的比例小于 $\frac{p_2}{x_2+p_2}$ 且博弈方 2 中选择联盟的比例小于 $\frac{p_1}{x_1+p_1}$，该博弈将收敛于 $x=0$、$y=0$，即两个群体中的城市都将选择不联盟；当初始状态落在 B、D 区域的话，最终的均衡状态将取决于博弈双方的学习速度，如果在区域 B 内，博弈方 1 收敛于 $x=1$ 的速度要快于博弈方 2 收敛于 $y=0$ 的速度，那么博弈更易进入 A 区域，最终的稳定状态为 $x=1$、$y=1$。

可以发现，上述结论同非对称情况下不平等报酬率分配下的城市联盟演化博弈模型类似，其中，x_1、x_2 分别与 $(v-p_1-p_2)\lambda_1$ 和 $(v-p_1-p_2)\lambda_2$ 对应，虽然两个博弈模型博弈本身的出发点不同，但其复制动态演化博弈模型的演化过程是一致的。

四 流域水资源水量利用冲突的演化博弈分析

流域水资源是一种公共资源，具有公共财产的性质。[①] 公共财产的性质往往表现为流域水资源资产权的虚设，流域内的每个用水户都难以界定明确的责任和义务去维持流域的水资源不被过度利用，他们

---

① 陆海曙：《基于博弈论的流域水资源利用冲突及初始水权分配研究》，博士学位论文，湖南大学，2010 年。

都会根据自身利益最大化原则来利用流域水资源的水量，也就是根据完全理性的原则来利用流域水资源的水量，但在现实情况中，流域用水户的完全理性是很难得到满足的，往往表现为有限理性，且流域用水户之间的信息也是不完全的。因此，流域内的不同用水户在对流域水资源水量利用冲突的表现上，不像完全理性情况下的一次性博弈那样，一开始就能直接实现纳什均衡。这就需要一个学习、交流和反复博弈的过程，以不断提高流域用水户的理性程度并相应地调整其取水策略，实现流域用水户之间的相互合作，从而降低流域水资源水量利用冲突的风险，实现流域水资源的可持续利用。现在，假设流域由规模相当的两个用水户组成，每个流域用水户都有两个不同的策略，即合作和不合作，可以由流域两个用水户任意随机选择，合作意味着流域用水户削减从流域河道中的取水量，而不合作则意味着过量从流域河道取水。

　　假设该复制动态博弈有一大群有限理性的流域用水户参与，他们不可能一开始就找到最佳的策略合作。因此，在具有有限理性的流域，用水户中有些是"合作"类型的，有些是"不合作"类型的，但这种类型不是事先给定的，而是随着流域用水户的学习过程与策略调整而改变的。假设流域用水户群体中"合作"类型的比例是2，则"不合作"类型的比例是1，构造如表6-4所示的收益矩阵。

表6-4　　　　　　　　　　两流域用水户间的对称博弈

		用水户2	
		合作	不合作
用水户1	合作	B, B	C, D
	不合作	D, C	A, A

　　注：B > A > C > D > 0。如果流域两个用水户只进行一次博弈，那么通过博弈均衡分析可以发现该博弈有两个博弈均衡（合作，合作）和（不合作，不合作）。

　　在这两个博弈均衡中，明显是前者优于后者。流域用水户群体的博弈是随机配对的，应用上面的分析结果，这里采用2来表示流域用

水户的收益。于是,"合作"类型流域用水户、"不合作"类型流域用水户的收益分别为:

$$\pi^C = xB + (1-x)C$$
$$\pi^{NC} = xD + (1-x)A$$

群体的平均期望收益为:

$$\pi = x\pi^C + (1-x)\pi^{NC}$$

显然,在一般的情况下,两类流域用水户的收益是有差异的。由可得"合作"类型的流域用水户比例的复制动态变化可表示为:

$$\frac{dx}{dt} = x(\pi^C - \pi)$$

将和代入上式,可得:

$$\frac{dx}{dt} = x(1-x)[x(B-D) + (1-x)(C-A)]$$

当给定 A、B、C、D 的具体数值时,$\frac{dx}{dt}$ 仅为 x 的函数。因此,可以简记为:

$$\frac{dx}{dt} = F(x) = x(1-x)[x(B-D) + (1-x)(C-A)]$$

要讨论该博弈的进化稳定策略,可先找出复制动态的稳定态,而后讨论小的扰动对稳定态的影响。只要令 F(x) = 0,即可解出所有复制动态的稳定态:

$$x^* = 0 \text{ 或 } x^* = 1 \text{ 或 } x^* = \frac{A-C}{A-C+B-D}$$

显然,由假设可知,$0 < \frac{A-C}{A-C+B-D} < 1$,从而可知,该博弈复制动态的进化稳定策略有 3 个,对其进行求导可得:

$$F'(x) = (1-2x)[x(B-D) + (1-x)(C-A)] + (x-x^2)(A-C+B-D)$$

容易验证如下关系式成立:

$$F'(0) < 0,\ F'(1) < 0,\ F'\left(\frac{A-C}{A-C+B-D}\right) > 0$$

由微分方程的稳定性理论可知,$x^* = 0$、$x^* = 1$ 为该博弈的进化稳定策略，而 $x^* = \dfrac{A-C}{A-C+B-D}$ 不是该博弈的进化稳定策略。上述复制动态方程的相位图如图 6-6 所示。

由图 6-6 可以看出，当 $x \in \left(0, \dfrac{A-C}{A-C+B-D}\right)$ 时，复制动态将会趋于稳定状态 $x^* = 0$，即所有流域用水户都会采用不合作策略；当 $x \in \left(\dfrac{A-C}{A-C+B-D}, 1\right)$ 时，复制动态将会趋于稳定状态 $x^* = 1$，即所有流域用水户都会采用合作策略。由于流域所有用水户采用合作策略的博弈均衡和流域所有用水户采用不合作策略的博弈均衡相比，是效率较高的一个均衡，流域每个用水户都能得到单位收益。因此，后一种情况是更加理想的均衡结果。由上述分析可知，如果初次进行这个博弈时流域用水户群体采用合作和不合作两种策略的比例落在区间 [0, 1] 任一点的概率都相同，那么通过复制动态方程实现向更高效率进化稳定策略的机会是 $\dfrac{A-C}{A-C+B-D}$，而通过复制动态方程实现向低效率进化稳定策略的机会是 $\dfrac{B-D}{A-C+B-D}$。由 $B > A > C > D > 0$ 可知：

$A - C < B - D$

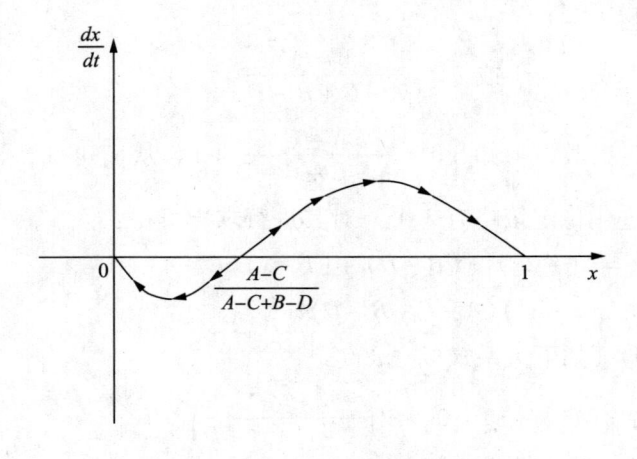

图 6-6　复制动态方程的相位

从而可知：

$$\frac{A-C}{A-C+B-D} < \frac{B-D}{A-C+B-D}$$

这也说明，通过复制动态方程实现向低效率进化稳定策略的机会要比通过复制动态方程实现向更高效率进化稳定策略的机会来得大。据此，我们可以得出结论：具有有限理性的流域用水户即使通过复制动态的学习和调整，也并不一定能实现高效率的均衡结果，往往实现低效率的均衡结果。上述结果也说明，复制动态进化博弈的结果往往取决于系统的初始状态。如果流域用水户群体中采用合作策略的比例超过 $\frac{A-C}{A-C+B-D}$，则流域用水户通过复制动态的学习和调整可以实现向合作策略的进化，最终达到全流域合作取水，实现流域的可持续发展。为了达到全流域合作取水的目的，流域管理机构可以通过一定的方法和手段来宣传合作取水的长远利益之所在，加强流域用水户之间的合作意识，树立合作典型，使越来越多的流域用水户意识到合作取水的重要性，而流域其他用水户则通过复制动态的学习和调整，最终达到全流域合作取水这样一个最优状态，从而降低流域用水冲突的危机，既保证了流域用水户高效率用水，又能使全流域保持可持续发展。

前面所描述的是流域两对称流域用水户关于用水冲突问题的对称演化博弈，但实际上，流域两用水户非对称以及相关的流域用水户收益非对称的情况是普遍存在的。因此，为了更加接近和符合实际情况，我们现在假设具有有限理性的流域两用水户是非对称的。此时，流域用水户间随机配对博弈就不再作为适合的分析框架了，必须用有所差别的两个或多个有限理性流域用水户群体成员相互之间随机配对博弈的分析框架来分析。不失一般性，我们用一个例子来说明这种变化。假设流域用水户类型的群体中，采用合作策略的比例为 y，那么采用不合作策略的比例为 $1-y$。构造如表 6-5 所示的收益矩阵。

表 6-5　　　　　两流域用水户之间的非对称博弈

		用水户 2	
		合作	不合作
用水户 1	合作	E, F	G, H
	不合作	L, G	M, N

其中，B > A > C > D > 0。因此，流域用水户 1 类型的参与者的期望收益以及群体平均收益分别为：

$$\pi_1^C = yE + (1-y)G$$
$$\pi_1^{NC} = yL + (1-y)M$$
$$\pi = y\pi_1^C + (1-y)\pi_1^{NC}$$
$$\quad = x(G-M) + y(L-M) + xy(E+M-G-L) + M$$

流域用水户 2 类型的参与者的期望收益以及群体平均收益分别为：

$$\pi_2^C = xF + (1-x)G$$
$$\pi_2^{NC} = xH + (1-x)N$$
$$\pi = y\pi_2^C + (1-y)\pi_2^{NC}$$
$$\quad = y(G-N) + x(H-N) + xy(F+N-G-H) + N$$

应用时，两类流域用水户的复制动态微分方程分别为：

$$\frac{dx}{dt} = x(\pi_1^C - \pi_1) = x(1-x)[y(E+M-G-L) + (G-M)]$$

$$\frac{dy}{dt} = y(\pi_1^C - \pi_1) = y(1-y)[x(F+N-G-H) + (G-N)]$$

由上式可知，当 $y = \dfrac{G-M}{G-M+L-E}$ 时，$\dfrac{dx}{dt} = 0$，此时，所有的 x 都是稳定状态；当 $y > \dfrac{G-M}{G-M+L-E}$ 时，$x^* = 0$ 和 $x^* = 1$ 是两个稳定状态，其中，$x^* = 1$ 是进化稳定策略；当 $0 \leqslant y < \dfrac{G-M}{G-M+L-E}$ 时，$x^* = 0$ 和 $x^* = 1$ 是两个稳定状态，其中，$x^* = 0$ 是进化稳定策略。图 6-7

描述了这三种情况下 x 的动态变化相位图和稳定状态。

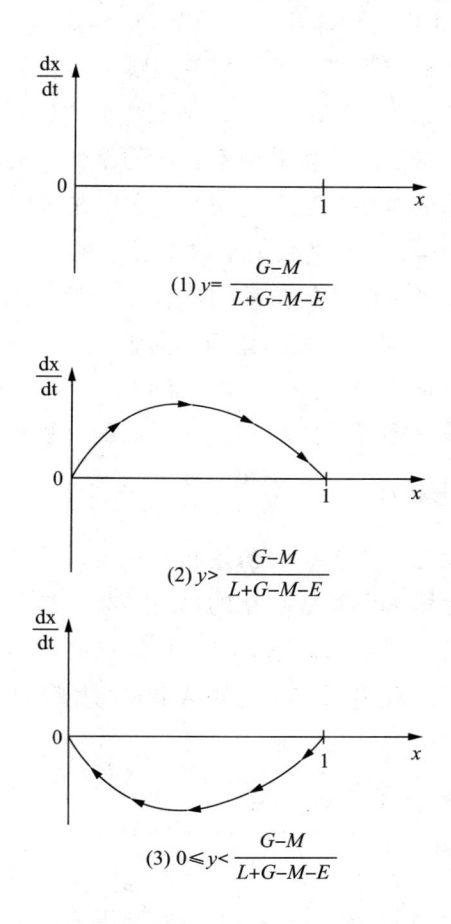

(1) $y = \dfrac{G-M}{L+G-M-E}$

(2) $y > \dfrac{G-M}{L+G-M-E}$

(3) $0 \leqslant y < \dfrac{G-M}{L+G-M-E}$

图 6-7　博弈参与者群体复制动态相位

同样地，当 $x = \dfrac{G-N}{G-N+H-F}$ 时，$\dfrac{dy}{dt} = 0$，此时，所有的 y 都是稳定状态；当 $x > \dfrac{G-N}{G-N+H-F}$ 时，$y^* = 0$ 和 $y^* = 1$ 是两个稳定状态，其中，$y^* = 1$ 是进化稳定策略；当 $0 \leqslant x < \dfrac{G-N}{G-N+H-F}$ 时，$y^* = 0$ 和 $y^* = 1$ 是两个稳定状态，其中，$y^* = 0$ 是进化稳定策略。和图类似，可以画出在这三种情况下 y 的动态变化相位图和稳定状态。

将上述具有差异的两类流域用水户合作竞争的复制动态关系用图表示。由图6-8我们可以看出，$x^* = 1$，$y^* = 0$ 和 $x^* = 0$，$y^* = 1$ 都是这个博弈的进化稳定策略，最终收敛到哪个策略要看系统的初始状态，当系统初始状态落在区域A时，系统将会收敛到 $x^* = 0$，$y^* = 1$，即流域用水户1类型的群体将采用不合作的策略，流域用水户2类型的群体将采用合作的策略；当系统初始状态落在区域D时，系统将会收敛到 $x^* = 1$，$y^* = 0$，即流域用水户1类型的群体将采用合作的策略，流域用水户2类型的群体将采用不合作的策略；当系统初始状态落在区域B或区域C时，系统演化的方向不明确，有可能进入A而收敛到 $x^* = 0$，$y^* = 1$，也有可能进入D而收敛到 $x^* = 1$，$y^* = 0$。这反映了流域用水户策略多样性的现实。从上面的分析可以看到，系统具有复杂系统的演化特征，$x = \dfrac{G-N}{G-N+H-F}$ 与 $y = \dfrac{G-M}{G-M+L-E}$ 是系统演化特性改变的闭值，当系统的初始状态在这两个值附近时，初始状态的微小变化都会影响到系统演化的最终结果，这是系统对初始条件的敏感性，当系统的初始状态落在A、D区域时，系统演化的最终状态是确定的，这又表现出系统演化的结果对初始条件的依赖性。

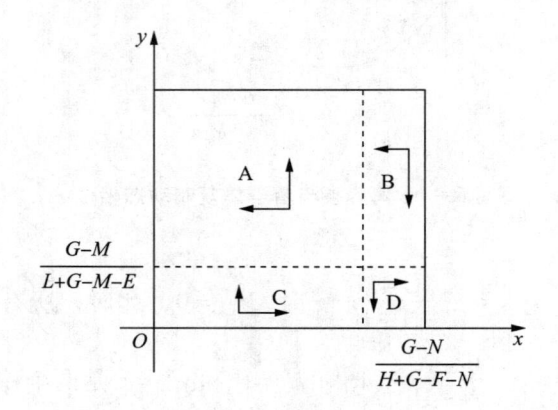

图6-8 演化博弈的复制动态关系

第七章 微分博弈

第一节 微分博弈基础[①]

经济数学理论的研究,从来就是从简单到复杂、从具体到抽象、从有限到无限、从个别到一般,这是一个普遍规律。前文讨论了博弈论的基本概念和纳什均衡及纳什定理,这些博弈都是有限的,即博弈的参与者和每个参与者拥有的纯策略数量是有限的,下面我们将研究的重点转向无限博弈。无限博弈是指博弈的过程中,参与者对策略的选取有无限多种选法,也可以视为参与者有无限多个策略。微分博弈属于无限博弈,因此,在定义微分博弈及讨论其均衡解法存在性时,不能忽视其为无限博弈的前提。下面将研究微分博弈的基本概念、基本元素及其均衡存在性。

一 微分博弈的概念

(一)简要地介绍动态博弈

对于任何一个博弈,若博弈中一个参与者在某时点的行动依赖于其之前的行动,则该博弈是一个动态博弈。对于离散动态博弈来说,其都具有两个或两个以上的阶段。下面给出微分博弈的定义:

定义 7.1 若博弈的每个阶段的时差收窄至最小极限,则博弈便成为一个具有连续时间的动态博弈,一个具有连续时间的无限动态博弈即为微分博弈,可记为 $\Gamma(x_0, T-t_0)$,x_0 表示博弈的初始状态,

---

[①] 班允浩:《合作微分博弈问题研究》,博士学位论文,东北财经大学,2009年。

$T - t_0$ 表示博弈的持续时间。

一般地，在一个 n 人微分博弈中，每个参与者 $i \in N$ 的目标函数或支付函数可以表示为：

$$\max_{u_i} \int_{t_0}^{T} g^i[s, x(s), u_1(s), u_2(s), \cdots, u_n(s)] ds + q^i[x(T)] \quad (7.1)$$

对于 $i \in N$，$N = \{1, 2, \cdots, n\}$，此处，$g^i(\cdot) \geq 0$，$q^i(\cdot) \geq 0$。

目标函数（7.1）受制于以下确定性的动态系统：

$$\dot{x}(s) = f[s, x(s), u_1(s), u_2(s), \cdots, u_n(s)], \quad x(t_0) = x_0 \quad (7.2)$$

对 $i \in N$，$s \in [t_0, T]$，$f[s, x(s), u_1(s), u_2(s), \cdots, u_n(s)]$、$g^i[s, x(s), u_1(s), u_2(s), \cdots, u_n(s)]$ 和 $q^i(\cdot)$ 都是可微的。

（二）微分博弈基本元素的经济学解释

微分博弈的基本元素与静态博弈基本元素有所差异，由此也就具有不同的经济意义。式（7.2）中的 $x(s) \in X \subset R^m$ 定义了微分博弈的状态变量或状态，但是，此变量在静态博弈中是不存在的。联系一些经济活动，状态可以是企业的技术水平、资产规模、现金流量、产品库存、工程进度、人口、就业率或通货膨胀率，也可以是石油、矿产等天然资源的地下储量及空气污染程度等，具体要视博弈内容而定。由此可以看出，微分博弈模型适用于众多经济领域问题的分析和处理。$u_i \in U^i$ 为参与者的控制变量，U^i 为参与者 $i \in N$ 的控制集合，其中每个元素 u_i 都是参与者 i 的可允许策略。此变量在静态博弈中称为策略，在微分博弈中称为控制，因为其代表一条随着连续时间而变化的策略路径，即在此路径上，有无限多个策略可供参与者选择，微分博弈也因此属于无限博弈范畴。联系一些经济活动，控制可以是企业的技术创新投资、持股数量、个人投资或公司投资、产品产量、广告支出、资源开采速率、资金投入速度、税率和利息率及政府支出政策等，与状态一样，也是视博弈内容而定的。用 $s \in [t_0, T]$ 代表微分博弈的每一个时间点或时刻，t_0 和 T 分别为博弈的起始时间和终点时间，$T - t_0$ 表示博弈的持续时间，t_0 和 T 可以表示企业运营周期、资本积累的起点和终点或研发项目的持续期间等。

根据动态系统式（7.2），状态在时点 s 的变化进展 $\dot{x}(s)$ 取决于函数。

$$f[s, x(s), u_1(s), u_2(s), \cdots, u_n(s)]$$

此函数又取决于当前时间和状态及所有参与者在当前的控制 $[x(s), u_1(s), u_2(s), \cdots, u_n(s)]$。用 $g^i[s, x(s), u_1(s), u_2(s), \cdots, u_n(s)]$ 表示参与者 $i \in N$ 的瞬时支付，就是其在每一时点的支付，$q^i(\cdot)$ 则是博弈的终点支付。在很多经济活动中，如证券投资、技术研发和资源开采等，由开始到结束的过程中都有一些期间回报，如股息、红利或副产品带来的收益等，在整个过程结束后，也有额外的回报，如技术进步带来的未来利润的提升和资源存量可以得到资源所有者的鼓励性奖励等。因此，$g^i(\cdot)$ 可以理解为期间回报，而 $q^i(\cdot)$ 则为额外回报。需要说明的是，微分博弈可以是序贯开始的，如广告投放博弈、新市场进入博弈和产品定价博弈等，也可以是同时开始的，如资源开采或产品研发等。因此，由此角度考虑，参与者行动的顺序并非是微分博弈的决定因素，其定义更多地来自时间的连续性及策略的无限性双重角度。

二 微分博弈的纳什均衡解法

有了上面关于微分博弈基本概念和基本元素的定义，下面定义微分博弈的均衡概念，即微分博弈的纳什均衡。博弈论依照博弈者是否签订约束性合约这一条件可分为合作博弈和非合作博弈两种博弈形式。[①] 在非合作博弈中，博弈者的策略选择通常是不确定的：当他做出行动时，他并不了解其他博弈者将如何选择。非合作博弈理论提供了一种解决不确定性下策略的办法，并且这是在其他博弈者也是理性的假设下预测博弈的结果。在合作博弈中，通常会假设博弈者愿意组成一个群体为共同利益去协调各自的行为。合作博弈的一个关键是博弈的个体所做的策略选择对群体中的每个人都是可知的。

连续时间微分博弈研究的是个体在某个时间段内所做出的博弈决

---

① 刘琦：《随机微分博弈在金融市场和石油市场上的应用》，硕士学位论文，中南大学，2013 年。

策的行为，其中状态方程由某个微分方程给出。下面将通过两个定义分别给出非合作微分博弈和合作博弈的均衡解形式。

定义 7.2 令 $v_{-i}^*(s) = \{v_1^*(s), \cdots, v_{i-1}^*(s), v_{i+1}^*(s), \cdots, v_n^*(s)\}$ 为由除参与者 $i \in N$ 之外的所有参与者的最优策略所组成的向量。策略集 $\{v_1^*(s), \cdots, v_n^*(s)\}$ 构成一个 n 人微分博弈的非合作纳什均衡解法，当对于所有的 $u_i \in U^i$，$i \in N$，以下不等式成立：

$$\int_{t_0}^T g^i[s, x^*(s), v_i^*(s), v_{-i}^*(s)]ds + q^i[x^*(T)] \geq \int_{t_0}^T g^i[s, x^{[i]}(s), u_i(s), v_{-i}^*(s)]ds + q^i[x^{[i]}(T)]$$

在时间区间 $[t_0, T]$ 内：

$$\dot{x}^*(s) = f[s, x^*(s), v_i^*(s), v_{-i}^*(s)], \quad x^*(t_0) = x_0$$

$$\dot{x}^{[i]}(s) = f[s, x^{[i]}(s), u_i(s), v_{-i}^*(s)], \quad x^{[i]}(t_0) = x_0, \quad i = 1, 2, \cdots, n_\partial$$

根据定义 7.2，当所有参与者都采用各自的最优策略的时候，便没有一位参与者能够通过独自偏离其最优策略而得到益处，此时称策略集 $\{v_1^*(s), \cdots, v_n^*(s)\}$ 为一个纳什均衡。在纳什均衡的情况下，如果参与者 $i \in N$ 独自采用非最优策略，则博弈的状态变为 $x^{[i]}(s)$，而在策略集 $\{v_1^*(s), \cdots, v_{i-1}^*(s), v_i(s), v_{i+1}^*(s), \cdots, v_n^*(s)\}$ 下，参与者 i 的支付低于纳什均衡时的支付。因此，理性的参与者不会选择独自偏离纳什均衡。如在动态古诺模型中，任何一个追求利润最大化的理性企业都不会选择较之均衡产量更多或更少的产量进行生产。

定义 7.3 在一场有 n 个人的微分博弈系统中，如果这 n 个人决定合作，则博弈的目标变为：

$$\max_{(u_1, u_2, \cdots, u_n)} \int_{t_0}^T \sum_{i=1}^n g^i[s, x(s), u_1(s), u_2(s), \cdots, u_n(s)]ds + \sum_{i=1}^n q^i[x(T)]$$

这里，动态系统满足：

$$\dot{x}(s) = f[s, x(s), u_1(s), u_2(s), \cdots, u_n(s)], \quad x(t_0) = x_0$$

则策略集 $\{v_1^*(s), \cdots, v_n^*(s)\}$ 被称为 n 个人的合作微分均衡解，如果下式成立：

$$\int_{t_0}^T \sum_{i=1}^n g^i[s, x^*(s), v_i^*(s), v_{-i}^*(s)]ds + \sum_{i=1}^n q^i[x^*(T)] \geq$$

$$\sum_{i=1}^{n} \int_{t_0}^{T} g^i[s, x^{[i]}(s), u_i(s), v_{-i}^*(s)] ds + \sum_{i=1}^{n} q^i[x^{[i]}(T)]$$

与决定性微分博弈不同,随机微分博弈是带有随机动态性的,相应的动态系统为随机动态系统,参与者的目标函数为时间点 t_0 时的期望值。现实中经常充斥着不确定因素,如各种资源的供应、消费者的消费情绪、劳动力市场的就业情况以及自然灾害、人为意外等影响的不可预料因素,因此,随机微分博弈更贴近现实,应用范围也更广泛。

第二节 动态合作博弈[①]

这里主要介绍一下学者杨荣基、彼得罗相、李颂志在《动态合作——尖端博弈论》中关于微分博弈方面的相关知识以及范如国教授在《博弈论》中关于动态合作博弈的相关知识。

一 两人微分合作博弈

(一) 开环、闭环和反馈纳什解法

在微分博弈中,纳什均衡解法包括开环、闭环和反馈纳什均衡三种解法。假定在一个微分博弈中,每位博弈者的支付函数可以表示为:

$$\max_{u_i} \int_{t_0}^{T} g^i[s, x(s), u_1(s), u_2(s), \cdots, u_n(s)] ds + q^i[x(T)] \quad (7.3)$$

式中,$x(s) \in X \subset R$ 表示每位博弈者的状态,$u_i \in U^i$ 表示博弈者 i 随着时间而发生改变的策略路径。$s \in [t_0, T]$ 表示博弈的每一时间点,t_0 和 T 分别表示博弈的开始时间和结束时间。$g^i(\cdot) \geq 0$,$q^i(\cdot) \geq 0$,$g^i(\cdot)$ 表示博弈者 $i \in N$ 在每一时间点获得的瞬间报酬或支付,而 $q^i(\cdot)$ 则是博弈者 $i \in N$ 在终点时刻获得的终点报酬或支付。

[①] 杨荣基、彼得罗相、李颂志:《动态合作——尖端博弈论》,中国市场出版社 2007 年版;范如国:《博弈论》,武汉大学出版社 2011 年版;班允浩:《合作微分博弈问题研究》,博士学位论文,东北财经大学,2009 年。

博弈者的支付函数则取决以下动态系统：
$$\dot{x}(s) = f[s, x(s), u_1(s), u_2(s), \cdots, u_n(s)], \quad x(t_0) = x_0$$
(7.4)

1. 开环纳什均衡

如果每位博弈者在博弈的初始阶段便指定各自在整个博弈的策略，那么，他们的资讯结构便可以看作是开环的。在开环的资讯结构下，$r(s) = \{x_0\}$，$s \in [t_0, T]$，因此，博弈者的策略可以表示为初始状态和当前时间点的函数，也就是说，对于 $i \in N$，$\{u_i(s) = \vartheta_i(s, x_0)\}$。而由每位博弈者的最优策略构成的集合就是博弈开环纳什均衡。以下是有关开环纳什均衡的定理：

定理7.1 对于微分博弈式（7.3）和式（7.4），当存在 m 个共态函数 $\Lambda^i(s): [t_0, T] \to R^m$，$i \in N$，都满足以下代数式：

$$\zeta_i^*(s, x_0) \equiv u_i^*(s) = \underset{u_i \in U^i}{\arg\max} \{g^i[s, x^*(s), u_1^*(s), u_2^*(s), \cdots, u_{i-1}^*(s), u_i(s), u_{i+1}^*(s), \cdots, u_n^*(s)] + \Lambda^i(s) f[s, x^*(s), u_1^*(s), u_2^*(s), \cdots, u_{i-1}^*(s), u_i(s), u_{i+1}^*(s), \cdots, u_n^*(s)]\}$$

$$x^*(s) = f[s, x^*(s), u_1^*(s), u_2^*(s), \cdots, u_n^*(s)], \quad x^*(t_0) = x_0$$

$$\Lambda^i(s) = -\frac{\partial}{\partial x^*} \{g^i[s, x^*(s), u_1^*(s), u_2^*(s), \cdots, u_n^*(s)] + \Lambda^i(s) f[s, x^*(s), u_1^*(s), u_2^*(s), \cdots, u_n^*(s)]\}$$

$$\Lambda^i(T) = \frac{\partial}{\partial x^*} q^i[x^*(T)]; \quad i \in N$$

我们则称策略集 $\{u_i^*(s) = \zeta_i^*(s, x_0)\}$ 构成一个开环纳什均衡，而 $\{x^*(s), t_0 \leq s \leq T\}$ 则为博弈对应的状态轨迹。

2. 闭环纳什均衡

与开环的状态资讯相对应，在无记忆完美资讯的情况下，每位博弈者的策略都依赖于初始状态、当前状态和当前时间。因此，每位博弈者 $i \in N$ 的资讯结构可以表示为：$\eta^i(s) = \{x_0, x(s)\}$，$s \in [t_0, T]$，也就是说，对于任意的 $i \in N$，博弈者的策略是初始状态 x_0、当前状态 $x(s)$ 和当前时间点 s 的函数，即：

$$\{u_i(s) = \vartheta_i[s, x(s), x_0]\}$$

以下是关于闭环无记忆纳什均衡的必要条件的定理:

定理 7.2 对于微分博弈式(7.3)和式(7.4),当存在 m 个共态函数 $\Lambda^i(s): [t_0, T] \to R^m, i \in N$,都满足以下代数式:

$$\vartheta_1^*(s, x_0) \equiv u_i^*(s) = \underset{u_i \in U^i}{\mathrm{argmax}}\{g^i[s, x^*(s), u_1^*(s), u_2^*(s), \cdots,$$
$$u_{i-1}^*(s), u_i^*(s)u_{i+1}^*(s), \cdots, u_n^*(s)] + \Lambda^i(s)f[s, x^*(s), u_1^*(s),$$
$$u_2^*(s), \cdots u_{i-1}^*(s), u_i^*(s), u_{i+1}^*(s), \cdots, u_n^*(s)]\}$$

$$x^*(s) = f[s, x^*(s), u_1^*(s), u_2^*(s), \cdots, u_n^*(s)], \quad x^*(t_0) = x_0$$

$$\Lambda^i(s) = -\frac{\partial}{\partial x^*}\{g^i[s, x^*(s), \vartheta_1^*(s, x^*, x_0), \vartheta_2^*(s, x^*,$$
$$x_0), \cdots, \vartheta_{i-1}^*(s, x^*, x_0), u_i^*(s), \vartheta_{i+1}^*(s, x^*, x_0), \cdots, \vartheta_n^*(s,$$
$$x^*, x_0)] + \Lambda^i(s)f[(s, x^*(s), x_0), \vartheta_1^*(s, x^*, x_0), \vartheta_2^*(s, x^*,$$
$$x_0), \cdots, \vartheta_{i-1}^*(s, x^*, x_0), u_i^*(s), \vartheta_{i+1}^*(s, x^*, x_0), \cdots, \vartheta_n^*(s,$$
$$x^*, x_0)]\}$$

$$\Lambda^i(T) = \frac{\partial}{\partial x^*}q^i[x^*(T)], \quad i \in N$$

我们则称策略集 $\{u_i(s) = \vartheta_i[s, x(s), x_0]\}$ 为博弈式(7.3)和式(7.4)给出的一个闭环无记忆纳什均衡,其中,$\{x^*(s), t_0 \leqslant s \leqslant T\}$ 为博弈相应的状态轨迹。

3. 反馈纳什均衡

为了消除推导纳什均衡时所要面对的资讯非唯一性,解法需要符合反馈纳什均衡的特性,而且博弈者的资讯结构为闭环完美状态(CLPS),即 $\eta^i(s) = \{x(t), t_0 \leqslant t \leqslant s\}$ 或无记忆完美状态(MPS),即 $\eta^i(s) = \{x_0, x(s)\}$。

以下是关于在微分博弈式(7.3)和式(7.4)的反馈纳什均衡解法的必要条件的定理:

定理 7.3 对于微分博弈式(7.3)和式(7.4),当存在可连续的微分函数 $V^i(t, x): [t_0, T] \times R^m \to R, i \in N$,都满足以下偏微分方程:

$$-V_t^i(T, x) = \underset{u_i}{\max}\{g^i[t, x, \phi_1^*(t, x), \phi_2^*(t, x), \cdots, \phi_{i-1}^*(t,$$

$x)$, $u_i(t, x)$, $\phi_{i+1}^*(t, x)$, $\cdots$, $\phi_n^*(t, x)] + V_x^i(t, x)f[t, x, \phi_1^*(t, x)$, $\phi_2^*(t, x)$, $\cdots$, $\phi_{i-1}^*(t, x)$, $u_i(t, x)$, $\phi_{i+1}^*(t, x)$, $\cdots$, $\phi_n^*(t, x)]\}$

$$= \{g^i[t, x, \phi_1^*(t, x), \phi_2^*(t, x), \cdots, \phi_n^*(t, x)] + V_x^i(t, x)f[t, x, \phi_1^*(t, x), \phi_2^*(t, x), \cdots, \phi_n^*(t, x)]\}$$

$$V^i(T, x) = q^i(x), \quad i \in N$$

其中，$V^i(t, x)$ 是博弈者 $i \in N$ 在时间和状态分别为 t 和 x 时，他在时区 [t, T] 获得的支付。那么，我们则称 n 序列值的策略集合 $\{u_i^*(t) = \phi_i^*(t, x(t) \in U^i\}$，$i \in N$ 给出一个反馈纳什均衡解法。

(二) 带有贴现的两人微分合作博弈

这里，我们介绍带有贴现的两人微分合作博弈。

考虑一个二人非零和微分博弈，假设博弈的初始状态和博弈的持续时间分别为 x_0 和 $T - t_0$，博弈的状态空间为 $X \in R^m$，其中，可允许的状态轨迹为 $\{x(s), t_0 \leq s \leq T\}$，而博弈状态的变化则取决于以下方程：

$$\dot{x}(s) = f[s, x(s), u_1(s), u_2(s)] \quad x(t_0) = x_0 \tag{7.5}$$

在时间点 $s \in [t_0, T]$，博弈者 $i \in \{1, 2\}$ 都会获得他的瞬时支付 $g^i[s, x(s), u_1(s), u_2(s)]$，而在博弈的结束时间点 T，他会获得终点支付 $q^i[x(T)]$。在此博弈中，假设支付是可以转移的。因此，两位博弈者获得的支付是可以进行比较的。不过，博弈者在不同时间点所获得的支付需要进行相应的贴现后才能进行比较。给定一个随着时间发生变化的贴现率 $r(s)$，每位博弈者在时间点 t_0 后的时点 t 所获得的支付，都需要根据贴现因子 $\exp\left[-\int_{t_0}^t r(y)dy\right]$ 进行贴现。因此，在时间点 t_0，博弈者 $i \in \{1, 2\}$ 的支付函数的现值可以表示为：

$$\int_{t_0}^T g^i[s, x(s), u_1(s), u_2(s)] \exp\left[-\int_{t_0}^s r(y)dy\right] + \exp\left[-\int_{t_0}^T r(y)dy\right] q^i(x(T))$$
$$\tag{7.6}$$

其中，$g^i(\cdot) \geq 0$，$q^i(\cdot) \geq 0$。

现在我们考虑两位博弈者共同合作的情况，用 $\Gamma_c(x_0, T - t_0)$ 表示博弈的合作情况,其中,每位博弈者都愿意根据一个双方都同意的最优共识原则来分配合作支付,而这个最优共识原则解法沿着博弈的合作状态轨迹路径 $\{x_0^*\}_{s=t_0}^T$ 都将生效。另外,任何合作安排都必须符合博弈者的整体理性和个体理性。

1. 整体理性和最优轨迹

整体理性要求参与双方共同议定的合作方案能最大化整体的合作支付,因此,为了达到整体理性,合作博弈 $\Gamma_c(x_0, T-t_0)$ 的参与双方必须解决以下最优控制问题:

$$\max_{u_1,u_2}\left\{\int_{t_0}^T \sum_{j=1}^2 g^j[s,x(s),u_1(s),u_2(s)]\exp\left[-\int_{t_0}^s r(y)\,dy\right] + \exp\left[-\int_{t_0}^T r(y)\,dy\right]\sum_{i=1}^2 q^j[x(T)]\right\} \quad (7.7)$$

并受制于动态系统式(7.5)。

用 $\psi(x_0, T-t_0)$ 表示控制问题式(7.5)和式(7.7),引用贝尔曼动态规则,可以得到如下定理:

定理 7.4 当存在连续可微函数 $W^{(t_0)}(t, x): [t_0, T]\times R^m \to R$,满足以下贝尔曼方程:

$$-W_t^{(t_0)}(t,x) = \max\left\{\sum_{j=1}^2 g^j(t,x,u_1,u_2)\exp\left[-\int_{t_0}^t r(y)\,dy\right] + W_x^{(t_0)} f(t,x,u_1,u_2)\right\}$$

边界条件为:

$$W_t^{(t_0)}(T,x) = \exp\left[-\int_{t_0}^T r(y)\,dy\right]\sum_{j=1}^2 q^j(x)$$

其中,$W_t^{(t_0)}(t, x)$ 表示两位博弈者的整体在 t_0 开始的原博弈中,在时间和状态分别为 t 和 x 时,他们在以后的时区 $[t, T]$ 获得支付的现值。那么,我们称控制集 $\{[\psi_1^{(t_0)*}(t, x), \psi_2^{(t_0)*}(t, x)], t\in[t_0, T]\}$ 为控制问题 $\psi(x_0, T-t_0)$ 给出的一个最优解法。

在合作的安排下,博弈两方将采用事先约定的合作控制:

$$\{\Psi_1^{(t_0)*}(t, x), \Psi_2^{(t_0)*}(t, x), t\in[t_0, T]\}$$

而相应的最优合作轨迹的动态则可以表示为:

$$\dot{x}(s) = f\{s, x(s), \psi_1^{(t_0)*}[s, x(s)], \psi_2^{(t_0)*}[s, x(s)]]\}, x(t_0) = x_0 \tag{7.8}$$

2. 个体理性

假设在初始时间和初始状态分别为 t_0 和 x_0 时，每为博弈者都同意双方认定的某一个特定的最优共识原则，而在这最优共识原则下的分配向量为：

$$\xi(x_0, T-t_0) = [\xi^1(x_0, T-t_0), \xi^2(x_0, T-t_0)]$$

这意味着每位博弈者都同意在时区 $[t_0, T]$，博弈者 $i \in \{1, 2\}$ 应该获得的支付为 $\xi^i(x_0, T-t_0)$。

由于一个成功的合作安排必须满足个体理性，因此，在初始时间和初始状态分别为 t_0 和 x_0 时，以下等式必须成立：

$$\xi^i(x_0, T-t_0) \geqslant V^{(t_0)i}(t_0, x_0), i \in \{1, 2\}$$

式中，$V^{(t_0)i}(t_0, x_0)$ 表示非合作情况下博弈者所获得的支付。

二 多人微分合作博弈理论

考虑一个由 n 个城市组成的动态经济合作决策情况。各城市的目标都是最优化该城市在时区 $[t_0, T]$ 中的净收入的现值，即：

$$\int_{t_0}^{T} g^i[s, x_i(s), u_i(s)] \exp\left[-\int_{t_0}^{s} r(y) dy\right] ds + \exp\left\{-\int_{t_0}^{T} r(y) dy q^i\right.$$
$$\left. [x_i(T)]\right\}, i \in [1, 2, \cdots, n] = N \tag{7.9}$$

并受制于以下动态系统：

$$\dot{x}_i(s) = f_i[s, x_i(s), u_i(s)], x_i(t_0) = x_i^0, i \in [1, 2, \cdots, n] \equiv N \tag{7.10}$$

式中，$x_i(s) \in X_i \in R^{m+}$ 表示城市 i 的资源和基建设施等。$u_i \in U_i \subset R^{l_i+}$ 表示城市 i 的控制向量，可以看作是城市 i 在基建、教育和其他经济项目中投放的资金或者其他资源。

类似地，不同城市在不同时间点所获得的支付同样需要进行相应的贴现后才能比较。给定一个随着时间发生改变的贴现率 $r(s)$，每个城市在时间点 t_0 后的时点 t 的所获，都需要根据贴现因子 $\exp\left[-\int_{t_0}^{t} r(y) dy\right]$

进行贴现,这个贴现因子可以看作各城市资金的机会成本或市场利率。同理,在每一个时间点 s,城市 i 都会获得瞬时支付 $g^i[s, x_i(s), u_i(s)]$,瞬时支付和终点支付都与状态变量有着正向关系,当状态变量 x_i 的值越大,瞬时支付 $g^i[s, x_i, u_i]$ 和终点支付 $q^i(x_i)$ 的值也越大。我们用 $x_N(s)$ 代表向量 $[x_1(s), x_2(s), \cdots, x_n(s)]$,$x_N^0$ 代表向量 $[x_1^0, x_2^0, \cdots, x_n^0]$。

接下来,考虑一个由城市集合 $K \subseteq N$ 组成的经济合作联盟,由于参与经济合作的城市在资金、技术和人才等各方面产生协同效应,因此,城市 i 的状态所依赖的动态系统在加入城市联盟 K 后将变为:

$$\dot{x}_i(s) = f_i^K[s, x_K(s), u_i(s)], \quad x_i(t_0) = x_i^0, \quad 对于 i \in K \quad (7.11)$$

其中,对于 $j \in K$,$x_K(s)$ 是向量 $x_j(s)$ 的链状排列,而且对于 $j \neq i$,$\dfrac{\partial f_i^K[s, x_K, u_i]}{\partial x_j} \geq 0$。因此,在加入城市联盟 K 后,每一个联盟城市 $j \in K$ 的状态都会为城市 i 的状态给予正面的影响。也就是说,在加入城市联盟 K 后,联盟中的每一个城市都能分享其他联盟城市在各方面的发展成果。

(一)城市联盟的支付

在组成联盟 K 后,由于参与城市可以在经济合作中产生协同效应。因此,在时间点 t_0,对于 $K \subseteq N$,在协同效应下,联盟 K 的合作支付为:

$$\int_{t_0}^{T} \sum_{j \in K} g^i[s, x_i(s), u_i(s)] \exp\left[-\int_{t_0}^{s} r(y) \mathrm{d}y\right] \mathrm{d}s + \sum_{j \in K} \exp\left[-\int_{t_0}^{T} r(y) \mathrm{d}y\right] q^i[x_j(T)] \quad (7.12)$$

为了计算出联盟 K 的合作支付,需要考虑最优控制问题 $\overline{w}[K; t_0, x_K^0]$,也就是在受制于动态系统式(7.11)的同时,最大化联盟 K 的合作支付函数式(7.12)。

为简单起见,将动态系统式(7.11)表示为:

$$\dot{x}_K(s) = f^K[s, x_K(s), u_K(s)], \quad x_K(t_0) = x_K^0 \quad (7.13)$$

其中,对于 $j \in K$,u_K 是 u_j 的集合,而 $f^K[t, x_K, u_K]$ 则是一个

包含 $f_j^K[t, x_K, u_j]$ 的列向量。

引用贝尔曼动态规则技术，便可得到有关最优控制问题 $\overline{w}[K; t_0, x_K^0]$ 的解法的定理：

定理 7.5 当存在连续可微分函数 $W^{(t_0)K}(t,x_K):[t_0,T] \times \prod_{j \in K} R^{m_j} \to R$，满足以下贝尔曼方程：

$$-W_t^{(t_0)K}(t,x_K) = \max_{U_K} \left\{ \sum_{j \in K} g^j[t,x_j,u_j] \exp\left[-\int_{t_0}^t r(y) dy\right] + \sum_{j \in K} W_{x_j}^{(x_0)K}(t,x_K,u_j) \right\} W^{(t_0)K}(T,x_K)$$

$$= \sum_{j \in K} \exp\left[-\int_{t_0}^T r(y) dy\right] q^j(x_j)$$

其中，$W^{(t_0)K}(t, x_K)$ 表示联盟 K 在时间点 t_0 开始的合作计划中，在时间和状态分别为 t 和 x_K 时，在时区[t, T]的支付现值。那么，我们称最优控制集 $\{u_K^*(t) = \psi_K^{(t_0)K^*}(t, x_K)\}$ 为控制问题 $\overline{w}[K; t_0, x_K^0]$ 提供最优解法。

根据定理 2.6，用 $\psi_j^{(t_0)K^*}(t, x_K)$ 表示在最优控制问题 $\overline{w}[K; t_0, x_K^0]$ 中，联盟 K 中的城市 j 所采用的最优控制。在所有城市连成一线的情况下，即 K = N，每个城市都采用以下最优控制，即：

$$\psi_N^{(t_0)N^*}[s, x_N(s)] = \{\psi_1^{(t_0)N^*}[s, x_N(s)], \psi_2^{(t_0)N^*}[s, x_N(s)], \cdots, \psi_N^{(t_0)N^*}[s, x_N(s)]\}$$

而城市总联盟的最优状态轨迹的变化则为：

$$\dot{x}_j(s) = f_j^N\{s, x_N(s), \psi_j^{(t_0)N^*}[s, x_N(s)]\}, \quad x_j(t_0) = x_j^0, \quad j \in N \tag{7.14}$$

或 $\dot{x}_N(s) = f^N\{s, x_N(s), \psi_N^{(t_0)N^*}[s, x_N(s)]\}$，对于 $x_N(t_0) = x_N^0$

令 $x_N^*(t) = [x_1^*(t), x_2^*(t), \cdots, x_n^*(t)]$ 为动态系统式 (7.14) 的解法。那么，城市总联盟在合作期间的状态便构成了博弈的最优轨迹 $\{x_N^*(t)\}_{t=t_0}^T$。用 $x_j^{t^*}$ 表示 $x_j^*(t)$ 在时间点 $t \in [t_0, T]$ 的值。

考虑开始时间和开始状态分别为 $\tau \in [t_0, T]$ 和 x_K^τ 的最优控制问题 $\overline{w}[K; \tau, x_K^\tau]$，引用定理 7.5，不难发现，对于 $t_0 \leq \tau \leq t \leq T$，以下数学关系成立：

$$\exp\left[\int_\tau^t r(y)\,dy\right] W^{(\tau)K}(t, x_K^t) = W^{(t)K}(t, x_K^t), \psi_K^{(\tau)K*}(t, x_K') = \psi_K^{(t)K*}(t, x_K')$$

这表示在同一时间和状态下,联盟 K 在不同时间开始的最优控制问题中的最优合作策略都是一样的,而联盟 K 在不同时间开始的最优控制问题中的价值函数在进行相应的贴现后也都是相等的。

在上述有关 i 个城市的动态合作决策情形中,每个城市 i 的状态不仅是对城市本身获得的瞬时支付 $g^i[s, x_i, u_i]$ 有正面影响,而且对城市在合作计划所获得的终点支付 $q^i(x_i)$ 也有正面影响。由于对于 $j \neq i$,$\partial f_i^K[s, x_K, u_i]/\partial x_j \geq 0$,因此,每个城市都能从其他联盟城市的发展中通过协同效应而得到好处。

(二) 动态沙普利值

考虑上述 n 个城市的经济合作计划,所有城市都愿意共同最大化城市总联盟的整体利益,并按照沙普利值分配联盟的合作支付。由于沙普利值不仅符合联盟的整体理性和个体理性,并且是必定存在和唯一的,而且沙普利值也十分易于计算。因此,沙普利值比其他合作解法,如核、核心、谈判集和稳定集等更为理想。根据沙普利值,在一个 n 个城市的经济合作计划中,每一个成员城市 i 所获得的分配为:

$$\varphi^i(v) = \sum_{K \subseteq N} \frac{(k-1)!(n-k)!}{n!}[v(K) - v(K \setminus i)], 对于 i \in N \tag{7.15}$$

式中,$K \setminus i$ 是城市 i 在城市联盟 K 中的相对补余,$v(K)$ 是联盟 K 的合作利润,而 $[v(K) - v(K \setminus i)]$ 则是博弈者 i 对联盟 K 的边际贡献。

为了最大化城市总联盟的利润,每个城市将在时间区间 $[t_0, T]$ 中采取控制向量 $\{\varphi_N^{(t_0)N*}(t, x_N^{t*})\}_{t=t_0}^T$,而相应的最优状态轨迹则为动态系统 (2.12) 中的 $\{x_N^*(t)\}_{t=t_0}^T$。由于每个城市都按照沙普利值来分配联盟的合作支付,因此,在时间为 t_0 而状态为 $x_N^{t_0}$ 时,城市 i 获得的利润为:

$$v^{(t_0)i}(t_0, x_N^0) = \sum_{K \subseteq N} \frac{(k-1)!(n-k)!}{n!}[W^{(t_0)K}(t_0, x_K^0) - W^{(t_0)K \setminus i}(t_0,$$

$x_{K\setminus i}^0)]$ 对于 $i \in N$ (7.16)

特别地，在整个合作期间 $[t_0, T]$，沙普利值都必须得到维持。因此，在沿着博弈的最优状态轨迹的每一个时间点 $\tau \in [t_0, T]$，以下分配原则也必须得到维持：

在时间点 τ，对于 $i \in N$ 并且 $\tau \in [t_0, T]$，城市 i 获得的支付为：

$$v^{(\tau)i}(\tau, x_N^{\tau*}) = \sum_{K \subseteq N} \frac{(k-1)!(n-k)!}{n!}[W^{(\tau)K}(\tau, x_K^{\tau*}) - W^{(\tau)K\setminus i}(\tau, x_{K\setminus i}^{\tau*})]$$ (7.17)

其中，$K \subset N$ 是一个包含城市 i 的非空联盟，$[W^{(\tau)K}(\tau, x_K^{\tau*}) - W^{(\tau)K\setminus i}(\tau, x_{K\setminus i}^{\tau*})]$ 表示城市 i 对于联盟 K 的价值函数的边际贡献，$\frac{(n-1)!(n-k)!}{n!}$ 则表示有关联盟 K 的加权因子。因此，根据式 (7.17)，每个城市 $i \in N$ 在时间点 τ 都将获得其在该时间点的沙普利值。通过维持条件式 (7.17)，博弈的最优共识原则解法在沿着博弈的最优状态轨迹的每时每刻都会有效。

第三节 寡头电信企业价格决策微分博弈模型

假定有两个电信企业，其竞争变量为价格或产品差异，即通过价格调整或增加自身产品与竞争对手产品的差异来参与市场竞争。[①] 假定两个企业的成本函数为非线性形式 $c_i(q_i) = c_i q_i$，企业面临的需求函数为：

$$q_i(p_i, p_j) = a_i - d_i p_i + b_i p_j \quad i, j = 1, 2, i \neq j$$

在实际的市场中，电信企业面临的需求可能是随机的或不确定的，即很难通过上述需求函数来简单地刻画，不妨假定两企业都是适应性预期，面临的需求由以下动态方程确定：

$$\dot{q}_i = k_i[a_i - b_i p_i(t) + d_i p_j(t) - q_i(t)]$$

---

① 陈正义：《市场化运营环境下电信产业市场结构演化分析》，博士学位论文，河海大学，2007年。

式中，k_i 为调整速度。

则企业的优化目标函数为：

$$\max_{p_i} J_i = \int_{t_0}^{T} \pi_i[p_i(t), q_i(t)] e^{-rt} dt$$

基于利润最大化的价格决策微分博弈模型为：

$$\begin{cases} \max_{p_i} J_i = \int_{t_0}^{T} [p_i(t) - c_i] q_i(t) e^{-rt} dt \\ \text{s. t. } \dot{q}_i = k_i [a_i - b_i p_i(t) + d_i p_j(t) - q_i(t)] \\ q_i(t), p_i(t) > 0 \end{cases}$$

式中，r 为收益率或贴现率，假设两个企业相同。为求解上述优化问题，不妨构造以下汉密尔顿函数：

$$H = [p_i(t) - c_i] q_i + \lambda_i k_i [a_i - b_i p_i(t) + d_i p_j(t) - q_i(t)] \quad (7.18)$$

则式（7.18）表示的优化问题可转化为以下系统求解：

$$\begin{cases} \dfrac{\partial H}{\partial p_i} = 0 \\ \dot{\lambda}_i = r\lambda_i - \dfrac{\partial H}{\partial q_i} \\ \dot{q}_i = k_i[a_i - b_i p_i(t) + d_i p_j(t) - q_i(t)] \end{cases}$$

即 $\begin{cases} k_i b_i \lambda_i(t) = q_i(t) \\ \dot{\lambda}_i(t) = (r + k_i) \lambda_i(t) - p_i(t) + c_i \\ \dot{q}_i(t) = k_i[a_i - b_i p_i(t) + d_i p_j(t) - q_i(t)] \end{cases}$

整理化简后可得：

$$\begin{pmatrix} \dot{p}_1(t) \\ \dot{p}_2(t) \end{pmatrix} = \begin{bmatrix} r + k_2 & -\dfrac{b_2(r+2k_2)}{d_2} \\ -\dfrac{b_1(r+2k_1)}{d_1} & r + k_1 \end{bmatrix} \begin{pmatrix} p_1(t) \\ p_2(t) \end{pmatrix} + \begin{pmatrix} \dfrac{(r+k_2)a_2 + k_2 b_2 c_2}{d_2} \\ \dfrac{(r+k_1)a_1 + k_1 b_1 c_1}{d_1} \end{pmatrix} \quad (7.19)$$

若给定两电信企业的需求与成本参数，代入式（7.19），则可得到两个电信企业的价格调整轨迹，即价格演化过程。取：

$a_1 = 15$，$a_2 = 10$，$b_1 = 30$，$b_2 = 20$，$d_1 = d_2 = 10$，$c_1 = 0.08$，$c_2 = 0.1$，$k_1 = k_2 = 0.01$，$r = 0.001$

设 $p_1(0) = c_1$，$p_2(0) = c_2$，可得：

$$\begin{cases} p_1(t) = 0.6325(A_1 e^{0.0593t} + A_2 e^{-0.0391t}) - 0.3565 \\ p_2(t) = 0.7746(-A_1 e^{0.0593t} + A_2 e^{-0.0391t}) - 0.3906 \end{cases} \quad (7.20)$$

其中，$\begin{cases} A_1 = \dfrac{0.7746 c_1 - 0.6325 c_2 + 0.0291}{0.9799} \\ A_2 = \dfrac{0.7746 c_1 + 0.6325 c_2 + 0.5232}{0.9799} \end{cases}$

式 (7.20) 即为在上述给定参数条件下，且初始价格为边际成本情况下的价格调整轨迹。

由上文的分析可知，式 (7.19) 系统是一个两维的线性微分动态系统，其对应的特征根不可能都小于零。在下式：

$$d_1 d_2 < b_1 b_2 \left(1 + \frac{k_1}{r + k_1}\right) \cdot \left(1 + \frac{k_2}{r + k_2}\right) \quad (7.21)$$

成立时，该系统有一个特征根小于零，另一特征根大于零，因此，式 (7.19) 存在一个鞍点，该鞍点实质上是一个非稳定点或者说是稳定与非稳定之间的一种特殊状态，因此，表现为两企业的价格调整为发散状态。由动态系统相关理论可知，在非稳定的动态系统下，不但企业无法组织正常的生产，对消费者和整个社会而言，都将处于某种非正常状态中，故寻找均衡并可预测的定价策略对电信的可持续发展是至关重要的。

第八章 混沌理论在金融投资中的应用

本书以上内容基于有限理性理论,以微分方程或差分方程为数学工具,演化博弈、微分博弈模型结合非线性科学中的混沌、分形理论,综合应用博弈论、微观经济学、产业经济学等理论,采用比较研究、推理论证和计算机模拟等方法,重点分析了不同预期条件下有限理性产量及价格博弈模型的混沌动力学、参数控制及其对企业市场行为的指导意义,并总结评述了相关研究成果,包括演化博弈与微分博弈理论及其应用。本章介绍混沌理论在经济学中金融投资领域的相关应用。[①]

混沌的本质特征中,对初始条件敏感是最为人们熟知的混沌特征。经典动力学传统观点认为,系统的长期行为对初始条件是不敏感的,即初始条件的微小变化对未来状态所造成的差别也是很微小的。混沌理论则告诉我们,初始条件十分微小的变化经过不断放大,可以对未来状态造成极其巨大的差别。正如中国的一句古话:"失之毫厘,谬以千里。"因此,对一个混沌系统进行长期预测是不可能的。

需要指出的是,"混沌"并不是混乱无序的状态,而是一种更高层次的有序。混沌系统可以产生看上去随机但实际上并非真正随机的结果。混沌是决定论的,是由确定性非线性系统产生的,本质上是因果性的。

非线性系统往往具有一种叫作"自相似"的统计特征,也就是说,系统在不同尺度上具有相同的统计性质(整体与局部的相似性)。

[①] 王玉玲:《基于分形分布的金融风险及投资决策研究》,博士学位论文,天津大学,2011年。

美国 IBM 公司研究中心物理部研究员即哈佛大学数学系本诺伊特·曼德尔布罗特（Benoit B. Mandelbrot）教授提出了分形理论来描述这种特征。1967 年，曼德尔布罗特在研究"英国海岸线有多长"的问题时，首次提出了分形的概念。自曼德尔布罗特提出分形概念以来，对于分形，在很长一段时间里，一直没有一个普遍接受的准确定义。1986 年，曼德尔布罗特给出了分形的通俗定义：分形的基本特征是具有自相似性和分数维。

分形（或碎形）理论或"分形"一词原意是"不规则的分数的，支离破碎的"。其研究对象为自然界和社会活动中广泛存在的零碎而复杂的无序（不规则），具有自相似性、自仿射性的系统，是研究无序混乱、不规则或不稳定、非平衡非线性、随机的复杂现象及系统，即研究自然界中非线性过程的内在随机性所具有的特殊规律性的科学。它是揭示隐藏在这些复杂现象背后的规律，以及局部与整体间本质联系，精细结构，从有限认识无限的方法论。它是整体与局部、有序与无序、确定性与随机性、决定论与随机论（非决定论）、有限与无限、正常与病态、常规与反常、复杂与简单等的新的统一。它是新的世界观、认识论和方法论，是科技界的新语言、新思维、新思想、新方法、新工具。

分形理论是 20 世纪 70 年代科学上的三大发现（耗散结构理论、混沌理论和分形理论）之一，它与混沌可以看成是继相对论和量子力学之后的 21 世纪物理学的第三次革命。揭示了非线性系统中有序与无序的统一、确定性与随机性的统一。分形是自然界的许多现象，如地震、矿藏分布、大气结构等所具备的普遍特征。分形几何学是 20 世纪数学领域里最重要的发现。分形几何学根源于粗糙与非对称，这与注重光滑、对称的欧式几何学有着本质的不同。分形不仅存在于大自然的各种现象中，也普遍存在于各个科学研究领域中。

分形理论自从提出以来，在很多领域得到了快速发展。如数学中的康托集合、物理学中的混沌吸引子、生物学中的细胞生长等都具有分形结构。分形结构是系统在演进过程中容纳外部随机冲击的同时保持整体确定性。维斯特（West）和戈德伯格（Goldberger, 1987）研究表明，分形结构（整体确定性和局部随机性）比其他结构更具有容错性也更具有稳定性。分形论已成为一门重要的新学科，已被广泛地应用到自然科学和社会科学的几乎所有领域，正成为当今国际上许多学科的前沿研究课题之一。

对几何图形来说，分形指的是其空间上的自相似性；而分形时间序列则是指时间序列在不同时间尺度上的自相似性。金融时间序列也具有分形的特征，直观地说，股票的日线、周线和月线，看起来是很相似的，用统计方法分析，日收益、周收益和月收益的分布是基本相同的。

分形理论在金融研究领域也得到了迅猛的发展，彼得斯（1994）提出了金融市场分形理论，认为金融市场是整体确定性和局部随机性共存的一个分形市场，金融市场具有稳定的自相似结构。金融时间序列从局部看是随机的，但整体上却具有非随机的统计结构。沙因克曼（Scheinkman）和勒巴龙（Lebaron）（1989）在对美国股票收益率进行研究后，发现了美国股票市场具备明显的分形特征。彼得斯（Peters，1999）对标准普尔指数、MSCI 英国股票指数、MSCI 德国股票指数进行了研究，用重标级差（Rescaled Range，R/S）分析法计算出分形维数，也得出了这些股票市场存在分形特征的结论。彼得斯（1991）、理查兹（Richards，2000）等对欧美等国的证券市场的研究结果表明，大多数市场具有明显的分形特征：自相似性、显著的赫斯特（Hurst）指数以及平均循环长度。

赫斯特（Hurst，1951）首次提出了探索分形结构特征的重要而且非常有效的 R/S 分析法。后来，彼得斯（1989，1991，1994）利用 R/S 分析法对包括美国、英国、德国和日本在内的金融市场进行了研究，结果表明，这些国家的金融市场呈现出显著的分形结构特征。帕纳斯（Panas，2001）、彼得斯（1994）、亨利（Henry，2002）表明，雅典、韩国、中国台湾、新加坡等股市存在长期记忆性；米尔斯（Mills，1998）对于 FTA 全股指收益率的研究也得到了类似的结论。此外，霍威（Howe，1999）等的研究表明，研究结论对其所使用的方法及其模型具有相当的敏感性。

近几年来，国内学者也对金融资产价格波动的分形结构进行了大量的研究。徐龙炳和陆蓉（1999）利用 R/S 分析方法对中国股市收益率的非线性特征及状态持续性问题进行了研究。史永东（2000）利用 R/S 分析方法对上证综合指数每周收盘指数进行了研究。张维和黄兴（2001）对深市和沪市收益率均进行了 R/S 分析，并进行了打乱性检验，计算出了沪市日收益率、周收益率赫斯特指数、深市指数日收益率赫斯特指数和周收益率赫斯特指数。另外，邹新月、许涤龙（2004），黄诒蓉（2005），陈春晖、雷旭辉（2005），王明涛（2002），杨庆、秦伟良、钱海荣（2003），胡宗义、谭政勋（2001），伍海华、李道叶、高锐（2001），陈梦根（2003）分别利用 R/S 分析方法计算了我国股市的赫斯特指数和平均统计循环长度。这些结果尽管不尽相同，但都表明我国的金融市场也存在着长期记忆性，具有循环和趋势的双重特征。

第一节　有效市场假说

有效市场假说（EMH）起源于对金融资产价格行为的研究，目的是找到价格变化的规律，以图从中获利。1965 年，法马（Fama）提出了这一假说，认为市场是一个"公平博弈"的场所，价格已经充分反映了所有可以得到的信息，因此，信息不能被用来在市场上获利。有效市场假说分为弱有效、半强有效和强有效三种形式。一般认为，资本市场是半强有效的，也就是说，市场价格反映了所有过去的信息和所有公开的信息，通过分析公开信息来获取超额收益率的努力是徒劳的。

有效市场假说的核心内容包括两个基本结论：

（1）根据可获得的所有公开信息，股价会迅速、准确地进行调整——市场是很有效率的；

（2）股价变动的历史资料不包含任何对预测股价未来变动有用的信息——根据股价过去变动的信息不能预测股价的未来变动。

有效市场假说的第一个结论实际上是亚当·斯密"看不见的手"在金融市场的延伸，它基于投资者都是"理性的"这一假定，进一步可以认为，市场是处于均衡状态的（在"公平价格"上下波动）。第二个结论实际上是对20世纪三四十年代盛行的技术分析流派的反对，这与20世纪五六十年代大量对股票价格行为随机游走特性的研究有很大关系。萨缪尔森等提出，股票价格遵循几何布朗运动，也就是说，股票价格收益率（对数收益率）遵循随机游走（独立同分布、有限方差的随机过程，序列自相关为0，没有记忆效应，方差随时间线性增长），其分布符合正态分布。如果股票价格是一个随机游走过程，那么预测自然是不可能的——这是一个充分条件。

一个常常被用于支持有效市场假说的观点是：积极、主动的投资者并不总是能击败"市场"。对于巴菲特等投资大师，有效市场假说的支持者则将之成功归功于偶然的运气。诺贝尔奖得主保罗·A. 萨缪尔森否认巴菲特有"才能"，说巴菲特之类的投资大师只是掷骰子、掷飞镖者，认为股市投资"只需闭上眼睛胡乱抓"就行。诺贝尔奖得主威廉·F. 夏普也直截了当说，巴菲特只是个"3西格玛事件——一个统计学上极小的概率，可以忽略不计"。

经济学家阿芝·A. 阿尔奇说，投资大师的成功"是运气不错，而不是天才"。另一个经济学家巴顿·G. 麦基亚故弄玄虚地说："虽然我相信存在这种优秀的投资经营者的可能性，但我必须强调，至今为止我们掌握的材料还不能证明这种人的确存在。"在经济学家的理论中，很难容忍成功的投资大师的存在，就像投资大师理查德·H. 德里豪斯所说："我们是学术规则的例外，属于统计学偏差范围，我们可以忽略不计，好像我们根本就不存在。这是学术界给我们和巴菲特以及其他少数人的理论定性。因为我们给他们的理论造成了难堪，他们干脆就说我们不存在。"

对有效市场假说的质疑如下：

（1）经验研究发现了一些与有效市场假说相悖的现象，如规模效应、季节效应、小公司一月效应等。

规模效应是指股票收益率与公司大小有关。班兹（Banz）是第一个发现规模效应的经济学家,他于1981年发现在美国,无论是总收益率还是风险调节后的收益率都与公司大小呈负相关关系。在班兹之后,经济学家对各主要发达国家的市场进行了广泛检验,其中包括比利时、加拿大、日本、西班牙、法国等。除加拿大和法国外,其他国家均存在规模效应。

季节效应是指股票收益率与时间有关。罗泽夫和金尼(Rozeff and Kinney)在1976年发现,1904—1974年间,纽约股票交易所的股价指数1月的收益率明显高于其他11个月的收益率。古尔特金(Gultekin)等1983年研究了17个国家1959—1979年的股票收益率,其中,13个国家1月的股票收益率高于其他月份。

除元月效应以外,季节效应还包括周末效应、节日效应以及开盘、收盘效应等。季节效应也是在世界各国资本市场普遍存在的现象。有人对上海和深圳股票市场进行了周末效应检验,发现无论是深圳股票市场还是上海股票市场在所选取的样本区间内,股票报酬率最低均出现在每个月的第四个周一,从而证实我国股票市场也存在季节效应。

小公司一月效应:1983年,凯姆(Keim)发现,公司的规模与元月效应有密切的关系。他将纽约股票交易所的股票按规模分为10组,然后逐月算出规模最小的公司和规模最大的公司的超额收益率之差。1月规模最小的公司比规模最大的公司的超额收益率高出14%左右。而且较高的收益率又主要集中在12月底的最后一个交易日和1月的头5个交易日。

另外,关于股票收益率分布的经验研究发现其非正态性质:尖峰、胖尾。因此,曼德尔布罗特在20世纪60年代提出用列维(Levy)分布(又称为稳定列维分布,稳定帕累托分布)拟合收益率分布(列维分布是非线性系统一个常见的重要特征)。

股票市场具有复杂的非线性动力系统的特征,既受确定性规律支配,同时又表现出某种随机现象,具有时变随机性和模糊性的特点。曼德尔布罗特于1963年开创性地提出了分形分布的思想,并对金融数据进行建模。当价格记录逐渐变长时,均方差看起来并不稳定。同时，曼德尔布罗特还发现，无论时间标度是以什么为单位，金融时间序列的几何形状都是相同的。此外，他还发现，无条件收益率在均值处的峰度要比正态分布所预测的要高，而且尾部比正态分布所预测的要厚，即出现了"尖峰、厚尾"现象。1963年，法马在他的博士论文中也支持了这一结论。

分形分布由列维于20世纪20年代提出，它是中心极限定理的更一般的形式。根据广义中心极限定理，对大量独立同分布随机变量的和进行标准化处理后，若极限分布存在，则此分布一定属于分形分布族。正态分布是分形分布（稳定帕累托分布）的一种特殊情况。分形分布允许厚尾性以及非对称性的存在。诺兰（Nolan，1999）的研究结果表明：同许多其他允许厚尾的分布函数（如t分布）、非对称拉普拉斯分布以及双边威布尔分布相比，分形分布能够很好地处理具有"尖峰、厚尾"与倾斜现象。当分形指数介于1—2时，除一阶矩外分形分布的其他阶矩都趋向于无穷；当分形指数介于0—1时，分形分布的一阶矩也趋向于无穷。除个别特殊分布之外，分形分布没有闭型解析密度函数。

（2）对"理性投资者"假设的质疑：投机心理、从众心理、狂热和恐慌等非理性行为在历史上是屡见不鲜的。对这一假设的质疑导致了行为金融学的产生。

（3）有效市场假说不能解释市场崩溃等现象：它是一个均衡模型。

第二节 分形市场假说

彼得斯认为，有效市场假说不能很好地描述真实的资本市场，而分形理论更符合市场的特征，因此提出"分形市场假说"作为有效市场假说的替代品。有效市场假说重点分析了市场的流动性和投资期限对投资者行为的影响，对市场崩溃等现象能够给出比较合理的解释，关于有效市场假说的详细讨论，可以参见彼得斯的著作《资本市场的混沌与秩序》（侧重于描述性的讨论和分析）和《分形市场分析》（侧重于统计研究方法和经验研究结果）。①

一 有效市场假说的内容

投资者对信息的反应机制是线性还是非线性？有效市场假说要求人们对信息及时准确地做出反应，实际情况则要复杂得多。过度反应和反应不足普遍存在，而且其效应可能长期持续、"羊群效应"等。资本市场是一个复杂系统而不是一个线性的随机系统：投资者之间的相互影响（投机狂热和恐慌的传播）、政府的干预。

市场稳定的基本条件是流动性。彼得斯认为，流动性是确保市场稳定的关键因素，它是投资者的共同需要。当缺少流动性的时候，投资者会急于接收他们所能接收的任何价格，不管公平与否——这将导致市场的崩溃。有效市场假说假定总有足够的流动性，因此，价格总是公平的。彼得斯认为，这与事实相悖。

流动性来源于不同的投资期限。市场中具有不同投资期限的投资者，投资者具有不同的信息集，不同投资者对公平价格的不同认识。

彼得斯指出，投资者不是同质的：投资期限不同（长期、短期）、投资策略不同（价值投资、技术分析）、对投资回报的设定不同等。因此，同一条信息的重要性很大程度上是由投资者的投资期限等因素决定的，对不同投资者是不同的。

市场中的投资者具有不同的投资期限，这为市场运行提供了具备流动性和稳定性的环境。例如，5分钟交易者遭受6西格玛事件时（价格下跌超过6倍标准差），具有较长投资期限的投资者将会跟进，从而稳定了市场。长期投资者之所以愿意这样做，是因为对于他的投资期限而言，5分钟交易者的6西格玛事件是很平常的。不同期限的投资者必须享有同样的风险水平，否则这种市场结构不可能稳定存在，这就解释了为何不同投资期限的收益率分布是相

---

① ［美］彼得斯：《资本市场的混沌与秩序》，王小东译，经济科学出版社1999年版；［美］彼得斯：《分形市场分析——将混沌理论应用到投资与经济理论》，殷勤译，经济科学出版社2002年版。

同的。

因为以上讨论的市场情形具有"自相似"的统计结构,彼得斯把这种市场假说命名为分形市场假说。市场中分形结构崩溃时,市场变得不稳定。其原因可能是具有较长投资期限的投资者由于某种因素(战争、政治危机等)对未来的预期变得高度不确定,当价格下跌时,他们不愿意进入市场或者他们自己也变成短期投资者,这导致市场缺乏流动性而崩溃。

二 分析方法

彼得斯认为,如果市场具有分形特征,而不是独立同分布的高斯系统,那么就需要引入新的统计方法。他提出,R/S 分析法是一个很适合的方法。这是一个非参数方法,可以区分随机和非随机系统、发现趋势的延续、循环的长度等。

R/S 分析法是赫斯特提出的,他最初的目的是研究水库的存储能力问题,为此,他需要考虑水库的水流量随时间的变化,以便制定每年应该放多少数量的水。一般水文学家假定水库的水流量是一个高斯随机过程,这对于处理复杂生态系统来说是一个常用的假设(因为系统有很大的自由度),但赫斯特从历史数据(622—1469 年共 847 年)中发现,水流量似乎不是随机的——它显示出持续性,并且有循环的特征,但循环长度是非周期的。因此,赫斯特发展了一套新的统计方法,也就是 R/S 分析法。

R/S 分析法的用途之一:把时间序列划分为不同类型。

对于任何一个时间序列,用 R/S 分析法可以计算出其赫斯特指数 H(取值范围是 [0,1]),根据不同 H 值可以把时间序列划分为三个不同的类型。

H = 0.5,时间序列是一个独立过程(高斯随机游走是其中的一个特例);0.5 时间序列具有持续性,也就是说,具有长期记忆的特征。如果序列在前一个时期是向上的,下一个时期很可能也是向上的。时间序列具有反持续性。这种时间序列比独立随机序列具有更强的突变性或易变性,频繁出现逆转。也就是说,如果系统在前一个时期是向上走的,那么,在下一个时期多半是向下走的;如果前一个时期是向下走的，则后一个时期多半会向上走。H 的值越接近 0，系统越具备负相关性。

经验研究发现，经济系统中的大多数时间序列 $H > 0.5$，表明其中具有长期记忆效应，并不遵循随机游走。

R/S 分析法的用途之二：价格的有效预测区间的估计。

金融时间序列中存在长期记忆，但这种记忆不是无限长的。这就如同自然分形和数学分形之间的关系：数学分形可以任意缩放，从无限小到无限大，然而，自然分形受制于其物理特征，到了某一点就不能再缩放下去了。通过对不同市场的经验研究，可以得出这样一个基本结论：资本市场的时间序列具有长而有限的记忆特征，但各个市场不相同，各个品种之间也不相同。

R/S 分析法的用途之三：发现非周期循环并确定循环长度。

R/S 分析法尤其适于分析非线性系统中的非周期循环，并确定循环长度。商品价格的波动具有"周期性"的规律，但这并不是真正的周期。真正的周期是一个可以严格用正弦波来描述的，实际上，价格的波动表现出来的更多的是一种具有周期特征的行为，但是，没有确定的周期（用频谱分析等方法无法确定其周期长度），这是混沌系统的基本特征之一，可称为"非周期循环"。非线性动力学理论指出，非周期循环有一个平均的循环长度，换言之，一个未来的循环长度是不确定的，但它大致应位于平均的循环长度附近。R/S 分析法可以帮助我们确定非周期循环的平均循环长度。彼得斯研究发现，美国股票市场的循环长度大约是 4 年，债券市场大约是 5 年，美国工业生产也大约为 5 年。

三 对分形市场假说的评价

虽然分形市场假说目前还很不成熟，但是，它对资本市场中的某些明显的现象，比如自增强（自我放大）特征、泡沫经济现象等，似乎要比有效市场假说具有更大的潜在解释力。有效市场假说本质上是一个均衡的情形，而分形市场假说认为，市场存在不同的状态（例如分形结构的破坏导致崩溃），这实际上是一个非均衡的演化模式。分形市场假说强调市场流动性和投资者异质性的重要性，因为前者是市场稳定的前提，而后者是前者的保障。如果说在有效市场假说下，监管常常被人有时甚至是被政府本身置于投资行为的对立面的话（妨碍了"无形的手"），那么在分形市场理论之下，政府要致力于投资主体多元化发展，致力于信息公开和知识完善。

附录 离散方程组的稳定性

先考虑一阶线性齐次方程组。

如果 r 和 s 是方程组的矩阵的特种根,则:

(1) 如果 $|r|<1$,$|s|<1$,方程组为动态稳定的;
(2) 如果 $|r|>1$,$|s|>1$,方程组为动态不稳定的;
(3) 如果 $|r|>1$,$|s|<1$,方程组为动态不稳定的。

在情况(3)下,一般来说,方程组将由最大根控制着,并且根据最大根的正负趋向于正无穷或负无穷。但考虑到不动点是一个最优路径解,还有一些不动点的初始点,这些点是存在于马鞍点稳定臂上的值。

而对于非线性方程组:

$$x_t = f(x_{t-1}, y_{t-1})$$
$$y_t = g(x_{t-1}, y_{t-1})$$

如果满足:

$$x^* = f(x^*, y^*)$$
$$y^* = g(x^*, y^*)$$

则系统稳定状态(x^*, y^*)存在。只要 f 和 g 是连续可微的,就可以则检测出非线性方程组在稳定状态邻域的稳定特性泰勒展开,即:

$$x_t - x^* = \frac{\partial f(x^*, y^*)}{\partial x_{t-1}}(x_{t-1} - x^*) + \frac{\partial f(x^*, y^*)}{\partial y_{t-1}}(y_{t-1} - y^*)$$

$$y_t - y^* = \frac{\partial g(x^*, y^*)}{\partial x_{t-1}}(x_{t-1} - x^*) + \frac{\partial g(x^*, y^*)}{\partial y_{t-1}}(y_{t-1} - y^*)$$

令 $a_{11} = \dfrac{\partial f(x^*, y^*)}{\partial x_{t-1}}$,$a_{12} = \dfrac{\partial f(x^*, y^*)}{\partial y_{t-1}}$,$a_{21} = \dfrac{\partial g(x^*, y^*)}{\partial x_{t-1}}$,

$$a_{22} = \frac{\partial g(x^*, y^*)}{\partial y_{t-1}}$$

即 $\begin{bmatrix} x_t - x^* \\ y_t - y^* \end{bmatrix} = \begin{bmatrix} a_{11} & a_{12} \\ a_{21} & a_{22} \end{bmatrix} \begin{bmatrix} x_{t-1} - x^* \\ y_{t-1} - y^* \end{bmatrix}$ 或 $u_t = Au_{t-1}$

这仅仅是一个一阶线性方程组，矩阵 A 是在定点上非线性方程组的雅可比矩阵 J，当 $\mathrm{tr}(J) \neq 0$ 和 $\det(J) \neq 0$，如果 r 和 s 是两个特征值，那么方程组在如下条件下是与拓扑等价的：

（1）r 和 s 是不等的实数根且 $|r| < 1$，$|s| < 1$。

（2）r 和 s 不等但为符合形且被严格限定于一个单位圆中。

如果在邻域内的 r 和 s 满足第二个条件，那么一定为双曲线的一个不动点。第二个条件的判定可以依据朱利稳定判据。朱利稳定判据是根据离散系统的 z 域特征方程 $D(z) = 0$ 的系数直接判别特征根是否严格位于 z 平面上的单位圆内。

设离散系统的 n 阶闭环特征方程：

$D(z) = a_0 + a_1 z + \cdots a_n z^n = 0$

利用特征方程的系数，构造（2n－3）行、（n＋1）列的朱利表阵。

朱利表阵

行列	z^0	z^1	z^2	z^3	……	z^{n-2}	z^{n-1}	z^n
1	a_n	a_{n-1}	a_{n-2}	a_{n-3}	……	a_2	a_1	a_0
2	a_0	a_1	a_2	a_3	……	a_{n-2}	a_{n-1}	a_n
3	b_{n-1}	b_{n-2}	b_{n-3}	b_{n-4}	……	b_1	b_0	
4	b_0	b_1	b_2	b_3	……	b_{n-2}	b_{n-1}	
5	c_{n-2}	c_{n-3}	c_{n-4}	c_{n-5}	……	c_0		
6	c_0	c_1	c_2	c_3	……	c_{n-2}		
⋮								
2n－5	p_3	p_2	p_1	p_0				
2n－4	p_0	p_1	p_2	p_3				
2n－3	p_2	p_1	p_0					

朱利稳定判据：特征方程 $D(z)=0$ 的根全部严格位于 z 平面上单位圆内的充要条件是：

$$D(z)\big|_{z=1} = D(1) > 0, \quad D(z)\big|_{z=-1} = D(-1) \begin{cases} >0, & n \text{ 为偶数} \\ <0, & n \text{ 为奇数} \end{cases}$$

以及下列 (n-1) 个约束成立：

$|a_0| < a_n$, $|b_0| > |b_{n-1}|$, $|c_0| > |c_{n-2}|$, $|p_0| > |p_{n-3}|$, ⋯, $|q_0| > |q_2|$

若上述条件均满足，系统稳定。

参考文献

[1] 安树庭：《一类2—D二次映射的分叉与混沌分析》，硕士学位论文，中南民族大学，2015年。

[2] 班允浩：《合作微分博弈问题研究》，博士学位论文，东北财经大学，2009年。

[3] 陈彬：《一类新品再造品价差的闭环供应链内在博弈与稳定控制》，硕士学位论文，天津大学，2014年。

[4] 陈芳：《寡头垄断电信市场价格博弈模型及其复杂性研究》，博士学位论文，天津大学，2009年。

[5] 陈锋：《需求和政策不确定条件下的发电容量投资策略研究》，硕士学位论文，长沙理工大学，2009年。

[6] 陈建芮：《网络动态行为分析及其在无线通信中的应用》，博士学位论文，西安电子科技大学，2012年。

[7] 陈剑锋：《纵向差异化成套装备市场价格竞争与利润分配》，硕士学位论文，大连理工大学，2011年。

[8] 陈军昌：《非线性产业或经济系统的演化（创新）分析》，博士学位论文，江西财经大学，2009年。

[9] 陈润颖：《基于不同行为决策的电力市场演化博弈及其混沌控制》，硕士学位论文，长沙理工大学，2010年。

[10] 陈曙：《一类合作博弈模型的稳定性分析》，硕士学位论文，江苏大学，2007年。

[11] 陈艇：《基于混沌最优博弈的网络任务调度算法仿真》，《计算机仿真》2013年第11期。

[12] 陈旭、李仕明：《产业集群内双寡头企业合作创新博弈分析》，

《管理学报》2007 年第 1 期。
[13] 陈赟、袁剑波、贺玲：《大型建设工程项目专业团队跨团队学习混沌博弈研究》，《工业技术经济》2010 年第 3 期。
[14] 陈正义：《市场化运营环境下电信产业市场结构演化分析》，博士学位论文，湖南大学，2010 年。
[15] 仇国栋：《高新技术产业竞争策略的演化分析》，硕士学位论文，江苏大学，2007 年。
[16] 仇国栋、姚洪兴：《高新技术产业价格竞争策略的演化分析》，《佳木斯大学学报》（自然科学版）2007 年第 2 期。
[17] 褚青涛：《不同理性两个体捕捞公共渔业资源的非线性分析》，硕士学位论文，中南民族大学，2010 年。
[18] 戴灿华：《四阶稳定耗散 Lotka – Volterra 系统的分类和动力学性质》，硕士学位论文，浙江师范大学，2010 年。
[19] 邓鑫洋：《不确定环境下的博弈模型与群体行为动态演化》，博士学位论文，西南大学，2016 年。
[20] 丁毅：《MACD 指标在 A 股市场中有效性检验》，硕士学位论文，西南财经大学，2012 年。
[21] 董文波、范明、杜建国：《有限理性双寡头价格博弈模型的混沌分析》，《统计与决策》2014 年第 5 期。
[22] 杜建国、盛昭瀚、姚洪兴：《一类量本利模型的混沌表现评价》，《系统工程理论与实践》2005 年第 6 期。
[23] 杜军：《中国期货市场微观结构理论与实证研究》，博士学位论文，华中科技大学，2006 年。
[24] 恩格斯：《自然辩证法》，人民出版社 1971 年版。
[25] 方锦清、汪小帆、郑志刚：《非线性网络的动力学复杂性研究》，《物理学进展》2009 年第 1 期。
[26] 方锦清、汪小帆、郑志刚：《网络科学的理论模型及其应用课题研究的若干进展》，《复杂系统与复杂性科学》2008 年第 4 期。
[27] 方锦清、汪小帆、郑志刚、李翔、狄增如、毕桥：《一门崭新

的交叉科学：网络科学》（下篇），《物理学进展》2007 年第 4 期。

[28] 费智、杜建国：《寡头垄断市场下量本利复杂性分析》，《东南大学学报》（自然科学版）2005 年第 3 期。

[29] 范如国：《博弈论》，武汉大学出版社 2011 年版。

[30] 冯海洋：《信息产品最优差异化设计与定价策略研究》，博士学位论文，天津大学，2014 年。

[31] 付玉霞：《一类寡头的经济行为竞争的性态动力学分析》，硕士学位论文，天津工业大学，2016 年。

[32] 傅志明：《模糊需求下基于二层规划的三级供应链协调决策研究》，硕士学位论文，湖南大学，2011 年。

[33] 高飞、曹文静：《三维供应链分数阶差分博弈模型的动力学分析》，《计算机工程与应用》2017 年 2 月 16 日。

[34] 高磊：《非对称合作系统中合作行为的演化》，博士学位论文，云南大学，2015 年。

[35] 高永伟：《我国有问题银行市场退出机制研究》，硕士学位论文，西南财经大学，2007 年。

[36] 付立群：《进化博弈论：经济学方法论的一次革命》，《武警工程学院学报》2004 年第 8 期。

[37] 辜穗：《石油文化动态演化机制研究》，博士学位论文，西南石油大学，2016 年。

[38] 顾恩国、褚青涛：《不同理性两个体捕捞公共渔业资源的非线性分析》，《中南民族大学学报》（自然科学版）2009 年第 2 期。

[39] 郭悦红：《一类闭环供应链回收渠道的博弈模型及应用研究》，博士学位论文，天津大学，2011 年。

[40] 郭悦红、马军海、王冠辉：《回收再制造系统的重复博弈模型及复杂性分析》，《工业工程》2011 年第 5 期。

[41] 郭悦红、马军海、张晓杰：《逆向供应链中回收定价博弈模型及复杂性分析》，《中国农机化》2012 年第 3 期。

[42] 黄凯南：《演化博弈与演化经济学》，《经济研究》2009 年第 2 期。

[43] 杭庆兰：《multi-team 博弈合作与竞争的动力学分析》，硕士学位论文，江苏大学，2009 年。

[44] 何栋梁、成彦惠、杜冲：《浅析低碳理念高速公路施工组织管理模式的进展》，《四川建材》2016 年第 7 期。

[45] 李后强、黄登仕、方曙：《社会现象中的混沌》，东北师范大学出版社 1999 年版。

[46] 何利：《基于混沌搜索算法的铁矿石贸易 Stackelberg 博弈均衡研究》，《资源开发与市场》2014 年第 11 期。

[47] 刘和平：《混沌矛盾分形学》，《科学技术与辩证法》1992 年第 1 期。

[48] 何鹏飞、沈洪兵：《一类动力学解轨道不收敛的博弈及混沌现象》，《重庆师范大学学报》（自然科学版）2014 年第 2 期。

[49] 贺军州：《非对称合作系统的演化》，博士学位论文，云南大学，2012 年。

[50] 侯宁、何继新、朱学群、李钰谨：《复杂科学在生态系统研究中的应用》，《生态经济》2009 年第 12 期。

[51] 于全辉：《投资者情绪与证券市场价格互动关系研究》，博士学位论文，重庆大学，2009 年。

[52] 胡荣：《低成本战略视角下信息不完全双寡头动态 R&D 竞争研究》，博士学位论文，南京航空航天大学，2010 年。

[53] 胡荣、江超、李天睿：《航空公司动态价格竞争复杂性与延迟反馈控制》，《交通运输系统工程与信息》，2014 年第 6 期。

[54] 胡伟：《供需网企业合作优化及利益分配机制研究》，博士学位论文，上海理工大学，2014 年。

[55] 黄东卫、付玉霞、于沈新：《同质企业研发竞争行为的动力学性态分析》，《天津工业大学学报》2015 年第 3 期。

[56] 黄秋灵：《离散动力系统的混沌理论及其应用》，博士学位论文，山东大学，2012 年。

［57］吉伟卓：《寡头垄断电力市场产量博弈模型及其混沌复杂性研究》，博士学位论文，天津大学，2008年。

［58］吉伟卓、马军海：《三寡头产量博弈模型复杂性及混沌控制研究》，《中国农机化》2008年第5期。

［59］吉伟卓、马军海：《发电市场不同决策规则三寡头博弈模型研究》，《系统工程学报》2008年第3期。

［60］吉伟卓、马军海：《寡头垄断电力市场重复博弈模型及其内在复杂性》，《系统管理学报》2007年第3期。

［61］贾星蓓：《基于多代理系统的微电网能量管理策略的研究》，博士学位论文，燕山大学，2016年。

［62］贾星蓓、窦春霞、岳东、徐式蕴：《基于多代理系统的微电网多尺度能量管理》，《电工技术学报》2016年第17期。

［63］姜弟红：《基于协同理论的微博舆论引导研究》，硕士学位论文，重庆大学，2015年。

［64］金玲：《基于自组织理论的建筑业系统演化发展研究》，博士学位论文，哈尔滨工业大学，2007年。

［65］金伟锋：《基于符号动力学的策略演化研究》，博士学位论文，上海大学，2016年。

［66］赖纯见：《房地产市场主体行为动力系统及宏观调控政策研究》，博士学位论文，重庆大学，2015年。

［67］李昌兵、杜茂康、付德强：《求解双层规划问题的层次混沌量子遗传算法》，《系统工程学报》2013年第2期。

［68］李成伟、刘俊勇、魏震波：《基于博弈论的电动汽车放电电价研究》，《华东电力》2013年第6期。

［69］李纪真、孟相如、崔文岩、庄绪春：《双重三角模糊矩阵博弈主动预警响应决策模型》，《华中科技大学学报》（自然科学版）2015年第8期。

［70］李健新：《有限理性双寡头供电市场动态博弈的复杂性分析》，硕士学位论文，吉林大学，2014年。

［71］李佼瑞、白冰冰：《时滞异质三寡头模型的分岔和混沌控制》，

《数学的实践与认识》2015 年第 6 期。
[72] 李璞、张惠琴:《管理场中多维需求的整合研究》,《软科学》2008 年第 7 期。
[73] 李秋香:《风险规避型供应链博弈模型及其复杂性研究》,博士学位论文,天津大学 2015 年。
[74] 李森:《县级广播电视媒体从业人员的职业生态研究》,硕士学位论文,南京大学,2015 年。
[75] 李亭:《一类多渠道供应链价格与服务博弈模型的复杂动力学研究》,博士学位论文,天津大学,2014 年。
[76] 林敏:《基于个体选择的研发团队知识转移与创造过程研究》,博士学位论文,南京航空航天大学,2010 年。
[77] 刘彩虹、徐福缘:《SDN 子网进化博弈研究》,《系统工程与电子技术》2008 年第 7 期。
[78] 刘超:《路径口令身份认证协议的研究与设计》,硕士学位论文,南京邮电大学,2014 年。
[79] 刘峰、李亚光、王宏兴:《非线性需求下四寡头价格博弈模型及其复杂特性》,《系统工程学报》2016 年第 6 期。
[80] 刘辉:《城镇土地扩展与规划情景模拟研究》,博士学位论文,武汉大学,2009 年。
[81] 刘佳:《电信业务市场竞争博弈过程解析及其复杂性研究》,博士学位论文,吉林大学,2016 年。
[82] 刘琦:《随机微分博弈在金融市场和石油市场上的应用》,硕士学位论文,中南大学,2013 年。
[83] 刘正军:《市场运营环境下电力价格的动态演化及定价机制研究》,博士学位论文,湖南大学,2006 年。
[84] 刘志祥:《深部开采高阶段尾砂充填体力学与非线性优化设计》,博士学位论文,中南大学,2005 年。
[85] 刘志勇:《Stackelberg 博弈特征的供应链均衡模型及协调研究》,博士学位论文,哈尔滨理工大学,2005 年。
[86] 柳士双:《珠江三角洲农村地区产业集聚的空间公共政策研究》,

博士学位论文，华中师范大学，2008 年。

[87] 龙剑军、赵骅：《集群溢出对双寡头 Bertrand 竞争价格均衡的影响分析》，《科研管理》2015 年第 2 期。

[88] 卢天秀：《关于几类系统混沌性的研究》，博士学位论文，电子科技大学，2013。

[89] 卢亚丽：《基于混沌与博弈理论的供应链系统协调研究》，博士学位论文，西安理工大学，2009 年。

[90] 卢亚丽：《具有差异决策规则的产量博弈混沌复杂性研究》，《系统工程学报》2012 年第 2 期。

[91] 卢亚丽：《主从型 Bertrand 价格博弈模型及其动力学分析》，《系统工程》2012 年第 2 期。

[92] 卢亚丽、唐仁春、薛惠锋：《动态产量博弈模型的阈值控制》，《系统工程》2008 年第 3 期。

[93] 卢亚丽、薛惠锋、李战国：《一类经济博弈模型的复杂动力学分析及混沌控制》，《系统工程理论与实践》2008 年第 4 期。

[94] 卢莹莹：《五阶稳定耗散 Lotka – Volterra 系统的动力学研究》，硕士学位论文，浙江师范大学，2011 年。

[95] 马媛雯：《基于价格博弈的一类供应链协同机制及其应用研究》，硕士学位论文，天津大学，2014 年。

[96] 马国建、梅强、杜建国、刘秋生：《一类企业组织竞争中的复杂性表现评价》，《管理科学学报》2008 年第 4 期。

[97] 马军海、牟玲玲：《非线性房价博弈模型动态分析及其控制》，《复杂系统与复杂性科学》2005 年第 4 期。

[98] 马军海、彭靖：《延迟决策对一类寡头博弈模型的影响分析》，《系统工程学报》2010 年第 6 期。

[99] 马军海、吴可菲：《中国啤酒市场的四寡头价格博弈及其延迟决策》，《系统工程学报》2013 年第 6 期。

[100] 马小刚：《考虑市场竞争的供应链牛鞭效应研究》，博士学位论文，天津大学，2015 年。

[101] 马小林、张芳、曹艳秋：《闭环供应链博弈模型的复杂性分析》，

《哈尔滨商业大学学报》（自然科学版）2016 年第 6 期。

[102] 牟玲玲：《房地产市场非线性博弈模型及其内在复杂性研究》，博士学位论文，天津大学，2007 年。

[103] 牟玲玲、陈立文、张俊玲：《非均衡房地产市场博弈行为复杂性研究》，《系统工程学报》2010 年第 6 期。

[104] 木也色尔·阿布力米提：《考虑排污权交易的有限理性企业博弈模型研究》，《系统仿真技术》2012 年第 3 期。

[105] 聂永兵：《信息不对称条件下的建设项目串散费用控制研究》，硕士学位论文，湖南大学，2008 年。

[106] 欧小雷：《手机媒体利益主体博弈研究》，硕士学位论文，湖南大学，2013 年。

[107] 潘玉荣、贾朝勇：《不同理性双寡头博弈市场的动态演化研究》，《赤峰学院学报》（自然科学版）2010 年第 8 期。

[108] 潘玉荣、贾朝勇：《不同理性双寡头博弈模型的复杂性分析》，《复杂系统与复杂性科学》2007 年第 2 期。

[109] 潘玉荣、贾朝勇、张裕生：《寡占博弈市场的动态演化分析》，《蚌埠学院学报》2012 年第 3 期。

[110] 潘玉荣、贾朝勇、张裕生、赵玉梅：《有限理性双寡头博弈模型的复杂性分析》，《大学数学》2011 年第 4 期。

[111] 彭靖：《寡头垄断市场价格博弈模型复杂性及其应用研究》，博士学位论文，天津大学，2010 年。

[112] 彭仲耀：《核心企业双元性下我国地方产业集群升级研究》，硕士学位论文，湘潭大学，2012 年。

[113] ［美］彼得斯：《分形市场分析——将混沌理论应用到投资与经济理论》，殷勤译，经济科学出版社 2002 年版。

[114] ［美］彼得斯：《资本市场的混沌与秩序》，王小东译，经济科学出版社 1999 年版。

[115] 浦小松：《一类寡头垄断市场产量博弈及混合模型的动力学研究》，博士学位论文，天津大学，2012 年。

[116] 钱恒：《协同网络中基于博弈论的功率分配算法研究》，硕士学

位论文，北京邮电大学，2011 年。

[117] 钱晓岚：《复杂系统中的演化和动力学过程》，博士学位论文，北京邮电大学，2010 年。

[118] 任娟、董文波、杜建国：《一类差异决策规则的双寡头产量博弈模型分析》，《统计与决策》2014 年第 21 期。

[119] 任文博：《一类寡头垄断保险市场价格博弈模型分析及应用研究》，硕士学位论文，天津财经大学，2012 年。

[120] 任玉珑、王昌海、何属宴：《排污权制度下的电力市场稳定性分析》，《工业工程》2009 年第 1 期。

[121] 谌小平：《基于演化博弈论的低碳供应链形成机制研究》，硕士学位论文，广东工业大学，2014 年。

[122] 盛昭瀚、李煜、陈国华、杜建国、王力虎：《企业 RD 投入动态竞争系统的全局复杂性分析》，《管理科学学报》2006 年第 3 期。

[123] 司凤山、张子振、王晶：《带时滞的三寡头价格博弈模型的复杂动力学性质》，《滨州学院学报》2016 年第 2 期。

[124] 孙金土：《复杂系统中的有关特性和动力学行为》，博士学位论文，兰州大学，2010 年。

[125] 孙立建、马军海：《考虑多种因素的一类三寡头 R&D 投入系统复杂性研究》，《复杂系统与复杂性科学》2016 年第 4 期。

[126] 孙志慧：《中国钢铁市场价格博弈及其复杂性研究》，博士学位论文，天津大学，2011 年。

[127] 谭君：《CIS 在中小企业品牌建设中的应用研究》，硕士学位论文，西南财经大学，2009 年。

[128] 谭韬：《电力市场动态演化及其混沌控制研究》，硕士学位论文，长沙理工大学，2009 年。

[129] 唐淦海：《重庆市排污权交易机制下斯坦科尔伯格有限理性动态双寡头博弈的复杂性》，《经济师》2017 年第 1 期。

[130] 唐魁玉：《虚拟企业和谐互动的二元协调管理模式与运行机理研究》，博士学位论文，哈尔滨工业大学，2009 年。

[131] 唐兴巧、黄萌佳、张雅慧：《一类古诺双寡头博弈模型动力学分

析》,《甘肃高师学报》2016年第12期。

[132] 唐兴巧、张雅慧、黄萌佳:《一类非线性经济博弈模型动力学分析》,《兰州文理学院学报》(自然科学版)2017年第2期。

[133] 滕春贤、姚锋敏、刘志勇:《具有Stackelberg博弈特征的供应链定价协调》,《系统工程》2007年第7期。

[134] 田文利:《基于耦合控制博弈机制的网络信息离散加密算法》,《计算机与数字工程》2016年第8期。

[135] 涂洪亮:《电力和可再生资源市场古诺动态博弈模型及其动力学研究》,博士学位论文,天津大学,2013年。

[136] 王凤莲:《基于企业集群技术创新的知识共享机制研究》,博士学位论文,重庆大学,2014年。

[137] 王凤莲、赵骅:《技术创新对集群双寡头产量博弈均衡的影响分析》,《系统科学与数学》2016年第8期。

[138] 王冠辉:《一类生产商主导的供应链产量博弈模型及复杂动力学研究》,博士学位论文,天津大学,2011年。

[139] 王冠辉、马军海、辛宝贵:《供应链产量博弈模型构建及复杂性仿真分析》,《计算机工程与应用》2011年第33期。

[140] 王国栋:《电力市场中一类博弈模型的脉冲延迟反馈控制法》,《重庆文理学院学报》(社会科学版)2014年第5期。

[141] 王国栋:《电力市场中差异化策略的两组动态古诺模型的分析》,《重庆工商大学学报》(自然科学版)2014年第4期。

[142] 王洪武:《基于非线性理论的古诺—伯川德混合模型研究及应用》,博士学位论文,天津大学,2013年。

[143] 王强:《低成本战略企业的市场竞争行为研究》,博士学位论文,南京航空航天大学,2010年。

[144] 王壬:《电力市场风险管理理论及应用》,博士学位论文,华中科技大学,2006年。

[145] 王蓉蓉:《复杂系统仿真中系统演化复杂性判别方法的研究》,硕士学位论文,首都经济贸易大学,2012年。

[146] 王文旭:《复杂网络的演化动力学及网络上的动力学过程研究》,

博士学位论文，中国科学技术大学，2007 年。

[147] 王玉玲：《基于分形分布的金融风险及投资决策研究》，博士学位论文，天津大学，2011 年。

[148] 吴承尧：《基于入世有限理性双寡头投资博弈混沌模型的分析与控制》，硕士学位论文，江苏大学，2006 年。

[149] 吴芳：《不同市场环境下多产品寡头市场混沌特性分析》，博士学位论文，天津大学，2014 年。

[150] 武红梅：《房地产企业实施绿色营销的博弈研究》，硕士学位论文，中北大学，2015 年。

[151] 吴可菲：《基于延迟决策的多寡头价格博弈模型复杂性分析及混沌控制研究》，硕士学位论文，天津大学，2012 年。

[152] 吴可菲、马军海：《异质双寡头 R&D 竞争的复杂性分析》，《复杂系统与复杂性科学》2013 年第 1 期。

[153] 谢磊：《闭环供应链回收价格和服务的博弈分析及应用》，硕士学位论文，天津大学，2014 年。

[154] 谢丽凡：《不同预期的寡头博弈模型的复杂动力学研究》，硕士学位论文，华南理工大学，2015 年。

[155] 辛宝贵：《一类层递附生型供应链产量博弈模型及其复杂动力学研究》，博士学位论文，天津大学，2009 年。

[156] 徐峰：《一类广告博弈模型的复杂性分析与混沌控制》，硕士学位论文，江苏大学，2006 年。

[157] 徐峰、盛昭瀚、姚洪兴、陈国华：《延迟决策对一类双寡头广告博弈模型的影响分析》，《管理科学学报》2007 年第 5 期。

[158] 徐沙沙：《异质产品双寡头模型的动力学行为研究》，硕士学位论文，北京交通大学，2011 年。

[159] 徐小阳：《商业银行金融产品创新的风险管理研究》，博士学位论文，江苏大学，2013 年。

[160] 徐旭林：《社会群体行为建模及其动力学分析》，博士学位论文，南开大学，2010 年。

[161] 徐旭林、司光亚、禹海全、杨志谋、陈增强：《社会群体行为演

化网络的非线性动力学分析》，青岛大学、中国工业与应用数学学会，第五届全国复杂网络学术会议论文（摘要）汇集，2009 年。

［162］许飞：《具有不同类型参与人及时滞结构的双寡头博弈动力学分析》，硕士学位论文，江苏大学，2016 年。

［163］杨博文：《论利益群体非均衡博弈及公共组织的复杂性》，《系统科学学报》2007 年第 4 期。

［164］杨洪明、赖明勇：《考虑输电网约束的电力市场有限理性古诺博弈的动态演化研究》，《中国电机工程学报》2005 年第 23 期。

［165］杨洪明、谭韬、孟宪志：《电力市场古诺动态博弈的时滞反馈混沌控制》，《电力系统及其自动化学报》2010 年第 1 期。

［166］杨洪明、童小娇、赖明勇：《基于光滑非线性互补函数的电力市场动态研究》，《电网技术》2006 年第 22 期。

［167］杨俊、张亚军、张小漫：《天然气市场不同预期规则下的三寡头博弈模型研究》，《华东经济管理》2016 年第 8 期。

［168］杨立雄、王雨田：《物理学的进化与非线性经济学的崛起》，《自然辩证法研究》1997 年第 10 期。

［169］杨荣基、彼得罗相、李颂志：《动态合作——尖端博弈论》，中国市场出版社 2007 年版。

［170］杨玉静：《基于产业集群的房地产市场演化博弈和应用研究》，博士学位论文，天津大学，2014 年。

［171］杨芷萱：《复杂网络动力学的理论研究及其在博弈论中的应用》，硕士学位论文，大连理工大学，2010 年。

［172］姚洪兴、仇国栋：《双寡头企业价格博弈分析》，《合肥工业大学学报》（自然科学版）2008 年第 7 期。

［173］姚锦桃：《多组动态古诺模型的动力学行为研究》，硕士学位论文，北京交通大学，2009 年。

［174］叶佳明、吴刚：《电力市场有限理性古诺动态博弈的经济评价及其混沌控制》，《云南电力技术》2009 年第 4 期。

［175］叶佳明、吴刚：《电力市场有限理性古诺动态博弈的经济评价及

其混沌控制》，《陕西电力》2009年第4期。

［176］于晋臣：《不同理性的寡头博弈模型动力学分析》，《山东交通学院学报》2011年第4期。

［177］于晋、张彩艳：《一类三寡头博弈模型的动力学分析》，《山东交通学院学报》2013年第4期。

［178］于羽：《排污权交易机制下的有限理性动态寡头博弈研究》，博士学位论文，吉林大学，2014年。

［179］于羽：《排污权政策模拟和系统动力学研究——基于动态博弈的视角》，《中国人口·资源与环境》2016年第7期。

［180］苑志勇：《演化博弈论在电力市场中的应用》，硕士学位论文，华中科技大学，2005年。

［181］张慧：《空间结构种群中基于博弈模型的合作进化的研究》，博士学位论文，兰州大学，2012。

［182］张骥骧、达庆利：《双寡头不同理性博弈模型分析》，《东南大学学报》（自然科学版）2006年第6期。

［183］张骥骧、达庆利、王延华：《寡占市场中有限理性博弈模型分析》，《中国管理科学》2006年第5期。

［184］张俊玲：《基于财产保险市场的一类寡头价格博弈模型研究》，博士学位论文，天津大学，2011年。

［185］张连峰：《商务网络信息生态链价值协同创造研究》，博士学位论文，吉林大学，2016年。

［186］张明善、姚珣、唐小我：《能源需求上涨环境下的双寡头重复博弈研究》，《西南民族大学学报》（人文社科版）2010年第9期。

［187］张婷婷：《供应链中企业动态演化博弈的复杂性研究》，硕士学位论文，天津工业大学，2016年。

［188］张晓斌、范海灵、范士爽：《从"零和游戏"到"正和游戏"——商业银行个人金融业务博弈的几点思考》，《统计与管理》2014年第7期。

［189］张新华、赖明勇、叶泽：《寡头发电商报价动态模型及其混沌控制》，《系统工程理论与实践》2009年第5期。

［190］张新新：《产品造型意象熵评价研究》，硕士学位论文，兰州理工大学，2016年。

［191］张旭梅、赵敏、但斌：《具有服务差异的有限理性双寡头动态竞争策略》，《工业工程》2013年第4期。

［192］张学坤：《供应链中的不确定性分析及对策研究》，硕士学位论文，大连海事大学，2006年。

［193］张泽群：《纳入排污权交易的异质双寡头动态博弈的复杂性分析》，硕士学位论文，吉林大学，2014年。

［194］张志攀、阳平华：《一类非线性军备竞赛博弈的动力学研究》，《火力与指挥控制》2015年第3期。

［195］赵丹、黄斌：《基于二层规划的煤电供应链收益分配研究》，《技术与市场》2013年第12期。

［196］赵骅、龙剑军：《理性产量调整机制下集群溢出对双寡头企业产量均衡的影响分析》，《科研管理》2014年第12期。

［197］赵骅、龙剑军：《理性产量调整机制下集群溢出对双寡头企业产量均衡的影响分析》，中国科学学与科技政策研究会，第十届中国科技政策与管理学术年会论文集，2014年。

［198］赵骅、姚韵：《政府R&D补贴对双寡头R&D投入产出的动态影响分析——基于有限理性的视角》，《科研管理》2017年第3期。

［199］赵建国：《企业并购风险因素的识别、测度与处置研究》，硕士学位论文，对外经济贸易大学，2006年。

［200］赵建英：《基于涌现性的产业集群知识竞争力研究》，博士学位论文，山西大学，2010年。

［201］赵令锐：《考虑碳排放权交易的有限理性企业竞争博弈研究》，硕士学位论文，南京航空航天大学，2014年。

［202］赵令锐、张骥骧：《考虑碳排放权交易的双寡头有限理性博弈分析》，《复杂系统与复杂性科学》2013年第3期。

［203］赵敏：《科技创业企业的投资价值与投资策略研究》，博士学位论文，上海交通大学，2007年。

［204］赵兴平、杜建国、姚洪兴、刘秋生：《基于谨慎考虑下的产量模

型及复杂性分析》,《江苏大学学报》(自然科学版) 2005 年第 1 期。

[205] 赵兴平、徐峰、姚洪兴:《一类混沌广告模型的直线控制》,《复杂系统与复杂性科学》2005 年第 1 期。

[206] 曾方亮:《企业战略联盟财务绩效评价研究》,硕士学位论文,广西师范大学,2011 年。

[207] 钟淳杰:《考虑风险规避的电力竞价激励契约设计与建模仿真研究》,硕士学位论文,上海大学,2015 年。

[208] 周昶:《光伏电池阵列模拟电源的研究与设计》,硕士学位论文,复旦大学,2010 年。

[209] 宗玛利:《突发事件下供应链生产规模优化与市场需求扩散模型研究》,博士学位论文,天津大学,2012 年。

[210] Askar, S. S., "The Impact of Cost Uncertainty on Cournot Oligopoly Game with Concave Demand Function", *Applied Mathematics and Computation*, Vol. 232, 2014.

[211] Askar, S. S., Alshamrani, A. M. and Alnowibet, K., "Dynamic Cournot Duopoly Games with Nonlinear Demand Function", *Applied Mathematics and Computation*, Vol. 259, 2015.

[212] Askar, S. S., Karawia, A. A. and Alshamrani, A., "Image Encryption Algorithm Based on Chaotic Economic Model", *Mathematical Problems in Engineering*, 2015.

[213] Askar, S. S., "The Rise of Complex Phenomena in Cournot Duopoly Games due to Demand Functions without Inflection Points", *Communications in Nonlinear Science and Numerical Simulation*, Vol. 19, No. 6, 2014.

[214] Canovas, J. S., "Is the Destabilization of the Cournot Equilibrium a Good Business Strategy in Cournot - puu Duopoly?", *Nonlinear Dynamics, Psychology, and Life Sciences*, Vol. 15, No. 4, 2011.

[215] Canovas, J. S. and Medina D. Lopez, "Topological Entropy of Cournot - Puu Duopoly", *Discrete Dynamics in Nature and Society*,

No. 506940, 2010.

[216] Cavalli, F. and Naimzada, A., "A Cournot Duopoly Game with HeteroGeneous Players: Nonlinear Dynamics of the Gradient Rule versus Local Monopolistic Approach", *Applied Mathematics and Computation*, Vol. 249, 2014.

[217] Cavalli, F., Naimzada, A. and Pireddu, M., "Effects of Size, Composition, and Evolutionary Pressure in Heterogeneous Cournot Oligopolies with Best Response Decisional Mechanisms", *Discrete Dynamics in Nature and Society*, No. 273026, 2015.

[218] Cavalli, F., Naimzada, A. and Pireddu, M., "Heterogeneity and the (de) Stabilizing Role of Rationality", *Chaos Solitons & Fractals*, Vol. 79, 2015.

[219] Ding, Z. et al., "Dynamics in a Cournot Investment Game with Heterogeneous Players", *Applied Mathematics and Computation*, Vol. 256, 2015.

[220] Ding, Z., Zhu, X. and Jiang, S., "Dynamical Cournot Game with Bounded Rationality and Time Delay for Marginal Profit", *Mathematics and Computers in Simulation*, Vol. 100, 2014.

[221] Elabbasy, E. M., Agiza, H. N. and Elsadany, A. A., "Analysis of Nonlinear Triopoly Game with Heterogeneous Players", *Computers & Mathematics with Applications*, Vol. 57, No. 3, 2009.

[222] Elsadany, A. A., Agiza, H. N. and Elabbasy, E. M., "Complex Dynamics and Chaos Control of Heterogeneous Quadropoly Game", *Applied Mathematics and Computation*, Vol. 219, No. 24, 2013.

[223] Feng, H., Li, M. and Chen, F., "Chaotic Dynamics in the Software Market with Network Externalities", *Soft Computing*, Vol. 18, No. 3, 2014.

[224] Gao, X., Zhong, W. and Mei, S., "Equilibrium Stability of a Nonlinear Heterogeneous Duopoly Game with Extrapolative Foresight", *Mathematics and Computers in Simulation*, Vol. 82, No. 11,

2012.

[225] Gao, X., Zhong, W. and Mei, S., "Nonlinear Cournot Oligopoly Games with Isoelastic Demand Function: The Effects of Different Behavior Rules", *Communications in Nonlinear Science and Numerical Simulation*, Vol. 17, No. 12, 2012.

[226] Guo, Z. and Ma, J., "The Influence of Information Acquisition on the Complex Dynamics of Market Competition", *International Journal of Bifurcation and Chaos*, Vol. 26, No. 16500081, 2016.

[227] Huang, Y. M., Liu, L. and Qi, E. S., "Simulation On The Complementary Product Strategy Based On The Cournot – Bertrand Mixed Game Model", *International Journal of Simulation Modelling*, Vol. 13, No. 4, 2014.

[228] Ji, W., "Chaos and Control of Game Model Based on Heterogeneous Expectations in Electric Power Triopoly", *Discrete Dynamics in Nature and Society*, Vol. 469564, 2009.

[229] Li, R., Wang, H. and Zhao, Y., "Kato's Chaos in Duopoly Games", *Chaos Solitons & Fractals*, Vol. 84, 2016.

[230] Li, T. and Ma, J., "Complexity Analysis of Dual – channel Game Model with Different Managers' business objectives", *Communications in Nonlinear Science and Numerical Simulation*, Vol. 20, No. 1, 2015.

[231] Li, T. and Ma, J., "Complexity Analysis of the Dual – channel Supply Chain Model with Delay Decision", *Nonlinear Dynamics*, Vol. 78, No. 4, 2014.

[232] Li, T. and Ma, J., "The Complex Dynamics of R&D Competition Models of Three Oligarchs with Heterogeneous Players", *Nonlinear Dynamics*, Vol. 74, No. 1 – 2, 2013.

[233] Li, T., Ma, J. and Sun, L., "Complexity Uncertainty Analysis of Dynamic in a Dual – channel Energy Supply Chain Model with Heterogeneous Retailers", *Mathematical Problems in Engineering*, No.

562158, 2015.

[234] Liu, J. et al., "Dynamics Analysis of Game and Chaotic Control in the Chinese Fixed Broadband Telecom Market", *Discrete Dynamics in Nature and Society*, No. 275123, 2014.

[235] Lu, T. and Zhu, P., "Further Discussion on Chaos in Duopoly Games", *Chaos Solitons & Fractals*, Vol. 52, 2013.

[236] Ma, J. and Guo, Z., "The Influence of Information on the Stability of a Dynamic Bertrand Game", *Communications in Nonlinear Science and Numerical Simulation*, Vol. 30, No. 1 – 3, 2016.

[237] Ma, J. and Guo, Z., "The Parameter Basin and Complex of Dynamic Game with Estimation and Two – stage Consideration", *Applied Mathematics and Computation*, Vol. 248, 2014.

[238] Ma, J. and Pu, X., "The Research on Cournot – Bertrand Duopoly Model with Heterogeneous Goods and Its Complex Characteristics", *Nonlinear Dynamics*, Vol. 72, No. 4, 2013.

[239] Ma, J. and Tu, H., "Complexity of a Duopoly Game in the Electricity Market with Delayed Bounded Rationality", *Discrete Dynamics in Nature and Society*, No. 698270, 2012.

[240] Ma, J. and Wu, F., "The Application and Complexity Analysis about a High – dimension Discrete Dynamical System Based on Heterogeneous Triopoly Game with Multi – product", *Nonlinear Dynamics*, Vol. 77, No. 3, 2014.

[241] Ma, J. and Wu, K., "Complex System and Influence of Delayed Decision on the Stability of a Triopoly Price Game Model", *Nonlinear Dynamics*, Vol. 73, No. 3, 2013.

[242] Ma, J. and Xie, L., "Study on the Complexity Pricing Game and Coordination of the Duopoly Air Conditioner Market with Disturbance Demand", *Communications in Nonlinear Science and Numerical Simulation*, Vol. 32, 2016.

[243] Ma, J. and Xie, L., "The Comparison and Complex Analysis on

Dual - channel Supply Chain under Different Channel Power Structures and Uncertain Demand", *Nonlinear Dynamics*, Vol. 83, No. 3, 2016.

[244] Ma, J., Zhang, F. and He, Y., "Complexity Analysis of a Master - Slave Oligopoly Model and Chaos Control", *Abstract and Applied Analysis*, No. 970205, 2014.

[245] Ma, J. and Zhang, J., "Price Game and Chaos Control Among Three Oligarchs with Different Rationalities in Property Insurance Market", *Chaos*, Vol. 22, No. 0431204, 2012.

[246] Ma, J. and Zhang, J., "Research on the Price Game and the Application of Delayed Decision in Oligopoly Insurance Market", *Nonlinear Dynamics*, Vol. 70, No. 4, 2012.

[247] Matsumoto, A. and Szidarovszky, F., "Delay Dynamics of a Cournot Game with Heterogeneous Duopolies", *Applied Mathematics and Computation*, Vol. 269, 2015.

[248] Matsumoto, A. and Szidarovszky, F., "Stability, Bifurcation, and Chaos in N - Firm Nonlinear Cournot Games", *Discrete Dynamics in Nature and Society*, No. 380530, 2011.

[249] Merlone, U. and Szidarovszky, F., "Dynamic Oligopolies with Contingent Workforce and Investment Costs", *Mathematics and Computers in Simulation*, Vol. 108, No. SI, 2015.

[250] Naimada, A. K. and Tramontana, F., "Controlling Chaos through Local Knowledge", *Chaos Solitons & Fractals*, Vol. 42, No. 4, 2009.

[251] Naimzada, A. and Tramontana, F., "Two Different Routes to Complex Dynamics in an Heterogeneous Triopoly Game", *Journal of Difference Equations and Applications*, Vol. 21, No. 7, 2015.

[252] Peng, J., Miao, Z. and Peng, F., "Study on a 3 - dimensional Game Model with Delayed Bounded Rationality", *Applied Mathematics and Computation*, Vol. 218, No. 5, 2011.

[253] Sun, L. and Ma, J., "Study and Simulation on Discrete Dynamics of Bertrand Triopoly Team-game", *Mathematical Problems in Engineering*, No. 960380, 2015.

[254] Wang, G. and Ma, J., "Modeling and Complexity Study of Output Game Among Multiple Oligopolistic Manufacturers in the Supply Chain System", *International Journal of Bifurcation and Chaos*, Vol. 23, No. 13500383, 2013.

[255] Wang, H. and Ma, J., "Complexity Analysis of a Cournot-Bertrand Duopoly Game with Different Expectations", *Nonlinear Dynamics*, Vol. 78, No. 4, 2014.

[256] Wu, F. and Ma, J., "The Chaos Dynamic of Multiproduct Cournot Duopoly Game with Managerial Delegation", *Discrete Dynamics in Nature and Society*, No. 206961, 2014.

[257] Wu, F. and Ma, J., "The Complex Dynamics of a Multi-product Mixed Duopoly Model with Partial Privatization and Cross-ownership", *Nonlinear Dynamics*, Vol. 80, No. 3, 2015.

[258] Xin, B. and Li, Y., "Bifurcation and Chaos in a Price Game of Irrigation Water in a Coastal Irrigation District", *Discrete Dynamics in Nature and Society*, No. 408904, 2013.

[259] Xu, Y., Lui, J. C. S. and Chiu, D., "On Oligopoly Spectrum Allocation Game in Cognitive Radio Networks with Capacity Constraints", *Computer Networks*, Vol. 54, No. 6SI, 2010.

[260] Yi, Q. G. and Zeng, X. J., "Complex Dynamics and Chaos Control of Duopoly Bertrand Model in Chinese Air-conditioning Market", *Chaos Solitons & Fractals*, Vol. 76, 2015.

[261] Zhu, X., Zhu, W. and Yu, L., "Analysis of a Nonlinear Mixed Cournot Game with Boundedly Rational Players", *Chaos Solitons & Fractals*, Vol. 59, No. 20.

后　　记

20世纪末，本科高年级的我有幸在杜星福教授的引导下初次接触到分形与混沌理论，就被其深深吸引，那时分形与混沌理论方兴未艾；硕士阶段主要研究了动态寡头博弈及其复杂动力学，并一直关注着非线性经济学的发展，这几年也有相关研究成果发表。

本书的完成赖以硕士阶段打下的基础，遗憾的是，我只能怀念敬爱的导师曾祥金教授了，感谢曾老师不仅教导我如何做学问，把我引入学术的殿堂，而且教导我如何做人。让我怀念的还有挚友余睿武，他用心钻研学术，志向远大，可惜读博后时英年早逝，最后一次通话还热心地向我介绍与混沌经济学相关的研究。很遗憾不能再和他交流和探讨学术问题了，但他的求实上进精神会一直激励着我，让我知道人生苦短，应该珍惜生命、珍惜时间。我还要衷心地感谢一群和我相伴的热情的同学们，三年的同窗友谊弥足珍贵，将是我生命中一段美好的回忆。在完成论文的此刻，我要向他们说声谢谢你们，亲爱的同学们。

感谢高飞老师和我的同门师兄弟姐妹，以及其他一些帮助过我的老师，特别是师兄徐玉华和师弟潘林，是他们的支持和帮助，使我顺利地完成了研究生学业。另外，还有一直关心我、支持我、鼓励我的亲友，他们给了我很大的勇气和信心，我也要衷心地说声谢谢！有这么多老师和同学、亲友的关怀和帮助，我觉得自己非常幸运！从他们的友爱中，我知道让自己也做一个撒播爱和友谊的种子，把欢乐带给身边的每一个人！

高飞老师、师兄徐玉华和师弟潘林的博士论文帮助我进一步深入了解混沌理论。天津大学马军海课题组在动态寡头博弈及其复杂动力学方面的研究成果给我启发很大,本书部分内容有所涉及(书中有标注),感谢论文中引用和参考文献的所有作者。本书主要是我自己研究成果及相关理论的总结介绍,此外由于本人学识有限,错误和不当之处,敬请指正。最后,感谢并祝福所有帮助过我的人!

易其国

2017 年 6 月